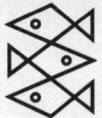

Luzide Träume – so nennt man das bemerkenswerte Phänomen des Träumens im vollen Bewußtsein dessen, daß man träumt – unterscheiden sich von »normalen« Träumen dadurch, daß man selbst in ihnen aktiv werden kann, die Rolle des Opfers im Traumvorgang eintauscht gegen dessen Gestaltung und damit in einen der aufregendsten Grenzbereiche menschlicher Erfahrung gelangt.

Seit Celia Greens erster Studie über luzides Träumen aus dem Jahre 1968 hat das allgemeine Interesse an diesem Phänomen stark zugenommen, und es wurde viel Forschungsarbeit geleistet, der die beiden Autoren nun Rechnung tragen. Sie wenden sich dabei drei Schwerpunkten zu: der Phänomenologie des luziden Träumens (Wie ist es, wenn man schläft und träumt und genau weiß, daß es nicht Realität ist?); der Beziehung von luziden Träumen zu anderen halluzinatorischen Phänomenen wie außerkörperlichen Erlebnissen; und schließlich untersuchen sie, ob und wie luzide Träume aktiv hervorgerufen und gesteuert werden können, und widmen sich schließlich der Frage nach ihrem Nutzen für therapeutische Zwecke, wie z. B. bei der Behandlung von Alpträumen und deren Auswirkungen bei Erwachsenen und Kindern. Zahlreiche Fallbeispiele zeigen, wie diese Steuerung und Beeinflussung erfolgen kann.

Celia Green ist Leiterin des Institute of Psychological Research in Oxford und Autorin mehrer Bücher.
Charles McCreery arbeitet als Forscher am gleichen Institut. Er ist Ehrendoktor der Oxford University.

Celia Green
Charles McCreery

Träume bewußt steuern

Über das Paradox vom Wachsein im Schlaf

Aus dem Englischen
von Rolf Lahusen

Fischer
Taschenbuch
Verlag

Veröffentlicht im Fischer Taschenbuch Verlag GmbH,
Frankfurt am Main, Juni 1998

Lizenzausgabe mit Genehmigung des
Wolfgang Krüger Verlages, Frankfurt am Main
Die englische Originalausgabe erschien 1994
unter dem Titel »Lucid Dreaming«
im Verlag Routledge, London
© 1994 Institute of Psychophysical Research
Für die deutsche Ausgabe:
© 1996 Wolfgang Krüger Verlag, Frankfurt am Main
Druck und Bindung: Clausen & Bosse, Leck
Printed in Germany
ISBN 3-596-14078-1

Inhalt

Einführung 9

1 **Was sind luzide Träume?** 13
Definition und erläuternde Beispiele 13
Historische Entwicklung 17
Die Kommunikation zwischen dem luziden Träumer
   und der Außenwelt 21

2 **Luzide und nicht-luzide Träume** 26

3 **Das prä-luzide Stadium** 32

4 **Die Eigenart der Wahrnehmung in luziden**
   Träumen 43
Einleitende Bemerkungen 43
Realistisches und Unrealistisches in luziden
   Träumen 44
Die Vorstellungswelt in luziden Träumen und im
   Wachen 57

5 **Gedächtnis, Intellekt und Emotionen** 66
Bewußtes Erinnern während luzider Träume 66
Intellektuelle Funktionen im allgemeinen 68
Die emotionale Qualität luzider Träume 78

6 Luzide Träume und andere halluzinatorische Erfahrungen 86
Das Konzept der metachorischen Erfahrungen . . . 91
Die Frage der Einsicht 100
Schlußfolgerung 102

7 Falsches Erwachen und außerkörperliche Erlebnisse 104
Wiederholtes falsches Erwachen 104
Realistisches und Unrealistisches bei falschem Erwachen 106
Falsches Erwachen Typ 2 110
Außerkörperliche Erlebnisse 113
»Dazwischenliegende« Erlebnisse 119
Schlußfolgerung 121

8 Lähmungen in halluzinatorischen Zuständen . . 124
Luzide Träume, falsches Erwachen und Schlaf-lähmung 124
Lähmungen und außerkörperliche Erlebnisse 132
Lähmungen und Erscheinungserlebnisse 138
Schlußfolgerung 146

9 Die Kontrolle luzider Träume 147
Das erotische Element in luziden Träumen 154
Hemmungen in luziden Träumen 157
Schlußfolgerung 162

10 Zwei Problemfelder: Lesen und Licht-anschalten 164
Lesen in luziden Träumen 164
Das Lichtanschalten 170

11 Methoden zum Herbeiführen luzider Träume . 174

12 Luzide Träume und die Behandlung von Alpträumen 186
Luzides Träumen bei Kindern 191
Luzides Träumen und Psychopathologie 196

13 Andere therapeutische Anwendungsmöglichkeiten luziden Träumens 200
Luzide Träume in der Psychotherapie 200
Luzide Träume und physische Heilung 208
Schlußfolgerung 211

14 Zwei mögliche Auswirkungen luziden Träumens 213
Mögliche nachteilige Auswirkungen 213
Luzide Träume und philosophische Einstellungen . 218

15 Luzide Träume, Aktivation und die rechte Hirnhemisphäre 226
Aktivation 226
Funktion der Hirnhemisphären 238
Schlußfolgerung 245

Anmerkungen 247
Bibliographie 252
Register 260

Einführung

Die Absicht dieses Buches ist eine zweifache: Zunächst möchte es eine allgemeine Hinführung zu dem Thema des luziden Träumens bieten (also der Träume, bei denen der/die Träumende sich dessen bewußt ist, daß er/sie träumt), darüber hinaus legt es neue theoretische Erklärungsmuster für dieses Phänomen vor. Das Buch wendet sich sowohl an Fachleute wie Psychologen und Philosophen, für deren Interessengebiete dieses Thema von besonderer Bedeutung ist, als auch an eine breite interessierte Leserschaft. Im Blick auf diese haben wir uns um größtmögliche Klarheit bemüht und insbesondere versucht, alle auftauchenden Fachbegriffe allgemeinverständlich zu erklären. Im Blick auf die erstgenannte Gruppe war es uns wichtig, alle Aussagen und Grundthesen zu belegen und den Leser insbesondere auf andere Veröffentlichungen zu verweisen, in denen das jeweilige Thema ausführlicher behandelt wird.

Wir sind der Überzeugung, daß das Phänomen des luziden Träumens vor allem aus drei Gründen von Interesse und Bedeutung ist: zum ersten wegen des Interesses an diesem einzigartigen Zustand selbst, einer scheinbar widersinnigen Bewußtheitsebene, offensichtlich einem Zwischenstadium zwischen nicht-luzidem Schlaf und Wachheit. Zum zweiten wegen der Beziehungen zu anderen halluzinatorischen Zuständen, von denen oft berichtet wird, wie etwa »außerkörperlichen« Erfahrungen und Erscheinungen. Und zum dritten wegen der praktischen Anwendungsmöglichkeiten, insbesondere für die Behandlung von Alpträumen, beispielsweise bei Kindern und bei Menschen, die unter den Folgen traumatischer Streßsituationen leiden.

Der Aufbau des Buches folgt bis zu einem gewissen Grade dieser dreifachen Absicht. Einige der Anfangskapitel (so die Kapitel drei, vier und fünf) beschäftigen sich hauptsächlich mit der Phänomenologie des luziden Träumens (also damit, daß jemand schläft und sich dabei bewußt ist, zu schlafen und zu träumen); die Kapitel sechs, sieben und acht behandeln dann die Beziehungen der luziden Träume mit anderen halluzinatorischen Erfahrungen und legen ein theoretisches Deutungsmuster für halluzinatorische Erfahrungen im allgemeinen vor; und die Kapitel neun bis vierzehn widmen sich insbesondere den praktischen Anwendungsmöglichkeiten und Auswirkungen luziden Träumens, einschließlich der Fragen ihrer Herbeiführung und ihrer Kontrolle. Das abschließende Kapitel enthält einige neurophysiologische Hypothesen, sowohl über die Begleiterscheinungen dieses Zustandes als auch über die individuellen Voraussetzungen, die die Bereitschaft zum luziden Träumen unterschiedlich bestimmen.

Mit diesem Buch soll Celia Greens 1968 veröffentlichte Arbeit *Lucid Dreams* ergänzt, aber nicht ersetzt werden. Wir haben es absichtlich vermieden, Fallstudien aus diesem früheren Werk wiederzuverwenden, mit Ausnahme der wenigen Fälle, in denen dies unvermeidlich erschien, vielmehr haben wir uns auf die beachtliche Fülle der seit 1968 in unserer eigenen Sammlung wie auch in inzwischen veröffentlichten Quellen zusammengekommenen Fallstudien gestützt. Wir hatten in der Tat den Eindruck, ein umfassender Überblick der jetzt hier vorliegenden Art sei im Blick auf die seit dem Erscheinen des früheren Buches erzielten Forschungsergebnisse und im Lichte der verschiedenen theoretischen Überlegungen, die wir darstellen wollen, angebracht.

Wir möchten all unseren Kollegen danken, die uns beim Schreiben dieses Buches zur Hand gegangen sind: Christine Fuller für ihre Hilfe bei der Textbearbeitung; William Leslie für seine Untersuchungen zu den Fallstudien; und Fabian Tassano für sein zweimaliges Lesen des Manuskripts und seine zahlreichen kleinen und großen Verbesserungsvorschläge.

Ebenso möchten wir den folgenden Personen für die Bereitstellung aller möglichen Informationen danken: Dr. Jayne Gackenbach, Dr. George Gillespie, Dr. Keith Hearne, Dr. Harry Hunt, Dr. Stephen LaBerge, Prof. Paul Tholey und Alan Worsley.

Die folgenden Personen und Institutionen haben uns freundlicherweise gestattet, aus urheberrechtlich geschützten Materialien zu zitieren: Dr. John Cutting, Dr. Ann Faraday, Dr. Patricia Garfield, Dr. Kenneth Kelzer, Dr. Stephen LaBerge, Dr. Alfred Lischka, B. G. Marcot, die Oxford University Press, Prof. Elaine Pagels, Prof. Oliver Sacks, die American Society for Psychical Research, Prof. Paul Tholey und Prof. J. H. M. Whiteman. Die vollständigen Quellenangaben geben wir zur jeweiligen Textstelle sowie in der Bibliographie.

Dr. Gordon Claridge danken wir dafür, daß er mehrere Kapitel gegengelesen und eine ganze Anzahl äußerst hilfreicher Vorschläge eingebracht hat.

Und schließlich möchten wir uns bei all unseren Versuchspersonen bedanken, die sich uns über Jahre hin ohne jede finanzielle Vergütung zur Verfügung gestellt haben.

Kapitel 1

Was sind luzide Träume?

Definition und erläuternde Beispiele

Luzide Träume sind solche, bei denen der Träumende sich bewußt wird, daß er träumt. Indem er das erkennt, verändert sich der Charakter des Traumes und hält solange an, wie der Träumende sich seines Zustandes bewußt bleibt. Ein luzider Traum unterscheidet sich in mehrfacher Hinsicht von einem gewöhnlichen: Er kann außerordentlich realistisch sein und dem Träumenden eine äußerst überzeugende Nachbildung seines wachen Daseins bieten; seine emotionale Tonlage ist oftmals positiv, manchmal bis hinauf zu einer ausgesprochenen Hochstimmung.

Der folgende luzide Traum, wiedergegeben von Oliver Fox, dem Autor eines Buches über seine eigenen luziden Träume und außerkörperlichen Erlebnisse[1], illustriert einige der charakteristischen Merkmale luzider Träume. Dabei werden wir sehen, daß Fox von einer offensichtlich relativ hohen Erkenntnisfähigkeit berichtet, mit Einsichten in seinen Zustand, mit der Erinnerung an seine wichtigsten Lebensdaten und mit einer Wahrnehmung seiner tatsächlichen physischen Situation.

Ich träumte, daß ich bei Tag durch eine mir unbekannte Straße mit sehr stattlichen Gebäuden und vielen alltäglich gekleideten Menschen ging. Irgendein Ereignis oder ein ausgefallenes Detail, an das ich mich nicht erinnern kann, machte mir deutlich, daß ich träumte, und ich beschloß zu versuchen, den Traum fortzusetzen. Ich wanderte einfach weiter, wie ein Besucher einer fremden Stadt. Ich bemerkte, daß ich die Uniform eines Heeresoffiziers trug; und als ich an einem prächtigen Kriegerdenkmal vorbeikam, machte ich meiner Rolle entsprechend ›die Augen links‹ und die erforderliche Ehrenbezeigung. Auch erwiderte ich den Gruß eines vorbeigehenden Soldaten. Meine Uniform war braun, aber ich war mir nicht sicher, ob ich zum britischen Militär gehörte. Trotzdem war ich mir meiner tatsächlichen physischen Situation vollkommen bewußt. Ich wußte sehr wohl, daß ich Verwaltungsbeamter im Ministerium und in der Worple Road zu Hause war. Ebenso wußte ich, daß ich während meiner Militärzeit nicht über einen einfachen Soldaten hinausgekommen war.

Nach und nach verließ ich die Straße und befand mich nun auf einem hübschen Landweg. Die Hecken und Bäume waren voller Laub, der Himmel war blau und die Sonne schien. Mich überkam das (durch derartige Erfahrungen) bereits bekannte Gefühl einer wunderbaren Gesundheit und Vitalität, die Atmosphäre war geradezu geladen mit Schönheit und der Vorahnung kommender Abenteuer.

Luzide Träume haben erst seit neuerem Anerkennung gefunden als Phänomene, die von gewöhnlichen Träumen gesondert zu betrachten sind, und es sind noch keine fünfzehn Jahre her, daß Psychologen und Physiologen begonnen haben, sie in ihre Forschungen einzubeziehen. Es ist schon recht eigenartig, daß sie so lange nahezu unbeachtet geblieben sind, zumal es offensichtlich erstaunlich leicht ist, diese Erlebensmöglichkeit zu erlernen, und sie von denen, die ein solches Erlebnis gehabt haben, zumeist als eine interessante Erfahrung eingeschätzt wird.

Luzide Träume scheinen einer großen Zahl von Menschen

zugänglich zu sein, und sehr viele erleben sie in irgendeiner Lebensphase ganz spontan. Daneben gibt es eine kleinere Anzahl von Personen, die regelmäßig luzide Träume erleben. Dennoch dürfte es recht ungewöhnlich sein, daß jemand ohne ein gewisses planmäßiges Vorhaben ein gewohnheitsmäßiger luzider Träumer wird. Andererseits kann es jedoch durchaus sein, daß Menschen, die nie zuvor (jedenfalls soweit sie sich erinnern) luzide Träume hatten, eines Tages feststellen, daß die Lektüre eines Buches zu dieser Thematik und ein wenig analytisches Nachdenken über ihre Realisationsmöglichkeiten ihnen als Startbedingungen genügen, um ein derartiges Träumen zu beginnen.

Der folgende Traum stammt von einer unserer Versuchspersonen, die zu luziden Träumen gekommen war, nachdem sie etwas darüber gelesen hatte. Der Bericht verdeutlicht die positiven Emotionen, die in luziden Träumen erfahrbar werden können, wobei gesagt werden muß, daß nicht alle luziden Träumer von einer derart ausgeprägten Hochstimmung berichten.

Ich befinde mich in einer seltsamen ländlichen Küche, sitze dort am Tisch und betrachte das Briefpapier, das ich Tags zuvor im wirklichen Leben gekauft hatte. Als ich den Karton öffne, stelle ich fest, daß darin keine Blankokuverts, sondern fertig adressierte und gestempelte Briefumschläge liegen (der erste war an einen Freund in den USA gerichtet). Ich denke: ›Aber das ist doch nicht möglich! Ich habe sie doch erst heute gekauft und weiß, daß sie unbeschriftet waren!‹ Dann beginnt es plötzlich, hell zu werden – und ich denke mir: ›ABER DANN MUSS DIES EIN TRAUM SEIN!‹ Ich gerate in eine Hochstimmung, als ich endlich begreife, warum alles so lächerlich ist, und ich empfinde nichts außer einem ungeheuren Glück darüber, mich von der Besorgnis über all das Unsinnige um mich her zu befreien. Nach dieser Wahrnehmung erhebe ich mich, und ich fliege auf das Fenster zu. Ich komme nach draußen und ›schwimme‹ durch die Luft, mit dem Vorsatz, herauszufinden, ob Brustschwimmen in dünner Luft möglich ist. Während meines Fluges gehen mir all meine Ideen über Versuche mit luziden Träumen durch den Sinn. Ich muß über meine Skepsis darüber lachen, wie beglückend doch das Fliegen im Traum sein kann. Aber das Wichtigste dabei ist, daß ich bei allem die volle Kontrolle behalten habe.

In ihrer früheren Arbeit zu dieser Thematik griff Celia Green auf den Begriff »luzider Traum« zurück. Diesen hatte van Eeden eingeführt, um Träume zu benennen, bei denen er sich bewußt war zu träumen, womit er die Bezeichnungen durch einige andere, unter ihnen Oliver Fox, der von »Bewußtheits-Träumen« sprach, ablehnte. Dieser Terminus ist inzwischen allgemein akzeptiert worden. Wir halten es für entscheidend, die Definition eines luziden Traumes gänzlich auf die An- oder Abwesenheit dieses einen Merkmals zu begrenzen, daß sich nämlich der Träumer seines Zustandes bewußt ist.

Da aber nun Träume, bei denen der bzw. die Betreffende weiß, daß er oder sie träumt, insgesamt noch andere charakteristische Züge haben, die sie von gewöhnlichen Träumen unterscheiden, und da sie zudem in dem wörtlichen Sinne »luzid« sind, daß der Träumer offensichtlich bei klarer Vernunft und klarem Kopf ist, ist manchmal der Vorschlag gemacht worden, die Definition eines luziden Traumes sollte von einem gewissen Zusammentreffen solcher zusätzlichen Merkmale abhängig gemacht werden, so z. B., ein Traum sollte nur dann als luzid betrachtet werden, wenn der Träumende zusätzlich zu dem Bewußtsein seines Traumzustandes eine komplette Erinnerung an seinen Wachzustand sowie eine weitreichende Kontrolle über die Ereignisse in seinem Traum bewahrt.

Ein solcher Vorschlag erscheint uns jedoch in mehrfacher Beziehung als unbefriedigend. Zunächst würde damit die Bestimmungsgrundlage von einem einfachen Entweder-Oder zu etwas hin verlagert, was einer rein subjektiven Bemessung auf einer gleitenden Werteskala unterläge. Zum zweiten ist es doch wohl kein realistisches Vorhaben, einem luziden Träumer die Bemessung darüber zu überlassen, ob, beziehungsweise bis zu welchem Grade er tatsächlich Zugang zur vollen Bandbreite seiner Erinnerungen im Wachzustand hat, oder bis zu welchem Grade er imstande ist, die Traumerlebnisse zu beeinflussen. Er mag durchaus das deutliche Empfinden haben, in einem bestimmten Traum »ganz da« gewesen zu sein und daher versucht sein, diesen als »mehr luzid« einzustufen als einen, bei dem er dies weniger deutlich empfunden hatte. Aber tatsächlich lassen sich mögliche Einschränkungen seiner Fähigkeit, sich an sein tägliches Leben zu erinnern oder den Traum zu kontrollieren, nur während des Traumes selbst experimentell feststellen, und ein Traum läßt lediglich eine recht begrenzte Anzahl von Experimenten zu, die dies klären könnten.

So erscheint es uns sinnvoller, die ursprüngliche Definition eines luziden Traumes beizubehalten, nach der dieser lediglich durch ein Merkmal bestimmt wird. Dies läßt selbstverständlich den Weg für weitere Untersuchungen darüber offen, in welchem Ausmaß dieses Merkmal in Zusammenhang mit unterschiedlichen Graden der Erinnerungsfähigkeit und der intellektuellen Funktionen steht.

Historische Entwicklung

Lassen Sie uns den Stand der Berichterstattung über luzide Träume zur Erscheinungszeit des ersten Buches von Celia Green betrachten. Einige Personen hatten damals berichtet, sie hätten ab und zu Träume, bei denen sie sich ihres Zustandes bewußt und imstande seien, ihr Erinnerungs- und Denkvermögen durchaus normal einzusetzen. Aber war dem wirklich so, oder träumten sie nur, all das zu tun? Die Vorstellung eines luziden Träumens rief in verschiedenen Kreisen Widerstand hervor, in denen Träume ohnehin als im wesentlichen irrationale Zustände angesehen wurden. Einige Wissenschaftler versuchten, sich mit der Vermutung aus der Affäre zu ziehen, luzide Träume seien nichts weiter als eine Variante einer allbekannten Eigenart von Träumen, nämlich »zu träumen, daß man« wobei in diesem Falle einzusetzen wäre »daß man träumt« statt beispielsweise »daß man fliegt«. Luzide Träumer seien sich also – so versuchte man uns mehrfach nahezulegen – nicht dessen bewußt, daß sie träumen, vielmehr träumten sie, bewußt zu sein.

Der Widerstand gegen die Vorstellung eines luziden Träumens ging also bei einigen Hand in Hand mit einer umfassenden Geringschätzung des Traumzustandes überhaupt. Der Verstand sei ihrer Meinung nach nicht zu trennen von der Realität, in der er funktioniert, insbesondere von dem Wachzustand, in dem die Kommunikation mit anderen geschieht. Einige Philosophen, wie etwa Malcolm, gingen sogar soweit zu bezweifeln, daß ein Traum je wirklich stattgefunden habe (das ist jedenfalls die Botschaft, die er zu vermitteln scheint, auch wenn er selbst nie ausdrücklich zugeben mochte, daß dies sich aus seiner Argumentation konsequenterweise ergibt). Laut Malcolm ist es nämlich allein die »wirkliche« Welt, in der die Menschen miteinander kommunizieren und ihre jeweiligen Beobachtungen austauschen. In dieser Welt ist allenfalls noch nachweisbar, daß manche Leute gelegentlich nach dem Aufwachen eine Reihe von Erlebnissen erzählen, die sie ihrer Meinung nach gerade gehabt hätten.

Im Unterschied dazu äußern einige Psychologen (unter ihnen Hartmann) die Vermutung, Berichte über luzide

Träume seien in Wirklichkeit Berichte über kurze Perioden von Schlaflosigkeit oder »kurze partielle Erregungszustände« und von daher Wachträumen näher als eigentlichen Träumen. Ein derartiger Vorschlag kann allerdings nur dem einleuchten, der noch nie eine wahre Luzidität im Traumzustand erfahren hat. Jeder, der einmal in einem Traum ein solches Erlebnis hatte, muß eine solche Argumentation für unangemessen halten, und sei es auch nur deswegen, weil er ja erfahren hat, daß man vollkommen in der Wahrnehmungswelt des Traumes befangen bleibt und sich nicht statt dessen – oder daneben – plötzlich der realen Welt oder eines ihrer Teile bewußt wird, wie etwa das Bett spürt, in dem man liegt. Dieser Punkt wird in unserem Buch anhand mehrerer Beispiele noch weiter veranschaulicht werden. Deutlich ist auf alle Fälle, daß luzide Träumer auch in ihrem luziden Zustand durchaus über die Lage ihres Körpers in Ungewißheit sein können. So werden wir von einem Fall berichten, in dem ein luzider Träumer, der an seinem Schreibtisch zu sitzen träumt, sich fragt, ob sein Körper wirklich dort ist (tatsächlich liegt er im Bett). So fällt es einigen luziden Träumern anscheinend ganz besonders schwer, sich an die unmittelbaren Umstände ihres Wachseins zu erinnern, etwa daran, wo sie am Abend eingeschlafen sind.

Die Feststellung, daß die Skepsis gegenüber einer Luzidität im Traum daher rührt, daß der Skeptiker selbst nie einen luziden Traum erlebt hat, läßt sich auch durch die folgende Passage aus der zu Beginn dieses Jahrhunderts von Havelock Ellis durchgeführten Untersuchung über Träume belegen. Dort ist deutlich abzulesen, wie seine skeptischen Äußerungen unmittelbar auf sein Eingeständnis folgen, daß er selbst noch nie eine Luzidität im Traum erlebt hat. Bemerkenswert ist dabei auch, wie er damals schon die Hypothese aufgestellt hat, die dann später von Hartmann vertreten wurde, um die Aussagen zu erklären, die er von anderen

Autoren kannte, daß sie nämlich hin und wieder tatsächlich luzide Träume erlebt hätten.

In meinen eigenen Träumen habe ich niemals irgendeine Erkenntnis darüber gewonnen, daß es sich um Träume handelte. Ich möchte in der Tat feststellen, daß ich nicht der Meinung bin, so etwas sei wirklich möglich, auch wenn viele Philosophen und andere seit Aristoteles, Synesius und Gassendi dies bezeugt haben. Das Phänomen kommt vor; derjenige, der sich sagt, er träume, mag meinen, noch zu träumen, aber man sollte doch wohl bezweifeln dürfen, ob er das wirklich noch tut. Viel wahrscheinlicher scheint es hingegen zu sein, daß er für einen Augenblick, ohne es zu bemerken, auf der wachen Oberfläche des Bewußtseins aufgetaucht ist.

Der Grund für die Verspätung, mit der luzides Träumen nun endlich Anerkennung als ein wirkliches Phänomen und die Beachtung durch Philosophen und Psychologen gefunden hat, liegt zum Teil in der Schwierigkeit, die wir anscheinend alle mehr oder weniger ausgeprägt erleben, nämlich uns klar zu machen, daß die subjektiven Erfahrungen anderer Menschen von den unseren wesentlich und auf Dauer verschieden sein können. Mit anderen Worten: Die Tatsache, daß zwischen den Personen sowohl auf der Erscheinungs- als auch auf der Verhaltensebene beachtliche Unterschiede existieren, dürfte allgemein unterschätzt werden. Dieser Ansicht hat Galton bereits gegen Ende des vorigen Jahrhunderts überzeugenden Ausdruck verliehen, als er in seinem Buch *Inquiries into Human Faculty* schrieb:

In den späteren Kapiteln werde ich von Personen mit ungewöhnlichen mentalen Eigenschaften in bezug auf Vorstellungen, Visualisierungen von Zahlen, Farben in Verbindung mit Klängen und speziellen Gedankenassoziationen berichten, die sich ihrer besonderen Fähigkeiten gar nicht bewußt sind... Dabei wird sich herausstellen, wie sehr Metaphysiker und Psychologen irren können, wenn sie von der Annahme ausgehen, ihre eigenen mentalen Funktionsweisen, Instinkte und Grundsätze seien mit denen der übrigen Menschheit identisch, statt sie als ihre eigenen Besonderheiten zu betrachten. Die Unterschiede zwischen uns Menschen sind tiefgreifend, und wir können uns nur vor einem Leben in blinder Unkenntnis unserer eigenen mentalen Eigenarten bewahren, indem wir es uns zur Gewohnheit machen, uns über diese ebensogut zu informieren, wie über die der anderen.

Die Kommunikation zwischen dem luziden Träumer und der Außenwelt

Celia Green hatte in ihrem ersten Buch bereits die Vermutung geäußert, daß, wenn luzide Träumer so klaren Verstandes wären, wie sie glauben, es möglich sein müßte, mit ihnen zu kommunizieren, während sie sich noch in ihrem luziden Traum befinden. Vielleicht könnte es ihnen ja gelingen, eine derart weitgehende motorische Kontrolle zu erlangen, um dem Versuchsleiter ein Signal zu geben. Celia Green hat damals ebenfalls vorhergesagt, man werde bald herausfinden, daß luzide Träumer mit der »paradoxen« Schlafphase in Verbindung zu bringen sind, die gekennzeichnet ist durch niedrige Spannung, starke Schwingungen im Elektroenzephalogramm (EEG), muskuläre Entspannung und die schnellen Augenbewegungen – Rapid Eye Movements, abgekürzt REMs –, die dieser Phase den Namen »REM-Schlaf« gegeben haben. Einer der Gründe für ihre Vermutung war die Tatsache, daß luzide Träumer oftmals berichteten, wie die Luzidität aus einem vorhergegangenen nicht-luziden Traum heraus entstand, sowie die Tatsache, daß diese letztgenannte Traumart bereits mit der REM-Schlafphase in Verbindung gebracht worden war.

Diese beiden Vorschläge Celia Greens stellen uns nun allerdings vor eine Schwierigkeit. Sie besteht darin, daß der Schlafende in der REM-Phase keine merkliche Kontrolle über seinen Körper besitzt. Diese Verbindung eines Zustandes physischer Lähmung mit einem EEG, das dem einer wachen Person ähnlich ist, hat dazu geführt, daß man von einem »paradoxen« Schlafzustand spricht. (Darüber hinaus ist der Schlafende im REM-Zustand, trotz des offensichtlichen Erregungszustands seines Hirns, paradoxerweise noch unzugänglicher für äußere Reize und noch schwerer anzuregen als in anderen Schlafzuständen.)

Die Lösung dieses Problems wurde unabhängig voneinander von zwei Forschern erreicht: Keith Hearne von der Universität Liverpool und Stephen LaBerge vom Institut für Schlafforschung der Stanford Universität. Die Schlüsselmethode beider Forscher beruht auf der Tatsache, daß die Augenmuskeln während der REM-Phase, wie ja schon der Name andeutet, anders als alle übrigen Muskeln zu einer außerordentlichen Aktivität neigen. Es zeigte sich, daß, wenn der luzide Träumer während seines Traumes nach rechts oder links »blickte«, dies tatsächlich entsprechende Bewegungen seiner Augen hervorrief, die von an den Augenmuskeln angebrachten Elektroden aufgezeichnet und gemessen werden konnten. Damit wird die Übermittlung einfacher Botschaften ermöglicht. Der Träumende kann durch Augenbewegungen anzeigen, wann er luzid geworden ist, oder wann er eine Aufgabe, die er im Traum auszuführen gebeten wurde, aufgenommen oder beendet hat, und er kann »Ja« oder »Nein« auf eine Frage hin signalisieren, die der Versuchsleiter ihm in Form eines längeren Signals gestellt hatte.

Als die Experimente dieser Art zunahmen, verloren die Positionen der Skeptiker immer mehr an Halt. Denn wenn es möglich ist, mit einem Träumenden eine – wenn auch nur im begrenzten Maße – vernünftige Kommunikation zu unterhalten, dann wird es schwierig zu bestreiten, daß er bzw. sie das ist, was wir üblicherweise als bewußt bezeichnen.

Experimente, die dieser Methode der Signalübermittlung durch Augenbewegungen aus einem Traum heraus folgen, ließen vermuten, daß luzide Träume tatsächlich wie vorhergesagt hauptsächlich während eines REM-Schlafes stattfinden, daß sie von einer bis zu sechs Minuten dauern und daß sie sich meist am frühen Morgen einstellen, gegen Ende der Schlafenszeit, wenn ein REM-Schlaf relativ häufig ist.

Da ein luzider Träumer imstande ist, sich im luziden Stadium an Instruktionen zu erinnern, die ihm im Wachen erteilt worden waren, ist er auch in der Lage, vorher festgelegte Aufgaben auszuführen. Auf diese Weise wurde es möglich, experimentell zu überprüfen, bis zu welchem Grad der Bericht des luziden Träumers nach seinem Erwachen über die Geschehnisse in seinem Traum mit den Signalen übereinstimmt, die er zu dem Zeitpunkt abgegeben hatte, als sie sich ereigneten. Aus diesen Experimenten ergab sich, daß die Abfolge der Traumereignisse, wie sie beim Erwachen berichtet wurden, tatsächlich in der beschriebenen Reihenfolge stattgefunden hatte. Am Londoner St. Thomas-Hospital wurde eine ausgedehnte Versuchsreihe dieser Art durchgeführt, mit Alan Worsley als Testperson, der schon Keith Hearne in Liverpool für seine erfolgreichen Augen-Signal-Experimente zur Verfügung gestanden hatte. Dabei war Worsley zum Beispiel imstande, in seinen Träumen Dreiecke auf die Wand zu zeichnen, die er mit seinen Augen verfolgte. Und es ergab sich, daß wirklich Bewegungen seiner Augen gemessen wurden, die denen entsprachen, die er im Wachzustand bei solchen Dreiecksbewegungen ausgeführt hätte.

Ein weiteres Ergebnis war, daß die tatsächliche Länge der verschiedenen Traumteile ziemlich genau dem subjektiven Empfinden des luziden Träumers von ihrer Dauer entsprach. So bat LaBerge zum Beispiel seine Testpersonen, alle zehn Sekunden durch Augenbewegungen Signale zu geben, und obwohl sie dabei nicht vollkommen fehlerfrei blieben, erzielte er doch in etwa den gleichen Genauigkeitsgrad wie bei wachen Personen.

Weil die Augenmuskeln im REM-Traumzustand faktisch nicht gelähmt sind, ist es verhältnismäßig einfach, sie zur Bestätigung dessen zu verwenden, daß die Bewegungen der »Traum«-Augen eines luziden Träumers wenigstens bis zu einem beachtlichen Grade den Bewegungen seiner wirklichen Augen entsprechen. Schwieriger ist es dann schon, ähnliche Entsprechungen bei anderen Körpermuskeln zu überprüfen. Dennoch sind solche Entsprechungen zwischen den Traumbewegungen eines luziden Träumers und den Bewegungen seines Körpers festgestellt worden. Ein mit nur teilweisem Erfolg vorgenommenes Experiment bestand darin, Alan Worsley anzuweisen, eine Art Morsecode zu senden, indem er im Traum mit seinem rechten oder linken Fuß vorwärts ging. Auch wenn dies nicht zu entsprechenden Bewegungen von Worsleys Körper führte, brachte es doch Nervenimpulse hervor, die von an seinen Füßen angebrachten Elektroden aufgenommen und verstärkt wurden. So konnte festgestellt werden, daß die an seinen Beinen gemessenen elektrischen Signale der Anzahl von Schritten entsprach, die er im Traum machte, auch wenn seine Beine selbst sich nicht bewegten.

Ebenso wurde berichtet, daß der Atemrhythmus eines luziden Träumers von ihm absichtlich verändert werden kann. In einem entsprechenden Experiment änderte sich der tatsächliche Atemrhythmus eines luziden Träumers im Gleichklang mit dem Rhythmus, in dem er seinen Traumkörper atmen ließ.

Wir werden auf die Phänomenologie des Zustandes, die sich durch die beschriebenen Experimente eröffnet hat, weiter eingehen. Vor allem werden wir uns einige Punkte anschauen, an denen luzide Träume sich von den nichtluziden unterscheiden, in die sie eingebettet sind.

Kapitel 2

Luzide und nicht-luzide Träume

Auch wenn luziden Träumen als von gewöhnlichen Träumen getrennt zu betrachtenden Phänomenen bis vor kurzem wenig Aufmerksamkeit gewidmet worden ist, findet doch die Möglichkeit, daß ein Träumender sich seiner Situation bewußt ist, immer wieder einmal Erwähnung, und sei es auch nur am Rande. Das ist nicht überraschend, ist doch luzides Träumen ein Bereich menschlicher Erfahrung, der den meisten offensteht. Überraschend ist hingegen, daß, wenn diese Fähigkeit einmal erwähnt wird, dies zumeist als Teil der allgemeinen Diskussion über Träume geschieht, ohne die Unterschiede zwischen luziden und nicht-luziden Träumen anzuerkennen. Freud, der große Pionier der Traum-Analyse, war sich der Möglichkeit einer Luzidität im Traum wohl bewußt, konnte aber offensichtlich nicht erkennen, daß dies aus psychiatrischer Sicht ein ganz eigenes Phänomen darstellt:

> Dagegen gibt es Personen, bei denen die nächtliche Festhaltung des Wissens, daß sie schlafen und träumen, ganz offenkundig wird und denen also eine bewußte Fähigkeit, das Traumleben zu lenken, eigen scheint. Ein solcher Träumer ist z. B. mit der Wendung, die ein Traum nimmt, unzufrieden, er bricht ihn, ohne aufzuwachen, ab und beginnt ihn von neuem, um ihn anders fortzusetzen, ganz wie ein populärer Schriftsteller auf Verlangen seinem Schauspiel einen glücklicheren Ausgang gibt.

Wie noch deutlich werden wird, unterscheiden sich luzide Träume in mehrfacher und bedeutender Hinsicht von gewöhnlichen Träumen, und was auch immer von den Prinzipien zu halten ist, die den Aufbau gewöhnlicher Träume bestimmen, so sind auf jeden Fall diejenigen, die den Gehalt luzider Träume bestimmen, gesondert davon zu betrachten. So enthalten zum Beispiel gewöhnliche Träume häufig groteske oder unangenehme Elemente, obwohl Freud offenbar der Meinung war, sie seien von einem Trieb zur Wunscherfüllung charakterisiert. Ein luzider Traum hingegen kann eine derart angenehme und befreiende emotionale Atmosphäre haben, die gewöhnliche Träume nur selten – wenn überhaupt – mit sich bringen. So schreibt beispielsweise eine unserer Versuchspersonen:

Während ich eine hübsche baumbestandene Allee entlangging, bemerkte ich, daß ich träumte, und ein Gefühl des Friedens erfüllte mich. Es war eine herbstliche Stimmung, der Boden war mit frischgefallenem braunem und goldenem Laub bedeckt. Nach einer Weile führte die Allee auf eine sonnenbeschienene Lichtung; ein Sperling setzte sich auf meine Hand, und ich konnte genau seine Beschaffenheit und die feine Farbschattierung seiner Federn beobachten. Ich ließ dies alles auf mich wirken und war sehr verwundert darüber, daß es überhaupt möglich sein kann, allein in der Vorstellung so lebendig jedes Detail und solch eine Schönheit zu sehen.

Tatsächlich scheint es, daß luzide Träume im allgemeinen der Erfüllung des Wunsches nach einer besonderen Erfahrung weit näher sind als gewöhnliche Träume. In vielen Fällen kann man sich gut vorstellen, daß das Traumerlebnis dem gleichkommt, was der oder die Betreffende sich wünschen würde, wenn man vorher danach fragte, was er oder sie in dieser Nacht träumen möchte. Mit anderen Worten scheint keine Notwendigkeit zu bestehen, zwischen *manifesten* und *latenten* Inhalten zu unterscheiden, wie die Traumanalytiker der Freudschen Schule in ihren Interpretationen, noch sich auf Mechanismen wie *Verschiebung, Verdichtung* und *Symbolisation* zu berufen, wie sie es tun, um die Wunschvorstellungen zu erklären, die gewöhnlichen Träumen angeblich zugrunde liegen.[1]

Die Unterschiede zwischen den Inhalten luzider und gewöhnlicher Träume dürften auch weiterhin ein interessantes Arbeitsfeld für Psychiater und Psychoanalytiker darstellen. Ein Überblick über quantitative Vergleiche zwischen den manifesten Inhalten luzider und nicht-luzider Träume ist von Gackenbach vorgelegt worden, wobei sich weniger Unterschiede ergaben, als man hätte erwarten können. Vielleicht müßte eine eigene Methode für die Untersuchung der verschiedenen symbolischen Funktionen der luziden gegenüber den nicht-luziden Träumen entwickelt werden. Bisher ist noch wenig zu dieser Thematik gearbeitet worden. Aber einmal angenommen, solch eine Untersuchungsmethode würde ausgearbeitet werden, dann wird sich dadurch sicherlich bestätigen lassen, daß sich Wunscherfüllung in luziden Träumen auf einer Persönlichkeitsebene darstellt, die der des wachen Bewußtseins näher kommt als der gewöhnlicher Träume.

Empson wies noch auf zwei weitere Aspekte hin, durch die luzide Träume sich von gewöhnlichen Träumen unterscheiden. Der erste betrifft das Gefühl, die Kontrolle zu haben: »Wenn wir träumen (nicht-luzid), dann sind wir wie Zuschauer bei der Aufführung eines Schauspiels, und nur selten gewinnen wir den Eindruck, eine Kontrolle darüber zu haben.« Der luzide Träumer hingegen wird kaum noch das Empfinden haben, lediglich passives Objekt der Ereignisse zu sein, wie es in gewöhnlichen Träumen, besonders in Alpträumen, häufig vorkommt. Er wird womöglich sogar gezielte Versuche unternehmen, um Verlauf oder Inhalt des

Traums zu verändern und damit mehr oder weniger die Kontrolle darüber zu gewinnen. Wir werden die bei solchen Experimenten erzielten unterschiedlichen Erfolgsgrade noch eingehender behandeln.

Der zweite Gegensatz zwischen luziden und nicht-luziden Träumen, auf die Empson hinweist, betrifft das Ausmaß an Reflektionsfähigkeit des Träumers. Allen Rechtschaffen hat die von ihm so genannte »Eingleisigkeit« gewöhnlicher Träume hervorgehoben und darauf verwiesen, daß wir in normalen Träumen üblicherweise nicht über unseren eigenen »Bewußtseinsstrom« reflektieren. Im wachen Dasein spaltet sich, so könnte man sagen, dieser Strom in zwei Bestandteile auf, so daß man sowohl etwas erlebt als auch über dies Erlebnis reflektiert, während es noch stattfindet. Diese Aufspaltung bewußten Erlebens scheint in einem nicht-luziden Traum nur selten einzutreten. Im Gegensatz dazu ist es für den luziden Träumer gerade bezeichnend, daß er tatsächlich über die Erfahrung reflektiert, während sie sich ereignet. Derartige Reflektionen gehören zu den charakteristischsten Eigenarten luzider Träume.

Ein weiteres Defizit gewöhnlicher Träume, auf das Rechtschaffen hinweist, und das ein Licht werfen könnte auf die Beziehung zwischen dem Träumen und den geistigen Vorstellungen im Wachzustand, ist die Tatsache, daß man sich in einem Traum anscheinend keine anderen Dinge »einzubilden« vermag. Er schreibt: »Ich kann mich an keinen Traumbericht erinnern, in dem es geheißen hätte: ›Nun ja, ich träumte von diesem und jenem, aber als ich das so träumte, bildete ich mir eine andere Szenerie ein, die damit gar keinen Zusammenhang hatte.‹« Empson drückt das so aus: »Paradoxerweise sind wir im (nicht-luziden) Traum ohne jede Einbildungskraft.« Luzide Träumer hingegen erleben die Möglichkeit, damit zu experimentieren, sich andere Dinge »einzubilden«, wenn auch mit unterschiedlichem Erfolg. In einem dieser Fälle (wir werden später noch genauer

29

darauf eingehen) hatte ein solcher Versuch zur Folge, daß die vorhandenen Traumvorstellungen abbrachen.

Eine letzte Unterscheidung zwischen luziden und nicht-luziden Träumen bezieht sich auf die verschiedenen Grade der Erinnerungsfähigkeit. Wie jeder weiß, werden gewöhnliche Träume leicht vergessen, so daß man, wenn man sie im Gedächtnis behalten möchte, nach dem Erwachen den Traum so bald wie nur möglich schriftlich festhalten muß, bevor irgend etwas anderes uns beschäftigen kann. Im Gegensatz dazu scheint hinreichend deutlich zu sein, daß luzide Träumer nicht unter einem solchen tendenziellen Gedächtnisverlust leiden wie gewöhnliche Träumer, auch wenn diese Beobachtung sicherlich durch weitere experimentelle Bestätigung zu verfestigen ist. In diesem Sinne ist immerhin bereits nachgewiesen worden, daß jemand, der aus einem gewöhnlichen Traum erwacht und noch vor einer Aufzeichnung des Traumes gebeten wird, die telephonische Wetteransage abzurufen, eine deutliche Beeinträchtigung seines Erinnerungsvermögens erleben wird. Es wäre interessant, ein ähnliches Experiment mit luziden Träumern durchzuführen, um herauszufinden, ob ein solches Verfahren unmittelbar nach dem Erwachen aus dem luziden Traum die Erinnerungsfähigkeit des Träumenden in vergleichbarer Weise behindern würde.

Es ist viel darüber diskutiert worden, wie es kommt, daß in einem gewöhnlichen Traum erhaltene Eindrücke nicht leicht zu erinnern sind. Empson folgt Rechtschaffen in der Vermutung, daß die Schwierigkeit wenigstens zu einem Teil der fehlenden Reflektionsfähigkeit in gewöhnlichen Träumen zu verdanken ist. Er schreibt:

Unsere bewußte Kontrolle der Aufmerksamkeit, die wir sowohl dem reflektierenden, bewertenden Gedankenfluß als auch dem auf die uns jeweils vorliegende Aufgabe gerichteten Denken widmen, ist für den normalen Prozeß der Sammlung von Erinnerungen entscheidend wichtig... Das umfassende Vergessen (gewöhnlicher) Träume läßt sich wohl damit erklären, daß ein einziger Gedankenstrom uns wie eine Zwangsjacke daran hindert, eine Absicht... (uns zu erinnern) zu fassen.

Empson zitiert eine Bemerkung, die Erasmus Darwin 1794 gemacht hat:»In Träumen benutzen wir weder unsere Vernunft noch unser Gedächtnis.« Sollte dieser Mangel an kritischer Selbstbeobachtung tatsächlich der Grund für die Neigung eines gewöhnlichen Traumes zur Gedächtnisstörung sein, dann würde hier sicherlich die Erklärung für die Tatsache liegen, daß luzide Träume so viel weniger dazu neigen. In einem luziden Traum ist man sich seines eigenen Erlebnisses bewußt und ihm gegenüber kritikfähig, beinahe so wie im Wachzustand, wenn es auch Einschränkungen dieser offenkundigen Rationalität geben mag, wie wir in späteren Kapiteln noch sehen werden.

Kapitel 3

Das prä-luzide Stadium

Ein Traumtypus, der nicht im eigentlichen Sinne luzid, aber einem luziden Traum nahe verwandt ist, ist der, in dem der bzw. die Träumende zu träumen meint, darüber nachdenkt oder verschiedene »Tests« anstellt, um sich über die wirkliche Situation Gewißheit zu verschaffen. Celia Green hat für diesen Erlebnistypus die Bezeichnung »prä-luzider Traum« vorgeschlagen. Auch wenn es durchaus möglich ist, direkt beim Einschlafen oder auch unwillkürlich aus einem nicht-luziden Traum heraus in einen luziden Traumzustand einzutreten, geht der Luzidität doch häufig eine prä-luzide Phase der beschriebenen Art voraus. Ein prä-luzider Traum kann eine recht große Ähnlichkeit mit einem luziden Traum haben, was den Grad des realistischen Wahrnehmungsvermögens und das Ausmaß angeht, in dem der Träumer seine intellektuellen Fähigkeiten auszuüben imstande ist.

Der folgende, von dem Psychologen Moers-Meßmer aufgezeichnete Bericht ist ein Beispiel für einen prä-luziden Traum. Er besitzt viele Merkmale eines luziden Traumes, vor allem da, wo er detailliert und realistisch ist, wobei die gelegentlich auftretenden Abweichungen von einem strikten Realismus ähnlich auch in vielen luziden Träumen anzutreffen sind. Auch wenn der Träumer anfänglich das Wesen seines Erlebnisses noch nicht erfaßt, erregen diese Abweichungen dann doch seinen intellektuellen Argwohn. Er reflektiert seine Situation einige Zeit, bis ihm schließlich, trotz seines Widerstrebens gegen eine solche Schlußfolgerung, klar wird, daß er tatsächlich träumt.

An einem kleinen Fluß gehe ich einen schmalen Weg entlang. Die Gegend ist mir fremd. Eine Frau kommt mir entgegen, ein großer Gegenstand, ähnlich wie eine Hutschachtel, entfällt ihr ins Wasser und schwimmt darauf. Die Frau steigt die Uferböschung hinunter, tritt auf die Wasseroberfläche, macht einige Schritte und holt sich den Gegenstand. Dies setzt mich in höchstes Erstaunen, ich gehe vom Weg ab zum Fluß hinunter und betrachte das Wasser. Ob es bewegt war, habe ich vergessen. Die Farbe ist grau und etwas stumpf, die obersten Schichten sind durchsichtig. Ich trete darauf und gehe zum anderen Ufer hinüber. Bei jedem Schritt sinke ich leicht ein, ich habe das Gefühl, wie auf Sand zu gehen. Wie ich mich umsehe, finde ich auf einmal den ganzen Fluß von Menschen bevölkert, die von den Ufern her hinübergehen. Das erste Erstaunen ist bald verschwunden, ich finde mich mit den gegebenen Tatsachen ab. Doch wie ich in einiger Entfernung eine Brücke sehe, regt sich wieder mein unvertilgbarer Intellektualismus. Ich fange an zu grübeln: Eis kann es nicht sein; dazu ist es zu weich, außerdem ist die Luft zu warm. Vielleicht handelt es sich um eine neue Erfindung. Wozu baut man dann aber Brücken, wenn es auch so geht? Auf einmal kommt mir blitzartig der Gedanke: Könnte es sich nicht wieder einmal um einen Traum handeln? Zunächst empfinde ich eine Abneigung gegen diese Vorstellung, aber langsam überzeuge ich mich, daß es die einzige Möglichkeit ist, die mir übrig bleibt.

Nicht alle prä-luziden Träume enden wie dieser damit, daß der Träumende sich dessen bewußt wird und in einen luziden Traum eintritt. Selbst nach einer noch so sorgfältigen Überprüfung des Zustandes, in dem er sich befindet, kann der prä-luzide Träumer dennoch zu der Schlußfolgerung gelangen, er sei in Wirklichkeit wach. Daher gibt es einige Überschneidungen zwischen den als falsches Erwachen einzuordnenden Erfahrungen und dem, was wir als prä-luzide Träume bezeichnen (s. Kapitel sieben).

Prä-luzide Träumer können plötzlich aufgrund der Glaubwürdigkeit ihrer Umgebung zu der Überzeugung gelangen, sie seien wach, oder sie können zu verschiedenen »Tests« greifen, deren Ergebnisse sie möglicherweise dazu bringen können, die richtige Schlußfolgerung zu ziehen. Es ist interessant, sich einige dieser verwendeten Tests, mit denen Träumende herauszufinden versuchen, ob sie nun wach sind oder nicht, einmal anzuschauen.

Der klassische Test, sich zu kneifen, ist völlig unzuverlässig, da ein prä-luzider Traum durchaus imstande ist, ein Empfinden hervorzurufen, als ob man gekniffen worden sei, überzeugend genug, um den Träumer zu täuschen. Ähnliches gilt im Prinzip von allen vergleichbaren Empfindungen; später werden wir sehen, daß der Realismus von Empfindungen bei luziden (und prä-luziden) Träumen sehr weit entwickelt sein kann.

Zu den erfolgreichsten, von luziden Träumern angewandten Tests zählen: der Versuch zu fliegen oder zu lesen, das Licht anzuschalten sowie Gedächtnistests, in denen der Träumer versucht, die Ereignisse zurückzuverfolgen, die zu seiner jetzigen Situation geführt haben. Jeder dieser Tests ist durchaus geeignet, Ergebnisse zu erzielen, die sich von denen unterscheiden, zu denen man im Wachen gekommen wäre, so daß – vorausgesetzt, man kann diese Diskrepanz erkennen – die richtige Schlußfolgerung gezogen werden kann.

Andererseits kann es dem Träumenden durchaus passieren, daß er den »Fehler« in seinem Traum nicht findet, wie das folgende Beispiel von Paul Tholey illustriert. Darin erinnert sich der Träumende, wie er seinen Zustand durch eine Drehung um die eigene Achse testen wollte. Wenn man sich im Wachen einmal um sich selbst dreht und dann stehen bleibt, hört auch die Umgebung auf, sich zu drehen. Im Traum jedoch läßt sich Tholey zu der Überzeugung verleiten, das *unaufhörliche* Um-einen-herum-Drehen sei charakteristisch für das Wachen.

Ich gehe mit Freunden durch eine herrlich klare Herbstlandschaft... Ich rufe: ›Diese Behauptungen von der völlig realistischen Wahrnehmung der Traumwelt sind doch unhaltbar! Wie sollte es denn möglich sein, daß man im Traum zum Beispiel diesen kalten, klaren Morgen und diesen farbenprächtigen Herbstwald in allen Details wahrnehmen könnte? Wie sollte man denn im Traum wohl dieses kalte und klare Gefühl in der Lunge fühlen, das sich bei tiefem Einatmen einstellt... Die sogenannten Realitätstests sind doch nichts als Augenauswischerei! Zum Beispiel dieser Drehtest. Wenn ich mich schnell um 180 Grad auf der Stelle drehe (und ich demonstriere es), dann dreht sich die Umwelt danach *natürlich* gegensinnig weiter.‹

Auch der folgende Traum läßt erkennen, wieviel Einfallsreichtum der Träumer Paul Tholey aufwendet, um sich davon zu überzeugen, daß er wach ist, trotz seiner Bemühungen, analytisch zu denken. Dr. Tholey ist Psychologe, von daher mag seine Vorstellung, er trüge eine Umkehrbrille (wie sie manchmal bei Wahrnehmungsexperimenten im Wachzustand verwendet werden), vielleicht nicht ganz so unwahrscheinlich anmuten, wie es wohl bei anderen Träumern der Fall wäre.

Mir fiel auf, daß ein unmittelbar vor mir stehendes Haus verkehrt herum zu stehen schien, worauf ich zur Überzeugung gelangte, daß ich wohl träumen müsse. Dann bemerkte ich aber, daß ich eine Brille aufhatte, und mir kam sofort der Gedanke, daß es eine Umkehrbrille sein könnte. Um dies zu prüfen, nahm ich die Brille ab, woraufhin das Haus jetzt in aufrechter Stellung vor mir stand. Dies führte mich dann zu der fälschlichen Annahme, daß ich mich doch im Wachzustand befände.

Es scheint also offenbar erst ein beachtlicher psychologischer Widerstand überwunden werden zu müssen, damit der Träumende schließlich dazu kommen kann, seiner Situation gewahr zu werden. Ein besonders interessanter Typ prä-luzider Träume ist der, bei dem dieser Widerstand selbst zum Ausdruck kommt, nicht allein indem dem Träumer Vorschläge gemacht werden, wie er seine Wahrnehmungen rechtfertigen kann, sondern auch indem die Vorstellungswelt des Traumes modifiziert wird, sobald der Träumer sie kritisch zu betrachten beginnt, wie in dem folgenden, von dem Physiker Ernst Mach berichteten Fallbeispiel:

Als ich viel mit Raumfragen beschäftigt war, träumte mir von einem Spaziergang im Walde. Plötzlich bemerkte ich die mangelhafte perspektivische Verschiebung der Bäume und erkannte daran den Traum. Sofort traten aber auch die vermißten Verschiebungen ein. Im Traum sah ich in meinem Laboratorium ein mit Wasser gefülltes Becherglas, in dem ruhig ein Kerzenlicht brannte. ›Woher bezieht das den Sauerstoff?‹ dachte ich. ›Der ist im Wasser absorbiert. Wo kommen die Verbrennungsgase hin?‹ – Nun stiegen Blasen von der Flamme auf, und ich war beruhigt…

Jemand, der einen prä-luziden Traum erlebt, kann durchaus zu dem einfachen Schluß kommen, dies sei das Ergebnis irgendeiner undefinierbaren, aber unverkennbaren Eigenart der Situation. Er kann aber auch ein beachtliches Maß an intellektueller Arbeit in den Versuch investieren, zur richtigen Schlußfolgerung zu gelangen, wie in dem folgenden, von Moers-Meßmer berichteten Traum.

Von der Höhe eines ziemlich flachen unbekannten Berges aus sehe ich über eine weite Ebene bis zum Horizont hin. Da kommt mir der Gedanke, daß ich gar nicht weiß, welche Tageszeit es ist. Ich sehe nach dem Stand der Sonne. Sie steht in gewohnter Helligkeit fast senkrecht am Himmel. Das wundert mich, da mir einfällt, daß jetzt schon Herbst ist und sie vor kurzem viel niedriger stand. Ich überlege: Die Sonne steht jetzt senkrecht auf dem Äquator, muß also hier im Winkel von ungefähr 45° stehen. Wenn daher mein Schatten nicht meiner eigenen Länge entspricht, muß ich träumen. Ich schaue hin: Er ist ungefähr 30 cm lang. Es kostet mich eine ziemliche Anstrengung, die ganze fast blendend helle Landschaft mit allen Ortschaften für Täuschung zu halten.

Menschen, die häufiger wiederkehrende Traumerlebnisse haben, versuchen manchmal, sich selbst einzureden, sie müßten immer dann, wenn die bekannte Traumsituation wiederkehrt, merken, daß sie träumen. Das folgende Beispiel wird hingegen verdeutlichen, daß auch dagegen ein beachtlicher psychologischer Widerstand aufkommen kann, selbst wenn der Träumer sich wirklich an die Situation erinnert, die ihn zu der Annahme bringen müßte, daß er träumt.

Ich befinde mich nachts im Hemd auf einer unbekannten Straße. Mir fällt ein, daß ich dies schon oft geträumt habe und daß ich mir schon lange vorgenommen habe, nicht mehr darauf hereinzufallen. Doch so leicht ist es nicht, sich davon zu überzeugen. Ich fühle einen starken Widerwillen gegen diesen Gedanken und bin überzeugt, daß es diesmal ausnahmsweise kein Traum ist, da ich etwas Eiliges vorhatte und keine Zeit mehr hatte, mich anzuziehen. Ich denke nach, was ich denn so eilig zu tun habe, kann mich aber nicht mehr daran erinnern. Das Mißtrauen nimmt wieder zu. An einer freistehenden Gaslaterne, an der ich vorbeikomme, schaue ich an mir herab und sehe, daß ich wirklich ein weißes Hemd anhabe. Ob ich Schuhe anhatte, beachte ich nicht. Nun mache ich den bewährten Versuch. Ich nehme einen Anlauf, springe in die Luft und schwebe langsam herunter. Wieder erlebe ich die bekannte Verblüffung...

Stephen LaBerge hat herausgefunden, daß die verläßlichste Methode, um von einem prä-luziden zu einem luziden Stadium überzugehen, in seinem Fall in einem Lese-Test besteht. Er sucht im Traum nach etwas Geschriebenem, liest es einmal (wenn er das kann), schaut weg und liest es dann noch einmal, wobei er darauf achtet, ob es beim zweiten Lesen ebenso lautet wie beim ersten Mal. Er berichtet, daß dies in all seinen luziden Träumen so nicht eingetreten ist und bemerkt dazu: »Träume sind von Wahrnehmungen im Wachzustand ohne weiteres aufgrund ihrer Instabilität, nicht aber aufgrund ihrer Lebendigkeit zu unterscheiden.« Wir werden die Frage eines »Lesens« in luziden Träumen noch eingehender behandeln.
Kommen wir zu einem Beispiel für einen Traum, in dem der Träumende dadurch seines Traumzustandes gewahr wird, daß er über seine philosophischen und religiösen Überzeugungen nachsinnt. Der Träumer, Paul Tholey, ist entschiedener Atheist. Hierzu sollte noch vermerkt werden, daß die philosophischen Vorstellungen eines Träumers ihm in einem luziden Traum relativ problemlos in den Sinn zu kommen scheinen.

Ich befinde mich während eines schrecklichen Gewitters im Wald. Ein Blitz schlägt in einen Baum ein, der unmittelbar neben mir steht. Ein großer Ast fällt herab. Da erinnere ich mich, daß ich als Kind während eines Gewitters immer gebetet habe. Sollte ich jetzt auch beten? – Nein – denn wenn es einen Gott gäbe, würde er sicherlich keinen Wert darauf legen, daß ich gerade jetzt zu ihm bete. Und außerdem könnte er mir ja mal durch ein Wunder zeigen, daß er überhaupt existiert. In diesem Augenblick richtet sich der zu Boden gefallene Ast senkrecht auf und fliegt gen den Himmel, bis er in den Wolken verschwunden ist. Sollte also Gott doch existieren? Nein! – Ich mußte mich also im Traum befinden...

Ein weiterer Traumtest soll hier noch erwähnt werden, nämlich der, einen materiellen Gegenstand durch einen anderen hindurchzuführen. Eine unserer Versuchspersonen verwendete dazu Gabelgriffe. Die beiden folgenden Träume sind Beispiele für diesen Test.

Ich wende mich einem Schwarzen zu, der hinter mir geht, und sage ihm, daß dies ein Traum ist. Er glaubt das anscheinend nicht, daher schlage ich ihm vor, es zu demonstrieren. Wir gehen zu einem Container. Ich nehme zwei Gegenstände heraus (einer aus Metall, der andere aus Plastik), führe sie durcheinander hindurch und sage so etwas wie: ›Na, da hast du's! So was könnte doch wohl im wirklichen Leben nicht passieren, oder?‹ Jetzt ist er schon mehr auf meiner Seite.
Ein wenig später kommen seine Freunde hinzu. Es sind Weiße, überwiegend Männer, massive Figuren, potentielle Schlägertypen, was mir ein bißchen Angst macht.
Ich frage sie, ob ich fliegen soll, um ihnen zu beweisen, daß dies ein Traum ist, worauf sie sagen: ›Aber ja doch‹ und mir Mut machen, so daß ich es tatsächlich tue.
Ich bin nervös und unsicher, aber ich schaffe es doch, mich vom Boden abzustoßen, wie vom Grund eines Schwimmbeckens. Schnell (schneller als es mir eigentlich gut tut) fliege ich über die Häuser hinweg bis auf etwa zehn Meter über der Straße und schaue auf die Leute hinunter. Dann gleite ich wieder hinunter, wieder viel zu

schnell, und lande ziemlich hart vor der Gruppe, aber immerhin auf meinen Füßen.

Ein wenig später bin ich irgendwo in Amerika ›aufgewacht‹. Es ist eine Art von ›Träumer-Tagung‹ – ein Treffen lebhafter Träumer. Auf einmal sitze ich da auf einem Bett, habe zwei Zahnbürsten. Frage mich, ob das ein Traum ist. Ohne Schwierigkeiten führe ich eine durch die andere hindurch – und merke: ja, es ist ein Traum.

Aber auch wenn einige solcher prä-luziden Tests recht gut zu ›funktionieren‹ scheinen, indem sie nämlich verhältnismäßig häufig zur Luzidität führen, muß doch gesagt werden, daß es keinen absolut verläßlichen Test gibt. Selbst wenn ein Test eine Zeitlang funktioniert, kann die Traumseele am Ende den Träumer geradezu boshaft doch noch scheitern lassen. So hat sich zum Beispiel ein Luftsprung für einige Träumer als einigermaßen verläßlicher Test erwiesen, endet doch solch ein Luftsprung im Traum üblicherweise damit, daß der Betreffende langsam zu Boden schwebt, was im Wachen ganz unvorstellbar wäre. Dennoch mußte ein Träumer, bei dem dies eine Zeitlang gut funktioniert hatte, auf einmal erleben, daß er derart abrupt abstürzte, wie es nur im wirklichen Leben zu erwarten gewesen wäre.
Vielleicht sollten wir darauf hinweisen, daß es uns im Wachzustand normalerweise nie in den Sinn kommen würde, daran zu zweifeln, daß wir wach sind. Selbst wenn wir uns zu der Vermutung zwingen, daß wir träumen, stellen wir selbstverständlich gleich darauf fest, daß dem nicht so ist. Ganz sicher verspüren wir aber nicht den Wunsch, derartige »Tests« durchzuführen, wie prä-luzide Träumer sie zur Klärung ihrer Situation verwenden. Interessant ist nun, daß ein Träumer, sobald er luzid geworden ist, üblicherweise auch keine weiteren Tests mehr braucht, um die Überzeugung aufrechtzuerhalten, das, was er bzw. sie erlebt, sei ein

Traum. Die Feststellung »dies ist ein Traum« gewinnt also den gleichen Grad an Selbstverständlichkeit, wie sie die Feststellung »ich bin wach« üblicherweise im Wachzustand besitzt. (Wir sagen hier »üblicherweise«, weil es unter extremem Streß in der Tat eine Erfahrung gibt, in der Betroffene von dem Gefühl befallen werden können zu träumen.)

Im Blick auf die Unzuverlässigkeit der hier beschriebenen mechanischen Tests, die von prä-luziden Träumern angewendet werden, und die Tatsache, daß wir im Wachen keine Notwendigkeit für derartige Tests verspüren, hat Charles McCreery den folgenden Vorschlag gemacht: Wenn jemand sich ernstlich mit der Frage beschäftigt, ob er träumt oder nicht, dann tut er es wahrscheinlich. Das könnte auf den ersten Blick wie ein weiterer »Test« aussehen; tatsächlich aber basiert der Vorschlag auf der Überlegung, daß alle Tests hier eigentlich überflüssig sind. Damit gewinnt der Vorschlag eine gewisse logische Überlegenheit gegenüber anderen Kriterien. Stephen LaBerge berichtet, daß er seinen Versuchspersonen diese Idee mit einigem Erfolg vermitteln konnte. Betrachten wir die Wiedergabe eines prä-luziden Traums, bei dem eine unserer eigenen Versuchspersonen, ein erfahrener luzider Träumer, sich an diese hier beschriebene Beobachtung erinnerte und schließlich auch die richtige Schlußfolgerung daraus zog.

Nach einem langen gewöhnlichen Traum stand ich auf einmal vor einem Wohnblock, in dem einige meiner Freunde leben. Ein Haufen zorniger Menschen schrie auf der Straße herum. Einige von ihnen hatten es geschafft, sich den Zugang zu dem Treppenhaus zu erzwingen, das zum Apartment meiner Freunde führt. Ich lief hinein, um nachzusehen, ob ihnen etwas zugestoßen war. Alle möglichen unbekannten Leute machten sich in der Wohnung zu schaffen.

Schließlich entdeckte ich meinen Freund Henrik, einen

der Hausbewohner. Er sah richtig elend aus, sehr blaß, offenbar seit Tagen nicht rasiert und jetzt rauchte er Hasch!

Das traf mich wie ein Schock, und plötzlich kam mir der Gedanke: Das kann doch nicht die Wirklichkeit sein – es muß ein Traum sein. Aber da alles so realistisch wirkte, wußte ich einfach nicht, was ich denken sollte.

Dann erinnerte ich mich daran, irgendwo gelesen zu haben, daß jemand, gerade wenn er darüber nachdenkt, ob er träumt, sicher sein kann, daß es so ist. Dies brachte mich dazu, die (richtige) Schlußfolgerung zu ziehen: Mein Erlebnis ereignete sich nicht im Wachzustand. Dennoch blieb ein gewisser emotionaler Widerstand, dieser Tatsache ins Auge zu sehen.

Kapitel 4

Die Eigenart der Wahrnehmung
in luziden Träumen

Einleitende Bemerkungen

Die luziden Träume, mit denen wir am besten vertraut sind,
sind die von Versuchspersonen ähnlich denen, auf die sich
Lucid Dreams gestützt hatte; Personen also, die recht erfahrene luzide Träumer geworden waren und sich die Mühe
gemacht haben, schriftliche Berichte über ihre Träume zu
verfassen. Und es ist durchaus möglich, daß Menschen, die
ein derart großes Interesse an luziden Träumen gewonnen
haben, so etwas wie eine natürliche Eignung dafür besitzen,
entsprechende Träume zu erleben; ebenso wie sie, würden
sie diese Art von Träumen nicht als angenehm, belebend
oder doch zum mindesten als intellektuell spannend empfinden, kaum genügend motiviert wären, sie in diesem Ausmaß zu entwickeln. Wenn wir hier allgemeine Aussagen
über die Eigenarten luzider Träume machen, stützen sie sich
also auf Traumerfahrungen von Versuchspersonen dieser
Art. Die Erforschung luzider Träume befindet sich immer
noch zu sehr in einer Erkundungsphase, so daß noch lange
nicht jeder Versuch einer allgemeingültigen Aussage durch
statistisch ausgewiesene Analysen untermauert werden
kann. Aber auch subjektive Verallgemeinerungen können
einen beträchtlichen Wert haben, weisen sie doch zweifellos
einer künftigen Forschungsarbeit die Richtung.
Es mag sein, daß die Träume der erwähnten geübten luziden
Träumer eine spezielle Unterkategorie aller möglichen luziden Träume darstellen. Gelegentlich stoßen wir in der Fach-

literatur auf Berichte von luziden Träumen, die sich in »Farbe und Aroma« deutlich von den typischen Fällen jener Unterkategorie von luziden Träumen abzuheben scheinen. So könnte es durchaus passieren, daß sich in dem Maße, wie vielfältigere Methoden dafür erarbeitet werden, Menschen an luzide Träume heranzuführen, die bis dahin noch keine erlebt hatten, neue Klassifizierungsmöglichkeiten für unterschiedliche Traumtypen auftun. Man sollte ohnehin vorsichtig sein und nicht davon ausgehen, daß die Merkmale luzider Träume auch über ein womöglich immer breiter werdendes Kontinuum vielfältiger Typen hinaus unweigerlich die gleichen bleiben.

So werden wir uns also bei unseren Beobachtungen in den folgenden Kapiteln auf die Träume spontaner luzider Träumer stützen. »Spontan« meint hier, daß die Träumer mehr oder weniger selbständig Möglichkeiten entdeckt haben, ihr luzides Träumen zu entwickeln, daß sie dies also nicht durch irgendeine Methode labormäßiger Induktion oder durch ein intensives Training nach einem von jemand anderem stammenden System erlernt haben.

Realistisches und Unrealistisches in luziden Träumen

Die luziden Träume solch spontaner und gewohnheitsmäßiger luzider Träumer lassen sich durchweg als lebhaft und realistisch getönt charakterisieren. Auf der »visuellen« Ebene wirken sie in nahezu jedem Detail durchaus lebensnah. Die Träumenden werden ihre Umgebung interessiert inspizieren, die Formen und die Beschaffenheit der Dinge betrachten und dabei manches Mal entdecken, daß sie sich als untadelig realistisch erweisen. Sie können sogar noch weiter gehen und sie durch Berühren testen, wobei ihren Berichten nach ihre Tastempfindungen ebenso überzeugend ausfallen. Geruch und Geschmack sind nicht so häufig, wenn sie aber vorkommen, werden die Eindrücke gleichfalls als äußerst realitätsgetreu beschrieben. Hingegen erscheint Schmerzempfinden bezeichnenderweise selten, dazu mit der Tendenz zu einer unzureichenden Wiedergabe, wie wir später noch genauer darstellen werden.

Beispiele luzider Träume, in denen mehrere Personen Sonnenwärme gespürt, Wein getrunken, eine Pflaume gegessen, Eis gekostet und den Duft von Frauenhaar gerochen haben, zumeist in auffällig realistischer Art und Weise, hat Charles McCreery gesammelt. Beispiele luzider Träume, in denen allem Anschein nach ganz realistische »Klänge« in Form von Musik und Gesang eine hervorragende Rolle spielten, werden wir gegen Ende des folgenden Kapitels besprechen.

Luzide Träumer berichten auch von verschiedenen körperlichen Empfindungen, hervorgerufen etwa durch Körperbewegungen oder, wie in einem Falle, durch ein Atemholen in kalter Luft während des Traumes.

Die Prüfung der Wahrnehmungsstruktur ihrer Umgebung gehört anscheinend ebenfalls zu den typischen Aktivitäten erfahrener luzider Träumer. Das folgende Beispiel wird dies verdeutlichen.

Meine Frau und ich kommen von einem Einkaufsbummel aus dem Stadtzentrum. Zuerst – abgelenkt durch das Betrachten der schönen Blumenanlagen – achten wir nicht besonders auf den Weg. Schließlich fällt uns auf, daß wir uns verirrt haben. Wir versuchen uns zurechtzufinden und gehen in diese und jene Seitengasse – umsonst. Aber das gibt es doch nicht! – An einem Ort, wo wir schon jahrzehntelang wohnen! – Es muß also ein Traum sein!

Kaum bin ich zu dieser Erkenntnis gekommen, da verschwindet nicht nur die Umgebung, sondern auch meine Frau. Ich aber stehe in einem Zimmer ganz nahe bei einem Knaben von ungefähr zwölf Jahren. Er rührt sich nicht und sieht mich nur an.

Lange betrachte ich seinen Kopf und denke, da es doch ein Traumgesicht ist, wäre es eigentlich möglich, daß die Traumnatur einen Fehler in der Anatomie gemacht haben könnte. Das muß ich nachprüfen! Ich kontrolliere genauestens die Kopfform. Ich beginne mit den Augen, schaue Mund und Nase an, dann die Ohren. Ich betrachte die kleinen Härchen, die Wimpern und die Falten – es fehlt nichts!

Kaum habe ich die Nachprüfung beendet, da will das Bewußtsein wieder schwinden, wahrscheinlich wegen der Anstrengung, die diese Kontrolle erfordert.

In dem folgenden, von Moers-Meßmer aufgezeichneten Beispiel erstreckt sich die Nachbildung der Realität sogar auf die Lichterscheinungen im Auge, die auftreten, wenn man zu lange in die Sonne gesehen hat.

Auf einem freien Platz, umgeben von unbekannten Häusern, komme ich aus einem vergessenen Grund zur Erkenntnis, daß ich träume.

Zunächst beachte ich die Häuser und die Perspektive, alles wie gewohnt. Ich drehe den Kopf von links nach rechts und zurück, langsam gleiten die Gebäude an mir vorüber. Sie sind hell von der Sonne beschienen und der Himmel ist strahlend blau, infolgedessen suche ich die Sonne, die ich zunächst nicht finden kann. Plötzlich sehe ich sie hoch am Himmel, der Größeneindruck ist der gewohnte, die Helligkeit ist blendend und das Hineinsehen unangenehm, aber nicht schmerzhaft. Die Helligkeit dürfte nicht ganz so stark sein wie in Wirklichkeit, ich taxiere sie ... auf die ... einer mehrere hundert Watt starken Glühbirne. Wie ich wieder die Umgebung betrachte, habe ich einen hellen Fleck vor den Augen ...

In dem ersten der beiden Fallbeispiele verrät die Inspektion der Umgebung dem Träumenden zumindest visuell keinen Mangel an Realität; das ist allerdings nicht immer der Fall. Der folgende Bericht Moers-Meßmers macht deutlich, wie eine realistische Wahrnehmung, in diesem Fall mehr in einem Traum prä-luzider und nicht eigentlich luzider Art, sich visuell als vollständig, auditiv hingegen als mangelhaft erweisen kann.

Ich liege auf einer mir nicht bekannten Wiese auf dem Bauch, einige Menschen sitzen neben mir und unterhalten sich. Da ich auf Grund einiger unwahrscheinlicher vorausgegangener Erlebnisse schon eine Zeitlang mit Zweifeln kämpfe, ob ich träume oder nicht und mich in Gegenwart der anderen Menschen geniere, Hochsprünge zu machen, will ich vorsichtshalber alles genau beobachten, um mich später nicht über eine versäumte Gelegenheit zu ärgern.

Vor mir dehnt sich eine weite Wiese, in der Ferne bewaldete Berge, alles von natürlicher Farbe und großer Helligkeit, der Himmel ist blau und blendend hell. Die höchsten Bäume auf den Bergen heben sich deutlich gegen den Himmel ab. Trotz aller Mühe kann ich nichts finden, was auf die Möglichkeit einer Täuschung schließen läßt. Dann beachte ich die akustischen Eindrücke. Die Sprache, die ich höre, ist von natürlicher Klangfarbe und Lautstärke, jedes Wort kann ich deutlich verstehen, trotzdem habe ich den Eindruck, daß die Worte nicht von außen kommen, sondern aus mir selbst zu kommen scheinen, wie lautgewordene Gedanken. Sodann fällt mir auf, daß ich fast gewichtslos bin und den Boden, auf dem ich liege, kaum berühre. Gerade wie ich auf den Inhalt der Worte achten will, wird es plötzlich dunkel um mich, ich erwache.

Eine mögliche Untersuchung könnte sich der Frage widmen, ob in luziden Träumen einige Bereiche stärker als andere zu Verzerrungen neigen. So kann es ja beispielsweise durchaus sein, daß visuelle Eindrücke weniger dazu tendieren, Unrealistisches zu produzieren, als auditive, und diese wiederum noch weniger als z. B. geruchsmäßige. Dieser Frage könnte sowohl durch eine analytische und vergleichende Untersuchung von Berichten einer genügend großen Anzahl gewohnheitsmäßiger luzider Träumer über ihre eher spontanen luziden Traumerlebnisse als auch dadurch nachgegangen werden, daß einigen dieser Personen bestimmte, im luziden Zustand durchzuführende Aufgaben zugewiesen werden, wie etwa Eis zu essen oder an einer besonderen Blume zu riechen.

Eine weitere Frage, der nachgegangen werden könnte, ist die, ob verbale Trauminhalte, wie etwa die von Moers-Meßmer in dem vorangegangenen Fallbeispiel wiedergegebene Unterhaltung, besonders stark zu Verzerrungen und mangelndem Realismus neigen. Es wäre ja immerhin möglich, daß die zur Darstellung einer intellektuell überzeugenden Unterhaltung erforderliche unbewußte »Anstrengung« für einen luziden Träumer nicht zu leisten ist. Von einem vergleichbaren Mangel an Realismus wird manchmal auch im Zusammenhang mit Versuchen berichtet, in einem luziden Traum Geschriebenes zu lesen. So kann es beispielsweise geschehen, daß ein Text, auf den ein Träumer sich konzentrieren möchte, verschwommen und unbegreiflich erscheint.

Ich betrachte die Auslagen eines Schaufensters und nehme zum Spaß die Brille ab, um zu sehen, ob ich die größeren Gegenstände noch erkennen kann. Zunächst ist alles verschwommen, dann werden die Gegenstände immer schärfer. Dies versetzt mich in Erstaunen und ich sehe auf die Straße. Als auch dort alles scharf zu erkennen ist, kommt mir ein furchtbarer Verdacht. Ich renne los, springe ab, schwebe über dem Boden und weiß jetzt, daß ich träume.

Sobald ich auf dem Boden bin, laufe ich auf den nächsten Laden zu und reiße die Türe auf. Zwei Personen stehen hinter dem Ladentisch, ich rufe: ›Schnell was zum Lesen!‹ Auf dem Tisch liegen Bücher und Zeitschriften. Ich greife eine auf, blättere darin und lese. Einen Satz will ich mir auswendig merken und lese ihn mehrmals durch. Die erste Hälfte des Satzes ergibt noch einen Sinn, es handelt sich um Mitteilungen, wie sie in dienstlichen Angelegenheiten gemacht werden. Die zweite Hälfte enthält keinen Sinn, wenn auch die einzelnen Wörter an sich verständlich sind. Wortneubildungen kann ich nicht finden, obwohl ich extra darauf achte. Beim Wiederholen scheint der Satz immer länger zu werden, der Inhalt bleibt sich ähnlich, behalten kann ich ihn nicht. Mir fällt auf, daß ich ziemlich müde bin und eine sonderbare Gleichgültigkeit mich dazu bringen will, nichts mehr zu tun. Die Helligkeit blaßt immer mehr ab, dafür kommen allerhand phantastische Gedankenbildungen. Sodann erwache ich und höre drei Uhr schlagen. Es ist dreieinhalb Stunden nach dem Einschlafen.

Wir werden uns später mit der Vermutung beschäftigen, während eines luziden Traumes könnte eine gewisse Funktionsminderung der linken Hirnhälfte und eine entsprechende Aktivierung der rechten eintreten. Sollte dies zutreffen, dann ließen sich damit wohl die Schwierigkeiten leichter erklären, denen luzide Träumer offenbar angesichts verbaler Eindrücke ausgesetzt sind. Auch die besonders beim Lesen auftretenden Schwierigkeiten werden noch eingehender im Zusammenhang mit Einschränkungen der Kontrolle luzider Träume behandelt werden.
Eine der charakteristischen Aktivitäten luzider Träumer in ihren Träumen besteht darin, sich auf oftmals humorvolle Wortwechsel mit Gestalten ihres Traumes über deren Wesen einzulassen, mit Bemerkungen wie: »Sie sind ja bloß eine

Fiktion meiner Einbildung, ist doch klar!« Künftige Forschungen werden allerdings möglicherweise zeigen, daß Dialoge, wie sie normalerweise in luziden Träumen vorkommen, im Blick auf ihre Dauer und auf die Komplexität der in ihnen enthaltenen Informationen bestimmten Einschränkungen unterliegen.

Die im erwähnten Fallbeispiel von Moers-Meßmer berichtete Abweichung von einem auditiven Realismus entspricht tatsächlich dem, was gelegentlich Schizophrene von ihren im Wachen erlebten auditiven Halluzinationen berichten, daß nämlich die von ihnen gehörten Stimmen manchmal nicht völlig als von außen kommend erfahren, sondern eher als »in ihrem eigenen Kopf« erklingend wahrgenommen werden (so von Eugen Bleuler beschrieben).

Personen mit einem Sehfehler haben manches Mal erlebt, wie ihre Sehkraft in luziden oder prä-luziden Träumen »wiederhergestellt« war, als sie dort vollkommen realistische »visuelle« Erfahrungen machten. Von ähnlichen Phänomenen ist in Zusammenhang sowohl mit außerkörperlichen als auch mit Erscheinungserlebnissen berichtet worden. Eine unserer Versuchspersonen, die sich selber als »eher taub« bezeichnete und eine Brille tragen mußte, berichtete, wie sie während eines außerkörperlichen Erlebnisses eine Theateraufführung mit eigenen Augen und Ohren vollständig miterleben konnte, ungeachtet der Tatsache, daß sie weder ihr Hörgerät noch ihre Brille dabeihatte. Eine andere unserer Versuchspersonen berichtete, wie ihm in seiner Wohnung eine alte Dame im langen weißen Nachthemd erschienen war, und er das Rascheln ihres Gewandes gehört habe, obwohl er doch eigentlich »vollständig taub« war. Daß derartige Begebenheiten in allen drei Zuständen – luziden Träumen, außerkörperlichen und Erscheinungserlebnissen – immer wieder einmal vorkommen, ist als Hinweis auf die Beziehungen zwischen diesen dreien zu sehen. Auf diese Beziehungen werden wir noch ausführlicher eingehen.

Luzide Träume können auch verschiedene Sehfehler nachahmen, so etwa das verschwommene Sehen nach dem Abnehmen der Brille. In einem solchen, von Moers-Meßmer aufgezeichneten Fall sah er in einem luziden Traum nach dem Abnehmen seiner Brille zunächst alles verschwommen und gewann erst nach und nach wieder klare Sicht. Es wäre interessant zu erfahren, ob solche oder vergleichbare Phänomene auch bei anderen Personen vorkommen können. Anders gesagt: Bestimmen die unbewußten Erwartungen und die allgemeine »Ausstattung« des Träumers, die vermutlich in einem Fall wie diesem zu den Faktoren gehören, den Trauminhalt lediglich während einer relativ kurzen Zeitspanne, und verlieren sie dann ihre Wirksamkeit nach und nach?

Luzide Träume zeigen gelegentlich eine mangelnde Stabilität ihrer Vorstellungswelt. Lischka erwähnt hierzu die in einem seiner luziden Träume sich verändernde Kontur einer Bergkette, während andere luzide Träumer manchmal bemerken, daß etwas, was sie im Traum einige Zeit aus dem Blick verloren hatten, nachher nicht mehr genau gleich aussah.

Hände werden von luziden Träumern anscheinend mit besonderer Aufmerksamkeit bedacht, vielleicht einfach deswegen, weil sie zu den Dingen gehören, die der Träumende am häufigsten zu Gesicht bekommt, wenn er in seinem luziden Traum die Umgebung überprüft. Möglicherweise existiert hier auch eine gewisse Verbindung mit der Tatsache, daß die Untersuchung der eigenen Hände im Traum von Carlos Castaneda hervorgehoben wurde, dessen Bücher offenbar von vielen gelesen werden, die Interesse an luziden Träumen haben. Es gibt mehrere Berichte, nach denen der Versuch, sich in einem luziden Traum auf die eigene Hand zu konzentrieren, zu dem Eindruck geführt hat, sie sei falsch proportioniert und irgendwie verschwommen. Im folgenden Beispiel scheint das Bild der Hand in einer Traumphase mangelhaft, in einer anderen jedoch bemerkenswert realitätsgetreu gewesen zu sein.

Nachdem ich festgestellt hatte, daß ich träumte, entdeckte ich meine Hände. Ich starrte sie einen Augenblick lang an, da verschwammen/verblaßten sie ein wenig, so daß ich meinen Blick dem Flur oder Zimmer zuwandte, in dem ich mich befand. Danach schaute ich sie von neuem an und war fasziniert von der bewußten Direktheit, mit der ich sie sah. Selbst die Linien in meinen Handflächen waren klar zu sehen, und ich merkte, daß ich sie zunehmend länger betrachten konnte, ohne das Bild zu verlieren.

Die Wiedergabe von Schmerz und körperlichen Verletzungen wird in luziden Träumen offenbar gemieden, allenfalls kommt es zu Berichten von Empfindungen, die wie eine Reminiszenz wirklicher Schmerzempfindungen wirken. Von einer unserer Versuchspersonen stammt die folgende Beschreibung eines luziden Traumes, in dem sie versucht hatte, sich selbst zu verletzen.

Als ich feststellte, daß ich träume, rief ich mir meine (vor ein paar Tagen gefaßte) Absicht in Erinnerung, die Möglichkeit zu erforschen, mir selbst in einem luziden Traum Schmerz zuzufügen, vorzugsweise mit einem Messer. Da ich bemerkte, daß ich mich vor einer (mir unbekannten) Küche befand, ging ich hinein und suchte mir ein Messer – zauderte dann aber doch. Denn gerade weil ich wußte, daß ich mir selbst kein Leid antun kann und damit vertraut war, daß man in luziden Träumen eigentlich gegen Schmerzen immun ist – gerade darum erschien mir jetzt der Gedanke, auf diese Weise die *Empfindung* von Schmerzen absichtlich heraufzubeschwören, als etwas ganz Außerordentliches, und ich stellte mir vor, daß es wirklich zu beachtlichen Schmerzen führen könnte. Ängstlich probierte ich die Messerspitze an meinem Arm aus. Schon das spürte ich beunruhigend realistisch. Deswegen packte mich ein großes Widerstreben, meine Absicht in die Tat umzusetzen, emotional noch verstärkt durch die Erinnerung an eine erschreckende Meldung über eine Messerstecherei vom Vortage. Dann aber tauchte jemand auf, der mir anbot, mit einer Schere ein Muttermal auf meinem Arm zu entfernen. Ich war einverstanden, mochte aber nicht zuschauen. Kurz darauf erklärte die Person, es sei schon vorbei. Ich hatte nichts gespürt, und als ich meinen Arm untersuchte, schien mir da gar keine Fleischwunde zu sein, und das Muttermal wirkte eher versteckt als entfernt…

Nach dem Erwachen überlegte ich, ob es nicht doch gescheiter sei, diese Art Untersuchung nicht weiter zu verfolgen, also nicht länger gegen das anzugehen, was doch offensichtlich ein Prinzip luzider Träume ist, und ob ich nicht, sollte ich darauf bestehen, den Verlust der Immunität gegen Schmerzen riskieren würde.

Die realistischste Wiedergabe ernsthafter Schmerzen und körperlicher Verletzungen, die uns bekannt geworden ist, findet sich in den Erfahrungsberichten des Oliver Fox. Dort erzählt er, wie er verwundet wurde, wie er blutete und fast erblindete, mit Empfindungen, die ganz eindeutig solchen Erlebnissen im wirklichen Leben entsprechen. Doch sollten wir anmerken, daß einige Züge dieser Erfahrungen die Vermutung nahelegen, sie wären womöglich eher unter außerkörperlichen Erlebnissen statt unter luziden Träumen einzuordnen.

Die Mängel einer realitätsgetreuen Wahrnehmung, die gelegentlich bei luziden Träumen auftreten, können – müssen aber nicht – vom Träumenden als solche erkannt werden. Moers-Meßmer war sich, in einem der zuvor zitierten Beispiele, zum Zeitpunkt des Traumereignisses dessen bewußt, daß seine auditiven Eindrücke außerhalb der normalen Realität lagen. Ähnlich die Feststellung einer unserer Versuchspersonen in einem luziden Traum, daß das Telephon unnatürlich leise klingelte.

In anderen Fällen scheinen Realitätsmängel in luziden Träumen unbemerkt zu bleiben oder vom träumenden Gehirn in verschiedener Weise »versteckt« zu werden. So kann zum Beispiel die Schwierigkeit, die luzide Träumer oft damit haben, sich das Anschalten eines Lichtes vorzustellen (ein Thema, das noch ausführlicher besprochen wird), dadurch verdeckt werden, daß der Schalter oder die Glühbirne fehlen oder defekt sind.

Ein Träumer kann manchmal von der Realitätsnähe seines luziden Traumes zunächst durchaus beeindruckt sein, dann aber beim Aufwachen und nach einer kritischen Überprüfung seiner Traumerinnerungen doch zu der Ansicht kommen, es sei ein Irrtum gewesen, diesen Realitätsgrad für ausreichend zu halten, er könne also zu dem Zeitpunkt geistig nicht wirklich »ganz da« gewesen sein.

Unter unseren eigenen Versuchspersonen war es vor allem eine, nennen wir ihn C, der über mehrere Jahre hin in zahlreichen luziden Träumen der Frage nach der Qualität der Wahrnehmung seiner Umgebung besondere Aufmerksamkeit gewidmet hat, wobei er beim Aufwachen jedesmal zu der gleichen Überzeugung gelangte, daß diese nicht mit der Wahrnehmungsqualität im Wachen gleichzusetzen war. Bei mehreren Gelegenheiten hatte er zunächst im Schlaf geglaubt, nun erlebe er endlich einmal einen luziden Traum, dessen Wahrnehmungsstruktur sich positiv mit der des Wachzustandes messen könne – aber immer nur, um dann beim Erwachen diese Einschätzung doch wieder revidieren zu müssen. Er beschreibt eines dieser Erlebnisse:

Ich träumte, ich ginge durch endlose Korridore. Ich dachte: ›Dies ist ein Traum.‹ Der Traum ging ganz von alleine in einen luziden Traum über, doch meinte ich, ich sollte bei der unanfechtbarsten Bestimmung meines Zustandes bleiben (also: ›dies ist ein Traum‹ und nicht: ›dies ist ein luzider Traum‹ oder ähnliches). Schließlich kam ich an die frische Luft hinaus und sah in der Ferne das Meer. Da mag ich gedacht haben: Wie schön, in einem Traum das zu sehen, was ich so gern in Wirklichkeit sehen möchte. Wie dem auch sei, im Nu war das Meer ganz nah, so als stünden wir am Ufer. (Zeichen für die Selbständigkeit dieses Traumes.) Statt ruhig und glatt zu sein, wie es aus der Entfernung ausgesehen hatte, wurde es jetzt vom Wind zu ungeheuren Wellen aufgetürmt. Dann bedachte ich die Struktur dieser Szene und hielt sie für so gut wie ein Erlebnis im Wachen; endlich hatte ich nun einen luziden Traum, in dem die Art der Wahrnehmung unbestreitbar genauso gut war wie im Wachzustand. Wenn ich das jetzt beim Aufwachen bezweifle, dann kann das nur daran liegen, daß ich mich nicht mehr richtig daran erinnere. Die Sonne schien doch wirklich auf die Wellen, und die glitzerten so wie in der Wirklichkeit.

Im Rückblick allerdings macht mir diese Art der Wahrnehmung keinen besonderen Eindruck mehr. Mag sein, daß ich mich nicht mehr mit der Unmittelbarkeit daran erinnern kann, die ich damals empfunden habe. Doch scheint es mir jetzt eher so gewesen zu sein, als hätte ich mich zu dem Zeitpunkt in einem sehr unvollkommenen Geisteszustand befunden – der Traum erfüllte einfach alle Kriterien für Lebendigkeit – *im Traum*.[1]

In der Tat ist die Struktur der Wahrnehmung einer der Aspekte seiner luziden Träume, die unsere Versuchsperson in seinen Traumphasen am stärksten beschäftigt hat, und mehr als einmal war er *innerhalb des Traumes* von dessen allem Anschein nach realistischer Wahrnehmungsqualität beeindruckt, aber immer nur, um beim Aufwachen feststellen zu müssen, daß es sich um eine Täuschung gehandelt hatte, und daß der Traum die Realität sozusagen simuliert hatte, statt sie tatsächlich zustande zu bringen.

Die Tatsache, daß die Versuchsperson der Meinung ist, sie habe sich in seinen luziden Träumen mehr als einmal durch ihren scheinbaren Realismus täuschen lassen, könnte die Frage aufwerfen, ob sich andere Versuchspersonen wie etwa B, die von der Qualität der »Wahrnehmung« ihrer luziden Träume überzeugt sind, nicht in ähnlicher Weise haben täuschen lassen, ohne es gemerkt zu haben. Alles, was sich bis jetzt dazu sagen läßt, ist, daß andere luzide Träumer wie B diese Frage sorgfältig bedacht haben und zu dem Schluß gekommen sind, so sei es bei ihnen nicht gewesen.

Längerfristig gesehen sollte es wohl einmal – wenn die Methoden zur Überwachung der Hirntätigkeit gesunder Personen sich weiter entwickelt haben – möglich werden, den vielleicht vorhandenen phänomenologischen Unterschied zwischen den luziden Traumerfahrungen verschiedener Typen von Versuchspersonen wie B und C etwa mit elektrophysiologischen und anderen Mitteln festzustellen. Voraussichtlich würde sich dabei ergeben, daß die Hirntätigkeit von B während eines luziden Traumes mehr oder weniger der einer Wahrnehmung im Wachen nahekommt, jedenfalls soweit es die visuellen Gehirnregionen betrifft. Die Hirntätigkeit von C dürfte dagegen vermutlich größere Unterschiede zu der aufweisen, die seine Wahrnehmung im Wachen begleitet, und mehr der Hirnaktivität ähneln, die sich als charakteristisch für willentliche Vorstellungen im Wachen herausstellen könnte.

Die Vorstellungswelt in luziden Träumen und im Wachen

Zwei Fragen ergeben sich angesichts der Beziehungen zwischen der Vorstellungswelt in luziden Träumen und der im Wachzustand. Die erste zielt auf die phänomenologischen Beziehungen, die möglicherweise zwischen den beiden bestehen. Sie würde etwa lauten: Entspricht die Vorstellungswelt eines luziden Traumes ganz allgemein willentlichen Vorstellungen im Wachen – hinsichtlich Deutlichkeit, Lebendigkeit und Ähnlichkeit mit tatsächlich wahrgenommenen Gegenständen – oder nicht? Die zweite Frage würde – immer unter der Voraussetzung, daß Erfahrungen von Person zu Person qualitativ verschieden sein können – lauten: Steht der Grad an Lebendigkeit und Realismus der Vorstellungswelt im luziden Traum eines Menschen in irgendeiner Beziehung zu seiner Vorstellungswelt im Wachzustand und in nicht-luziden Träumen?

Zur ersten Frage ist zu vermerken, daß die meisten Beispiele in diesem Kapitel von Versuchspersonen stammen, die die Wahrnehmungsqualität ihrer luziden Träume mit tatsächlichen Wahrnehmungen im Wachzustand, nicht jedoch mit ihrer Vorstellungswelt im Wachzustand verglichen haben und berichteten, die Vergleiche seien passend. Womit zugleich gesagt ist, daß für die Mehrzahl der luziden Träumer die Vorstellungswelt ihrer luziden Träume offenbar nicht der ihres Wachzustandes entspricht. Daneben gibt es allerdings auch einige Versuchspersonen, für die noch nach einer ganzen Reihe luzider Träume, wenn also ein Lerneffekt hätte eintreten sein können, der Vergleich ihrer luziden Träume mit Wahrnehmungen im Wachzustand ungünstig ausfällt, und die meinen, sie seien eher gewöhnlichen Träumen oder Wachvorstellungen vergleichbar. Zu dieser Gruppe gehört unsere Versuchsperson C, die, obwohl sie über Jahre hinweg mehrere Dutzend luzider Träume gehabt hat, weiterhin der Ansicht ist, keiner davon unterscheide sich in seiner Wahrnehmungsstruktur qualitativ von der alltäglicher Wachvorstellungen oder der nicht-luzider Träume, die er beide nicht für ausgesprochen lebensnah oder realistisch hält.

Es versteht sich von selbst, daß der Grad, in dem die Wahrnehmungsstruktur in luziden Träumen sich von der in nichtluziden Träumen und im Wachen unterscheiden kann, große individuelle Unterschiede aufweist, selbst unter erfahrenen und geübten luziden Träumern. Es wäre allerdings interessant, genauer zu wissen, wie häufig und wie stark die unterschiedlichen von luziden Träumern erzielten Realitätsgrade in der Wahrnehmung auftreten und ob diese Unterschiede mit individuellen Unterschieden bei den betreffenden Personen zusammenhängen. Könnte es etwa sein, daß Zwangsvorstellungen oder die Angst vor einem Verlust der Kontrolle vielleicht nicht gerade das Auftreten luzider Träume überhaupt, wohl aber ihren Inhalt und den Realitätsgrad ihrer Wahrnehmungen zu hemmen vermögen?

Davon ausgehend, daß der Grad, in dem die Vorstellungswelt luzider Träume der phänomenologischen Qualität der Wahrnehmungen im Wachzustand nahekommt, individuellen Unterschieden unterliegt, ergibt sich nun aber die zweite Frage, die lautet: Gibt es irgendeine Wechselbeziehung zwischen dem Grad an realistischer Wahrnehmung, den jemand in luziden Träumen erzielt hat, auf der einen Seite, und dem Grad an Lebensnähe seiner bzw. ihrer Vorstellungswelt im Wachen oder in seinen bzw. ihren nichtluziden Träumen auf der anderen? Bisher scheint dieser Frage noch keine eigene Untersuchung gewidmet worden zu sein, jedenfalls nicht auf der Ebene einzelner Gruppen. Die Hinweise, die uns in Einzelfällen hierzu vorliegen, lassen vermuten, daß zwischen beidem nicht notwendigerweise eine Verbindung besteht. Das hieße also: Jemand kann verhältnismäßig unauffällige Wachvorstellungen haben, zugleich aber doch recht wahrnehmungsintensive luzide Träume. So schreibt zum Beispiel B:

In meinen luziden Träumen schien mir meine Umgebung vollkommen realistisch zu sein, selbst die Einzelheiten wie Umrisse, Beschaffenheit etc. hielten einer Überprüfung stand. Auch im Wachen schien mir diese Einschätzung zutreffend, entsprach doch die Art der Erinnerungen an visuelle Eindrücke und an ihre verstandesmäßige Bewertung der nach einem Erlebnis im Wachen. In meinem ersten Traum kam mir meine Umgebung eher verschwommen vor, nur ein kleiner Gegenstand, auf den ich mich konzentrierte, trat klar und realistisch hervor. Ich hatte mich nie für besonders gut im Festhalten lebendiger geistiger Bilder gehalten, meine geistige Vorstellungskraft ist vielmehr ziemlich vage und überhaupt nicht mit der Erfahrung beim Betrachten einer Szenerie oder eines Bildes zu vergleichen. Andererseits soll ich ja gewisse künstlerische Fähigkeiten besitzen, und wäre womöglich ganz gut im Zeichnen geworden, wenn ich es je praktiziert hätte. Meine luziden Träume waren bestimmt ganz und gar nicht so wie irgendeine der Vorstellungen, die ich im Wachzustand habe, auch nicht so wie meine gewöhnlichen Träume. Diese sind meiner Erinnerung nach eher mit meinen geistigen Wachvorstellungen zu vergleichen, nämlich vage und weitgehend abstrakt, in dem Sinne, daß ich eher Eindrücke von emotionalen Assoziationen habe als klar definierte visuelle Bilder. Auch wenn ich manchmal schon ziemlich klare visuelle Erinnerungen an einige Abschnitte eines Traumes bewahre und eine Szene oder etwas, das ich im Traum gesehen hatte, geradezu nachzeichnen könnte, allerdings ohne die Deutlichkeit und Detailliertheit, die meine luziden Träume aufweisen.

Zwei Psychologen, die zugleich als erfahrene luzide Träumer bekannt geworden sind, nämlich Moers-Meßmer und Embury Brown, haben beide unabhängig voneinander einen Unterschied zwischen »Wahrnehmung« und Vorstellung in luziden Träumen festgestellt. Daraus läßt sich deutlich erkennen, daß ihre luziden Träume phänomenologisch von ihrer alltäglichen Vorstellungswelt unterschieden waren. Brown zieht eine klare Unterscheidung zwischen wahrnehmendem Erleben in einem luziden Traum und dem, was er einen »Traum im Wachträumen« nennt, womit er anscheinend das Traum-Gegenstück zu den Vorstellungen im Wachen meint. So beschreibt er zum Beispiel in einem Fall, wie er in einem luziden Traum in einem Taxi sitzt und über eine vorhergegangene Phase des gleichen Traumes nachdenkt, mit einer derartigen Aktivität, daß sie seine eben begonnenen »Wahrnehmungen« des Taxis vertreibt. Wir werden diesen Fall in Kapitel neun im Wortlaut wiedergeben. In einem anderen Fallbeispiel (wir besprechen es in Kapitel zehn) schildert er, wie er in einem luziden Traum an seinem Schreibtisch sitzt, sich aber vorstellt, er stünde draußen auf dem Dach seiner Veranda. In diesem Fall tritt also das vorgestellte »Bild« nicht an die Stelle der »Wahrnehmung« des Schreibtisches, findet er sich doch offenbar weiterhin im Hause sitzend vor. In ähnlicher Weise beruft sich Moers-Meßmer auf eine Aktivität, die er als »Innenschau« in luziden Träumen von »wahrnehmenden Erlebnissen« beim Träumen qualitativ unterschieden wissen möchte.

Charles McCreery hat vorgeschlagen, zwischen dem willentlichen, alltäglichen Vorstellungstypus, wie ihn die meisten von uns ganz gewohnheitsmäßig bei vielen Überlegungen verwenden, und den weitgehend unwillkürlichen, autonomen Arten wie etwa dem hypnagogen Vorstellungstypus zu unterscheiden.[2] Es hat den Anschein, als ob die beiden Arten zugrundeliegenden Mechanismen weitgehend unabhängig voneinander existieren können, jedenfalls bei bestimmten Personen. So haben wir beispielsweise in unserem Archiv den Fall einer Versuchsperson, die behauptete, überhaupt keine visuellen Vorstellungen zu haben, aber dennoch von einzelnen unwillkürlichen Vorstellungen im Schlaf berichtete. Als wir sie baten, an ihren Frühstückstisch zu denken und dessen Beleuchtung zu schildern, schrieb sie: »Ich sehe da überhaupt nichts. Ich bin nicht imstande, irgendein Bild zu sehen.« Andererseits erklärte sie: »Wenn ich meine Augen schließe, um einzuschlafen, nachdem ich mein Abendgebet gesprochen habe, dann sehe ich manchmal Bilder, die genau vor meinen Augen zu stehen scheinen.« Es dürfte interessant sein, hier noch einen Bericht dieser Versuchsperson von einem Erlebnis anzufügen, das anscheinend visuell durchaus realistisch war:

Ich hatte dies Erlebnis, als ich vierzehn Jahre alt war. Ich machte gerade ein Mittagsschläfchen, nach meiner ersten Arbeitswoche (als Hausmädchen). Als ich aufwachte, schwebte ich unter der Zimmerdecke und schaute auf mich selber herab. Ich sagte mir: Ich muß zurückkommen! Dann, nach etwa einer Minute, konnte ich aufstehen. Es war für mich so realistisch, wie jetzt diesen Brief zu schreiben.

Vielleicht müßte man hier ein wenig die Tatsache in Rechnung stellen, daß dies Erlebnis sich etwa dreißig Jahre zuvor ereignet hat. Allerdings hat die Berichterstatterin später noch einmal die visuelle Klarheit des Erlebnisses hervorgehoben und erklärt: »Ich konnte das Zimmer in allen Einzelheiten sehen, sogar die staubigen Stellen«, und darauf hingewiesen, dies wäre um so erstaunlicher gewesen, als sie ja eigentlich kurzsichtig sei. Auch die Farben wirkten lebhaft und leuchtend.
Die Frage der Beziehungen zwischen den empfindungsartigen Erlebnissen in Träumen – den gewöhnlichen wie den

luziden – und den gewöhnlichen Wachvorstellungen hat bei einer ganzen Reihe von Geisteswissenschaftlern Interesse gefunden. Sie gehen dabei manchmal davon aus, daß es sich bei Träumen einfach um eine Art von Einbildung handelt, bei denen der Betreffende den Überblick verloren hat und nicht mehr zwischen dem, was er weiß, und dem, was er als empfindungsmäßige Informationen aufnimmt, unterscheiden kann. So schrieb z. B. Mary Warnock, in Träumen »übernehmen die Bilder die Führung. Es ist nicht so, daß wir im Traum die Bilder mit der Realität durcheinanderwerfen. Wir kommen in dem Augenblick einfach nicht auf die Idee, daß es da zwei Sachen zum Durcheinanderwerfen geben könnte... In einem Traum gibt es anscheinend keine Unterscheidung zwischen dem Gedanken, ein Ereignis könnte eintreten, und seinem faktischen ›Eintreten‹«. Dieses Traummodell mag für einige Arten geistiger Aktivitäten im Schlaf gelten, auf luzide Träume allerdings dürfte es kaum anwendbar sein. Denn der luzide Träumer ist offensichtlich imstande, die meisten, wenn nicht sogar alle geistigen Aktivitäten parallel zu seinem wahrnehmungsartigen Erleben weiterzuführen, ohne daß dies notwendigerweise eine unmittelbare Auswirkung auf den Inhalt des Erlebens haben muß.

Der Typus des luziden Traumes, von der Versuchsperson B und andere berichten, läßt eher auf eine Verwandtschaft mit *Halluzinationen*, nicht so sehr mit Vorstellungen im Wachzustand schließen. Slade und Bentall haben hierzu eine Arbeitshypothese vorgelegt:

Jede wahrnehmungsähnliche Erfahrung, die (a) ohne einen angemessenen auslösenden Reiz eintritt, (b) in Kraft oder Auswirkung der ihr entsprechenden tatsächlichen (realen) Wahrnehmung entspricht, und (c) einer unmittelbaren und willentlichen Kontrolle durch den, der die Erfahrung macht, nicht zugänglich ist.

Das letzte Kriterium müßte wohl bis zu einem gewissen Grade im Blick auf luzide Träume weiter qualifiziert werden, da ein luzider Träumer ja in vielen Fällen durchaus imstande ist, und sei es auch nur in einem begrenzten und nicht gänzlich vorhersehbaren Ausmaß, den Verlauf und den Inhalt des Traumes durch eine willentliche Kontrolle zu beeinflussen, wie in den Kapiteln zehn und elf noch zu besprechen sein wird. Allerdings ist diese Kontrolle, wie wir dort sehen werden, oftmals eher indirekter als direkter Art.

Halluzinationen sind wiederum zu unterscheiden von den *Pseudohalluzinationen*, die Sidgwick u. a. folgendermaßen charakterisieren:

Pseudohalluzinationen lassen sich so definieren, daß sie zwar alle Charakteristika von Halluzinationen besitzen, jedoch mit Ausnahme einer völligen Projektion nach außen. Im Gegensatz zu den üblichen Bildern aus Phantasie oder Erinnerung, die wir willentlich herbeirufen, sind sie spontan, dazu lebhafter, detaillierter und beständiger. Ähnlich den Halluzinationen können sie weder herbeigerufen werden noch kann ihre Form nach Wunsch verändert werden. Andererseits sind sie jedoch von eigentlichen Halluzinationen darin unterschieden, daß sie ihrem Empfänger nicht durch seine Sinnesorgane vermittelt zu sein scheinen. Er scheint sie mit seinem geistigen, nicht mit seinem leiblichen Auge zu sehen; sie mit seinen geistigen, nicht mit seinen leiblichen Ohren zu hören; und sie suggerieren ihm demzufolge noch nicht einmal die Anwesenheit einer entsprechenden körperlichen Realität.

Vorstellungen im Schlaf scheinen im allgemeinen der pseudohalluzinatorischen Art anzugehören, auch wenn wohl in Ausnahmefällen Übertragungen nach außen vorkommen. Schacter zitiert ein Beispiel für einen solchen Ausnahmefall, wo eine Versuchsperson in der Annahme, sein Name sei aufgerufen worden, »sich von den Untersuchungsapparaten losmachte und auf den Flur hinausrannte, nur um dort festzustellen, daß er eine akustische Einbildung erlebt hatte«.

Die Unterscheidung zwischen Pseudohalluzinationen und Halluzinationen entspricht nicht der Unterscheidung zwischen Erfahrungen mit oder ohne verstandesmäßiger Einsicht, wie manchmal vorgeschlagen worden ist. Man kann durchaus wahrnehmungsartige Halluzinationen mit voller Einsicht erleben. Wie ein luzider Träumer kann ein Halluzinierender durchaus die wahrnehmungsmäßige Qualität seiner Halluzination bedenken, während er sie erlebt, und von ihrem Realismus beeindruckt sein. Wir werden die Frage der Einsicht in Kapitel sechs weiter behandeln, wo wir über die Beziehungen zwischen luziden Träumen und anderen Arten halluzinatorischer Erfahrungen nachzudenken haben.

Insgesamt gesehen weisen die »wahrnehmungsartigen« Phänomene luzider Träume auf eine verhältnismäßig stark ausgeprägte Funktion der rechten Hirnhemisphäre während des luziden Traumes hin. Die Tatsache, daß die rechte Hirnhälfte bei visuell-räumlichen Aufgaben vorzugsweise beteiligt ist, ist verhältnismäßig gesichert. Für diese Schlußfolgerung ist übereinstimmendes Beweismaterial aus unterschiedlichen methodologischen Ansätzen vorgelegt worden. Luzides Träumen gehört *par excellence* zum visuell-räumlichen Aufgabenbereich. Der Betreffende ist hier überwiegend mit dem visuellen Bereich beschäftigt, was auch sonst noch immer dazugehören mag, und er bewegt sich häufig innerhalb dieser dreidimensionalen visuellen Umgebung, dieses visuellen »Weltraumes«.

Wir haben auch Anzeichen dafür gefunden, daß die rechte Hirnhemisphäre während eines luziden Traumes zu größerer Aktivität neigt als die linke. Wie wir in Kapitel fünf noch sehen werden, sind die von luziden Träumern ausgeführten

intellektuellen Unternehmungen und Überlegungen, obwohl sie im Vergleich zu denen, die die selben Personen in
ihren nicht-luziden Träumen ausführen würden, durchaus
bemerkenswert sein mögen, keineswegs bemerkenswert im
Vergleich zu denen, die sie im Wachzustand auszuführen
imstande wären.

Kapitel 5

Gedächtnis, Intellekt und Emotionen

Bewußtes Erinnern während luzider Träume

Die Behauptungen luzider Träumer, sie hätten im Traum ein recht normales Erinnerungsvermögen an ihr bisheriges Leben und an ihre Absichten im Wachen, lassen sich nur schwer überprüfen. Gewiß gibt es Beweise dafür, daß luzide Träumer imstande sind, sich an Gedanken zu erinnern, die sie im Wachen gefaßt hatten, oder an Tests, die ihnen von einem Versuchsleiter aufgetragen worden waren. Aber es erweist sich als schwierig, eine Methode für die Einschätzung der Vollständigkeit und Genauigkeit der Erinnerungen an ihr bisheriges Leben und ihre jetzigen Lebensumstände zu entwickeln.

Der einzig verläßliche Weg zur Einschätzung der Fähigkeit eines luziden Träumers, sich an sein bisheriges Leben zu erinnern wäre, ihm, während er sich in einem luziden Traumzustand befindet, konkrete Fragen zu stellen und die Anzahl der richtigen Antworten mit seiner Lebensführung im Wachzustand zu vergleichen. Gelegentlich erwähnen luzide Träumer nach dem Aufwachen spontan ein paar Momente aus ihrem bisherigen Leben, die ihnen (anscheinend zutreffend) im Traum in den Sinn gekommen sind. So wurde zum Beispiel Oliver Fox in einem seiner luziden Träume dadurch an seinen militärischen Rang erinnert, daß er die entsprechende Uniform trug. Diese gelegentlichen spontanen Gedächtnismomente sind allerdings eindeutig unzureichend, wenn sie als Grundlage herangezogen werden sollen, um die Vollständigkeit des Erinnerungsvermögens abzuschätzen.

Wir würden gerne luziden Träumern, während sie noch schlafen, Fragen stellen, um die Exaktheit ihrer Erinnerungen an vergangene Ereignisse nachzuprüfen, nur ist bisher noch keine Methode entwickelt worden, wie die Signale übermittelt werden könnten, die dieser Absicht entsprechen. Im ersten Kapitel haben wir bereits einige der Experimente erwähnt, die sich mit solchen Signalen in luziden Träumen beschäftigen. Auf diesem Gebiet sind auch beachtliche Fortschritte erzielt worden, doch bleiben die bisher erfolgreich gesammelten Informationen immer noch weit hinter den tatsächlichen Erfordernissen zurück. Einem luziden Träumer im Morsealphabet Signale zu geben und Erwiderungen im Morsealphabet dadurch zu erhalten, daß er in seinem Traum nach links oder rechts schaut, ist theoretisch sicher möglich, wäre aber zweifellos beschwerlich und zeitaufwendig, da in einem einzelnen luziden Traum höchstens ein oder zwei Fragen gestellt und beantwortet werden könnten.

Um diesen Prozeß zu beschleunigen, könnten luzide Träumer lernen, kodierte Abfolgen elektrischer Impulse als Darstellung spezifischer Fragen zu erkennen. So würde zum Beispiel eine Folge wie »kurz, lang, lang, kurz« die Frage darstellen: »Wie hieß Ihre erste Schule?« Diese Methode bringt allerdings eine Schwierigkeit mit sich: In der Praxis wird jemand, der die kodierte Form einer Frage erlernt, sich immer zugleich die zutreffende Antwort einprägen und damit den Versuch, sich die Antwort in seinem Traum bewußt in Erinnerung zu rufen, sinnlos werden lassen.

Ein wenig Licht könnte auf die Frage des Gedächtnisses in einem luziden Traum fallen, wenn man die intellektuellen Funktionen des Betreffenden in diesem Zustand prüfen würde. Sowohl in luziden als auch in prä-luziden Träumen können die Träumenden zu der Ansicht gelangen, sie funktionierten anscheinend recht normal und befaßten sich sogar mit ziemlich komplizierten Gedankengängen (vor allem in prä-luziden Träumen), wenn sie herauszufinden versuchen, ob sie träumen oder nicht. In prä-luziden Träumen ziehen die Träumer dabei manchmal falsche Schlußfolgerungen, was in der Regel fehlerhaften Erinnerungen bezüglich der entsprechenden Situation im Wachzustand zu verdanken ist. Jemand, der sich seiner Lage im Wachzustand ganz lückenlos bewußt ist, wird kaum Zeit damit verlieren, sich zu fragen, wieso z. B. eine Brücke über einen Fluß gebaut wurde, dessen Wasser doch fest genug ist, um darauf zu gehen, oder ob es sich bei dem ungewöhnlich festen Wasser, das dieser Fluß führt, etwa um eine neue Erfindung handelt (vgl. das Fallbeispiel zu Beginn unseres Kapitels drei). Auch bei falschem Erwachen können, wie wir in Kapitel sieben sehen werden, die Träumenden ein unvollkommenes Verständnis angesichts der Umstände zeigen, die normalerweise mit dem Prozeß des Erwachens verbunden sind. Aufgrund einer an sich unbedeutenden Veränderung, wie etwa daß sie auf einmal einen Bleistift in der Hand halten, können sie zu dem Schluß kommen, sie seien jetzt tatsächlich wach, vorher dagegen nicht.

Eine intellektuelle Begrenzung, die eine gewisse Anzahl luzider Träumer aufweisen, betrifft den Glauben des Träumers an die Beziehungen zwischen der Traumwelt, oder jedenfalls einiger ihrer Elemente, und der Welt des wachen Daseins. In gewissen Situationen kann ein luzider Träumer durchaus deutlich zu erkennen geben, daß er die Scheinhaftigkeit seiner Wahrnehmungen bemerkt hat, wenn er etwa die Personen seines Traumes darüber informiert, daß sie nur Schöpfungen seiner Einbildung sind. Andererseits sind wir einer Reihe von Fällen begegnet, bei denen die betreffende Person offensichtlich nicht anerkennen wollte oder konnte, daß die halluzinatorische Welt, in der sie sich befindet, nicht in Beziehung zu der Welt des Wachseins »außerhalb« ihres Traumes zu stehen braucht. So grübelt zum Beispiel Embury Brown in einem luziden Traum, den wir in Kapitel zehn (S. 166) im Wortlaut wiedergeben werden, darüber nach, ob er an seinem Schreibtisch, vor dem er sitzt, eingeschlafen war und ist ganz erstaunt, als er beim Aufwachen merkt, daß dem nicht so ist. Nun ist es ja sicherlich möglich, daß Brown die Gewohnheit hatte, an seinem Schreibtisch einzuschlafen, was seine Traumvorstellung durchaus glaubwürdig erscheinen lassen würde. Wesentlich wahrscheinlicher ist es jedoch, daß dieser Traum eine Schwierigkeit mancher luzider Träumer widerspiegelt, nämlich die totale Unabhängigkeit eines luziden Traumes von der Welt des Wachseins völlig zu akzeptieren. Ein weiteres Beispiel dafür stellt ein luzider Traum unserer Versuchsperson C dar, in dem er ein Telefon sah und sich fragte, ob sich wohl »darunter« in der wirklichen Welt ein wirkliches Telefon befinden mag.

Es kann sein, daß eine solche intellektuelle Begrenzung der Tatsache zu verdanken ist, daß wir es im Wachzustand gewohnt sind, stillschweigend anzunehmen, die physische Welt sei wirklich so, wie wir sie gerade wahrnehmen. Dies kann dazu führen, daß es uns, auch wenn wir wissen, daß wir träumen, schwerfällt, die unbewußte Annahme abzuschütteln, die äußere Realität bestimme wenigstens zu einem Teil die Art unserer »Wahrnehmungen«.

Es dürfte interessant sein, diese in gewissen luziden Träumen offenkundige Unfähigkeit der Träumenden, die Annahme abzuschütteln, die äußere Realität stehe in irgendeiner Beziehung mit ihrer Welt der Wahrnehmungen, und sei es auch auf eine noch so außergewöhnliche oder nur indirekte Art und Weise, mit der Stellung von Erscheinungen in ihren Traumerlebnissen zu vergleichen.[1]

West macht den Vorschlag, einen der Unterschiede zwischen den halluzinatorischen Erlebnissen schizophrener und denen normaler Menschen darin zu sehen, daß letztere dazu disponiert seien, Einsicht in das Wesen ihrer halluzinatorischen Erlebnisse zu haben, die bei Schizophrenen nicht feststellbar sei. Er zitiert hierzu das Beispiel einer normalen Person, der eine vereinzelte halluzinatorische Erfahrung widerfahren war, und bemerkt, diese sei »danach von dem Betroffenen als ein subjektives Erlebnis erkannt« worden, was laut West in Gegensatz zu der Tatsache steht, daß dem psychotischen Patienten »oftmals die Einsichtsfähigkeit fehlt, um den subjektiven Charakter des Erlebnisses zu bemerken, das er vielmehr einer trügerischen externen Ursache zuschreibt, wie etwa einer ferngesteuerten drahtlosen Übertragung oder telepathischen Einwirkung«.

Allerdings läßt sich feststellen, daß die Einsichtsfähigkeit bei normalen Personen in unterschiedlichen Abstufungen auftreten oder bei verschiedenen Personen in verschiedener Stärke vorhanden sein kann. Als vollkommene Einsicht könnte wohl die von Professor H. H. Price in dem (auf S. 101) zitierten Fallbeispiel einer unter Meskalineinfluß eingetretenen Halluzination gelten. Ihm wird dort bewußt, daß die Blätter, die er auf seiner Bettdecke zu sehen meint, keine normalen Blätter sein können, und schreibt dieses Erlebnis einer durch die Einwirkung der Droge hervorgerufenen abnormen Funktion seines eigenen Gehirns zu.

Oberflächlich gesehen scheinen die von Erscheinungen Betroffenen häufig eine vergleichbar klare Einsicht zu besitzen. Wie wir im einzelnen noch sehen werden, erklärte weit über die Hälfte der insgesamt 850 freiwilligen Versuchspersonen, die uns von ihren Erscheinungen berichteten, sie hätten noch vor dem Ende des Erlebnisses feststellen können, daß es sich bei dem, was sie da erlebten, um eine Erscheinung und nicht um eine wirkliche Person oder Sache handelte. Dennoch kann man nicht sagen, daß die Mehrzahl dieser Personen – wie West es ausdrückt – »den subjektiven Charakter des Erlebnisses erkennt«, so wie Professor Price den subjektiven Charakter seines Meskalinerlebnisses erkannt hat. Vielmehr ist die Mehrzahl derer, die von Erscheinungen berichten, auch wenn sie früher oder später merken, daß die von ihnen wahrgenommene Gestalt oder Sache keinen Realitätswert besaß, trotzdem davon überzeugt, sie habe eine Art von ontologischem Eigenwert gehabt, anders als die Gestalten oder Dinge, die sie in ihren Träumen erblicken. Wie Richardson es formuliert: »Die wahrnehmungsähnliche Erfahrung wird wohl als nichtmateriell erkannt, nicht jedoch als ein subjektives Phänomen.« So gehen diejenigen, die von halluzinatorischen Begegnungen mit verstorbenen Angehörigen berichten, in ihren Erzählungen gewöhnlich ganz klar davon aus, der bzw. die Verstorbene sei in irgendeiner Weise wirklich da gewesen oder sei zum mindesten dafür verantwortlich, daß sie dies Erlebnis hatten. Diese Eigenart normaler Menschen, die halluzinatorische Erscheinung eines toten Angehörigen einer äußeren Ursache zuzuschreiben, unterscheidet sich dann schließlich nicht mehr sehr von der Art, wie ein Psychotiker damit umgehen würde.

Es ist interessant, daß normale Personen, die eine Halluzination erleben, gelegentlich darüber erstaunt sind, daß andere Anwesende ihr Erlebnis nicht teilen. So notierte Bleuler: »Viele Schizophrene glauben nicht nur, ihre Umgebung müsse die Stimmen so gut wie sie selbst hören; sie meinen auch, entfernte Leute nehmen sie wahr.« In der Regel muß hier deutlich zwischen schizophrenen und normalen Personen im Blick auf ihre jeweilige Fähigkeit unterschieden werden, ihre Ansicht zu einem Erlebnis zu korrigieren. Eine normale Person läßt sich davon überzeugen, daß andere, die in der Lage hätten sein können, das wahrzunehmen, was sie wahrgenommen hat, dies nicht tatsächlich getan haben, auch wenn sie weiterhin darüber verwundert sein mag. Ein Schizophrener dagegen wird nicht immer davon zu überzeugen sein. Der Normale wird allerdings das von anderen nicht geteilte Erlebnis womöglich dem Besitz einer besonderen »psychischen Begabung« zuschreiben wollen, die anderen eben nicht gegeben sei, vor allem dann, wenn solche Erlebnisse häufiger auftreten. In dieser Beziehung unterscheidet er sich nicht wesentlich von dem schizophrenen Patienten, den Bleuler so beschreibt:

> Ein intelligenter Hebephrene sieht, während wir mit ihm sprechen, plötzlich den Teufel hinter sich, und zwar so genau, daß er ihn zeichnen kann. Auf unseren Einwand erklärt er, daß er eben nun die Gabe habe, durch den Kopf hindurch nach hinten zu sehen. Da er uns von ›Vorstellungen‹ sprechen hört, protestiert er lebhaft, es sei keine Vorstellung, sondern wirkliches Sehen.

Hinsichtlich der außerkörperlichen Erlebnisse bei normalen Personen ist die Frage nach der Einsichtsfähigkeit ebenfalls nicht eindeutig zu beantworten. Die meisten merken von Anfang an, daß ihnen irgend etwas Anomales widerfährt; etwa aufgrund des außergewöhnlichen »Aussichtspunktes«, von dem aus sie die Welt »sehen«, oder aufgrund der Tatsache, daß sie ihren eigenen Körper von außen betrachten. Dennoch beschreiben die Versuchspersonen – jedenfalls unsere – häufig das, was sie »gesehen« haben so, als glaubten oder vermuteten sie, es habe sich um einen wahren Anblick gehandelt, eben nur aus einer neuen Perspektive. Dies kommt vermutlich daher, weil das, was sie »sehen«, phänomenologisch oft nicht von dem zu unterscheiden ist, was sie sehen würden, wenn sie wirklich da wären, wo sie zu sein scheinen (zum Beispiel oben an der Decke).

Offenbar führt sowohl bei normalen als auch bei psychotischen Personen die ständige Assoziation der alltäglichen Wahrnehmungen mit einer offenbar unabhängig davon existierenden äußeren Realität zu dem Ergebnis, daß, wenn jemand etwas erlebt, was phänomenologisch von einem wirklichen Wahrnehmungsinhalt nicht zu unterscheiden ist, mit fast zwanghafter Gewalt geglaubt wird, da müsse doch etwas »dahinter« sein, etwas wie eine vom eigenen Geist unabhängige Wirklichkeit.

Sogar normale, wache Personen können in diesem Sinne eine recht unvollkommene Einsichtsfähigkeit beweisen, nämlich in Beziehung auf die sogenannten Pseudohalluzinationen. Es ist ein geradezu bestimmendes Charakteristikum der Pseudohalluzinationen, daß der oder die Betreffende wohl erkennt, daß sie sich nicht »da draußen« in der materiellen Welt, sondern »in meinem Kopf« oder »vor meinem geistigen Auge« befinden, so daß bis zu diesem Grade stets eine gewisse Einsicht in das subjektive Wesen dieses Erlebnisses vorhanden ist. Dennoch können auch normale Personen bereit sein, eine Pseudohalluzination irgendeiner äußeren Ursache zuzuschreiben, so wie sie auch eine vollständig nach außen projizierte halluzinatorische Erfahrung auf eine äußere Ursache zurückzuführen imstande sind. So können zum Beispiel normale Personen an eine übernatürliche Erklärung für den Ursprung hypnagoger Vorstellungen glauben.

Um wieder zu unseren luziden Träumen zurückzukehren, so können wir trotz einiger in gewissen Bereichen noch immer bestehenden Wissenslücken doch eindeutig feststellen, daß der Geisteszustand und die Verstandeskräfte eines luziden Träumers ein gutes Stück entfernt von denen eines gewöhnlichen Träumers angesiedelt sind. Gewöhnliche Träume sind häufig verworrene und erzählende Sequenzen, die beim ersten Eindruck einigermaßen verständlich wirken mögen, doch oft viel zu viele ungereimte und unzusammenhängende Elemente enthalten, die nur durch den subjektiven Eindruck des Träumenden irgendwie als Teil einer und derselben Geschichte zusammengedacht werden. Tatsächlich ist das Verbindungsgefüge oftmals nur von einem leidlich konstanten emotionalen Empfinden getragen. In einem gewöhnlichen Traum sind die Erinnerungen des Träumenden an sein Leben im Wachen nur sehr partieller Natur, auch wenn er eindeutig über solche Erinnerungen verfügt, da ja Elemente seines im Wachen gewonnenen Erfahrungsschatzes, wie etwa Freunde, Verwandte oder vertraute Örtlichkeiten, in den Traum Eingang finden und vom Träumer wiedererkannt werden können.

Ein eindrucksvolles Beispiel dafür, wie jemand versuchen kann, in einem luziden Traum sein bewußtes Erinnerungsvermögen zu testen, bietet der folgende Bericht. Die Versuchsperson hatte sich im Wachen den Wert von π (Pi) bis auf sechzehn Dezimalstellen eingeprägt, um dann in einem luziden Traum zu versuchen, sich diese Zahl in Erinnerung zu rufen. Das Ergebnis beschreibt er wie folgt:

Ich wanderte im Traum umher, da entdeckte ich meine rechte Hand. Immer häufiger folgt neuerdings auf das Bewußtwerden im Traum, daß ich meine Hand zu meinen Augen hochhebe – so auch in diesem Traum. Ich rief mir mein Versuchsziel in Erinnerung, nämlich im Traum Pi aufzusagen, um den Grad der bewußten Erinnerungsfähigkeit zu testen, und fing damit an. Ich sagte es im Kopf auf; ich sprach nicht, sondern dachte mir die Zahlen ganz bewußt. An der siebten Dezimalstelle, nachdem ich mich nur noch mit immer größerer Mühe an die Zahlen hatte erinnern können, kam ich nicht mehr weiter, rundete die Zahl auf und machte dann Schluß. Einen Augenblick danach, noch im Traum, wurde mir klar, was ich gemacht hatte, aber ehe ich es noch einmal hätte versuchen können, wachte ich auf.

Interessant ist, daß die Anzahl der Dezimalziffern, an die dieser Träumer sich erinnern konnte, annähernd der Menge gleichkommt, die man im Wachen durchschnittlich im Kurzzeitgedächtnis festhalten kann. Selbstverständlich läßt sich aus einem solchen Einzelfall keine Schlußfolgerung ableiten, könnte doch die Ähnlichkeit nur rein zufällig sein. Vielleicht war die Versuchsperson mit den ersten sieben Dezimalstellen von Pi bereits relativ gut vertraut, bevor sie die folgenden neun zu lernen versuchte. Zudem würde eine derartige Aufgabe, im Wachzustand ausgeführt, das Langzeitebenso wie das Kurzzeitgedächtnis beanspruchen, und es ist ja, wie wir gesehen haben, weitgehend erwiesen, daß in einem luziden Traum eine große Bandbreite an Langzeiterinnerungen erreicht werden kann. Wollte man also die in jenem Traum aufgetretene Begrenzung zu interpretieren suchen, so könnte man sie auf ein gewisses Versagen in der Koordination zwischen Kurzzeit- und Langzeitgedächtnis zurückführen: Der Betreffende war, nachdem er so viele Dezimalstellen aus dem Langzeitgedächtnis abgerufen hatte, wie er nur im Kurzzeitgedächtnis zu speichern vermochte, nicht mehr in der Lage, noch weitere abzurufen, ohne die ersten sieben zu vergessen.

Eine andere Möglichkeit wäre die, daß die Leistungsgrenze des Betreffenden in diesem speziellen Traum auf eine generelle Schwierigkeit bei der Erinnerung von Zahlenreihen in luziden Träumen verweist. Wie wir bereits angekündigt haben, werden wir die Hypothese vorlegen, daß die linke Hirnhälfte in luziden Träumen relativ untätig oder funktionsgestört ist. Sollte dies der Fall sein, dann müßte sich ja die bei dieser Aufgabe vom Träumer erforderte sequentielle Zahlenverarbeitung im Zustand eines luziden Traumes als besonders schwierig erweisen, gilt die linke Hirnhälfte doch gerade als besonders spezialisiert bei sequentiellen Verfahren im Gegensatz zu denen räumlicher oder »ganzheitlicher« Art. Auf jeden Fall jedoch ist dies ein mögliches

Experiment für andere regelmäßige luzide Träumer, um herauszufinden, ob der verstandesmäßige Umgang mit Zahlen im luziden Stadium tatsächlich einer generellen Begrenzung unterliegt.

Natürlich kann gegen einen derartigen Test der Einwand erhoben werden, es gebe keine Möglichkeit, objektiv zu prüfen, ob der oder die Betreffende die Ziffern zutreffend erinnert hat oder nicht; wir haben ja nichts vorliegen als den Eindruck des Träumenden beim Aufwachen, der grundsätzlich immer auch falsch sein kann. Eine Möglichkeit, dieser Schwierigkeit zu entkommen, bestünde in der Entwicklung eines Tests, der es dem oder der Träumenden ermöglicht, die fraglichen Ziffern noch im Schlafen zu signalisieren, auch wenn zu befürchten steht, daß der zur Durchführung solch eines Tests notwendige Zeitaufwand wiederum zu groß sein könnte.

Betrachten wir ein Fallbeispiel, bei dem die Versuchsperson C versucht hat, in einem luziden Traum zweihundert durch fünf zu teilen. Auf den ersten Blick wirkt dies weniger eindrucksvoll als das zuvor beschriebene Beispiel, obwohl auch hier wieder sehr bemerkenswert ist, wie der Träumer sich offensichtlich eine vernünftige Strategie ausdenken konnte, um die Gesamtaufgabe in handhabbare Einzelaufgaben zu zerlegen, so wie er es auch im Wachen nicht besser hätte tun können. In diesem Falle hatte er sich die Aufgabe auch nicht im voraus, also im Wachzustand gestellt, sondern sie war ihm anscheinend in einer augenblicklichen Eingebung während des Traumes in den Sinn gekommen.

Ich sagte mir immer wieder: ›Dies ist ein Traum‹. Ich stand oben auf einem Hügelgrab oder einer Anhöhe inmitten einer herbstlichen Landschaft. Ich schaute mich um. Als ich dabei ein Landhaus erblickte, kam mir die Frage in den Sinn, ob die malerische Szenerie tatsächlich an den Realismus des wachen Lebens heranreicht. Ich fand, ja, sie reicht heran, und schrieb meine vorherige Skepsis im Wachen meinem Gedächtnis zu: Es schien nur im Rückblick weniger realistisch zu sein, weil es da eben ein Erinnerungsbild war, das ich betrachtete, nicht mehr die Szenerie selber. (Jetzt im Rückblick will mir auch wieder scheinen, ich hätte mich geirrt und sei von etwas hereingelegt worden, was tatsächlich nur eine geträumte Realität darstellte – wie es ja auch gewesen war.)

Als ich den Hügel verlassen hatte, versuchte ich auszurechnen, wie oft fünf in zweihundert geht, um meine Rechenleistung im Traum zu erproben. Ich meine, ich hätte richtig erinnert, daß fünf mal vier zwanzig ergibt, worauf ich mir vornahm, fünf oder vier (ich war mir wohl nicht sicher, welche von den beiden Zahlen) mit den zwanzigern in zweihundert zu multiplizieren, aber ich war, glaube ich, nicht wirklich fähig, diese Aufgabe zu meiner Zufriedenheit zu lösen.

Zusammenfassend läßt sich sagen, daß der luzide Träumer und die luzide Träumerin in einem beachtlichen Ausmaß intellektuell »da« sind, wenn wir es mit gewöhnlichen Träumen vergleichen, daß er bzw. sie andererseits jedoch im Vergleich mit seinen/ihren Erkenntnisfähigkeiten im Wachzustand zu gewissen Defiziten neigt. Insbesondere zeigt sich immer wieder eine mangelhafte Einschätzung des gänzlich unrealistischen und inkonsequenten Wesens der Trauminhalte. Dies läßt, in Zusammenhang mit der beachtlichen visuell-räumlichen Funktionsfähigkeit geübter luzider Träumer, eine Tendenz zu einer besonderen Aktivierung der rechten Hirnhemisphäre während des luziden Träumens und eine entsprechende Minderung der Aktivitäten der linken Hemisphäre erkennen.

Die emotionale Qualität luzider Träume

Die emotionale Qualität luzider Träumer unterscheidet sich ganz auffallend von der gewöhnlicher Träume.

Womöglich ist noch nicht allgemein deutlich geworden, daß es sich bei den Inhalten gewöhnlicher Träume im großen und ganzen nicht um überwiegend oder bemerkenswert angenehme Erfahrungen handelt. Freud hat in der *Traumdeutung* die Ansicht vertreten, Träume seien von dem Verlangen nach Wunscherfüllung bestimmt, aber dieser Grundgedanke erfordert ein recht kompliziertes Anwendungsverfahren, um als Erklärungsmuster für die Mehrheit der Träume dienen zu können. Eine Untersuchung Empsons listet die Häufigkeit von Traumgegenständen bei insgesamt 473 Personen auf und kommt zu dem Ergebnis, daß Träume, in denen man angegriffen oder verfolgt wird, oder in denen man herabzustürzen meint, sehr häufig vorkommen. Eine andere Untersuchung von Hall ordnet zwei Drittel aller gewöhnlichen Träume denen zu, die ihrem emotionalen Gehalt nach eher als unangenehm gelten, weil sie von Angst-, Ärger- oder Ekelempfindungen bestimmt sind.

Es dürfte also hinreichend deutlich sein, daß luzide Träume auf psychologischen Prozessen beruhen, die von gewöhnlichen Träumen recht verschieden sein müssen, enthalten die Träume erfahrener luzider Träumer doch kaum jemals unangenehme Emotionen irgendwelcher Art, bewegen sich vielmehr auf einer Bandbreite von neutral über recht erfreulich und einigermaßen wichtig bis zu einer echten Freude, der Erfahrung von Schönheit und einem aufregenden Gefühl von Abenteuer. Uns liegen keine statistischen Daten vor, auf die wir einen Vergleich mit den luziden Träumen weniger erfahrener Personen gründen könnten, doch die Veröffentlichungen zu diesem Thema sind überzeugend genug, um die Folgerung zu ziehen, daß luzide Träume gleich welcher Art gegenüber unangenehmen Elementen verhältnismäßig immun sind. Zwar tauchen vereinzelt Berichte über unerfreuliche Einzelzüge auf, doch wird auch dann der emotionale Gesamtzusammenhang kaum je als unerfreulich charakterisiert, und da, wo dies der Fall sein sollte, legen andere Merkmale die Vermutung nahe, der Träumer oder die Träumerin könnte in ein nicht-luzides Stadium abgedriftet sein.

Es sieht wirklich so aus, als würde die Einsicht des Träumenden in seine Situation, zusammen mit seiner Erkenntnis, daß ihn kein wirklicher Schaden treffen kann, ein beachtliches Maß an Immunität gegenüber jeglichem Gefühl der Bedrohung durch seine Traumwelt sicherstellen. Die allgemein angenehme Färbung luzider Träume kann daher bis zu einem gewissen Grade im Zusammenhang mit der überragenden intellektuellen Funktionsfähigkeit in luziden gegenüber nicht-luziden Träumen gesehen werden. Zugleich könnte man sich allerdings fragen, ob diese intellektuelle Funktionsbereitschaft alleine schon ausreicht, um das Phänomen hinreichend zu erklären, daß sich in dieser Situation derart häufig das Gefühl einer Befreiung und einer freudigen Erregung einstellt, in Erwartung spannender Forschungsreisen in das weite Feld, das sich vor einem auftut.

Eine eindeutig festzustellende Möglichkeit, auch in luziden Träumen unangenehme Empfindungen zu bekommen, besteht darin, daß der Träumer bzw. die Träumerin in eine Art von Klaustrophobie verfällt. Aus einigen Berichten geht hervor, daß die Feststellung, sich in einem Traum zu befinden, zu dem Wunsch geführt hat, doch nur ja wieder aufwachen zu können, was gelegentlich zu einem frustrierenden Widerstreit führte. Berichte dieser Art stammen allerdings hauptsächlich von Personen, die einen luziden Traum nicht vorsätzlich herbeizuführen versucht haben. Bei erfahrenen und vorsätzlichen luziden Träumern hingegen scheinen Erlebnisse solcher Art wirklich selten vorzukommen. (Was sicherlich auch daran liegen könnte, daß jemand, der in seinem Traum einmal klaustrophobische Ängste entwickelt hat, kaum den Wunsch verspüren dürfte, das noch einmal erleben zu müssen.)

Eine unserer Versuchspersonen lieferte uns die folgende Nacherzählung der Erlebnisse, die ihm im Alter von etwa fünf Jahren begegnet waren. Interessanterweise hat er später, als Erwachsener, luzide Träume ohne irgendwelche klaustrophobischen Empfindungen erlebt, im Gegenteil, die Feststellung, zu träumen, versetzte ihn dann zumeist sogar in eine rechte Hochstimmung.

Gelegentlich merkte ich im Traum, daß ich träume, und weil mir nicht viel an meinem Traumleben lag, wollte ich aus der Traumhandlung heraus und überlegte mir, wie ich bloß wieder wach werden könnte. Ich mühte mich immer wieder vergeblich, die Augen aufzumachen, und meine Unfähigkeit, mich zum Aufwachen zu zwingen, nahm klaustrophobische Ausmaße an. Ich bin nicht sicher, ob ich es tatsächlich jemals schaffte, aufzuwachen, hatte nur einmal das illusorische Erfolgserlebnis, meine Augen aufzubekommen.

Dieser Bericht erinnert ein wenig an das, was in der Erforschung von Schlafstörungen eine »Schlaflähmung« genannt wird – ein Zustand nämlich, in dem die betreffende Person geistig mehr oder weniger vollkommen wach, körperlich hingegen bewegungsunfähig ist. Gelegentlich wird im Zusammenhang mit diesem Zustand auch von Halluzinationen berichtet, die die reale Umgebung (hier also das Schlafzimmer) überlagern. Wir werden auf Fälle von Schlaflähmung und deren Beziehung mit luziden Träumen in Kapitel acht zurückkommen.

Abgesehen von jenen klaustrophobischen Einzelfällen lassen sich nur schwer Beispiele für unangenehme Empfindungen entdecken, die mit Luzidität in Verbindung zu bringen wären. Wer sich eine Zeitlang bemüht hat, luzide Träume zu erleben, ist in aller Regel froh und glücklich, wenn er zum erstenmal seinen luziden Traumzustand wahrnimmt, und diese freudige Erregung stellt sich dann anscheinend zu Beginn eines jeden luziden Traumes erneut ein, selbst bei denen, die bereits eine ganze Anzahl davon erlebt haben.

So können wir davon ausgehen, daß luzide Träume ein geringeres Maß an emotionaler Komplexität und »Geladenheit« aufweisen als nicht-luzide, die zumeist eher von einer konfusen Tendenz zu ungeklärten und nur teilweise identifizierbaren emotionalen Strömungen und Gegenströmungen bestimmt sind. In dieser Beziehung können luzide Traumerfahrungen dem Wachzustand viel näher sein. Der luzide Träumer bzw. die luzide Träumerin scheint gegenüber allen unerfreulichen Besorgnissen, die ihn bzw. sie zu der Zeit bedrängen mögen, abgeschottet zu sein, mindestens in dem gleichen Ausmaß, wie er/sie es im Wachen erreichen könnte, ja vermutlich noch stärker, wohingegen der Träumer bzw. die Träumerin in nicht-luziden Träumen solchen Besorgnissen gegenüber ganz besonders verletzlich zu sein scheint, womöglich deswegen, weil ihm/ihr dagegen keine Abwehrmittel zur Verfügung stehen wie etwa das, die Aufmerksamkeit bewußt auf etwas anderes zu lenken.

Mehrere Versuchspersonen haben luzide Träume erlebt, die ihnen von hohem Sinngehalt und von Einfluß auf ihr waches Dasein zu sein schienen. In einigen Fällen beschreiben sie bestimmte luzide Traumerfahrungen sogar als »mystisch« oder »transzendent«. Stephen LaBerge, der an der Stanford-Universität Forschungen über luzides Träumen durchführt, zitiert hierzu einen seiner eigenen Träume:

Eines Sommermorgens, vor ein paar Jahren, lag ich noch lange friedlich im Bett und bedachte den Traum, aus dem ich gerade erwacht war. Mir erschien ganz lebhaft das Bild einer Straße, und als ich meine ganze Aufmerksamkeit darauf konzentrierte, war es mir möglich, in das Bild einzutreten. In diesem Augenblick konnte ich meinen Körper nicht mehr spüren, woraus ich schloß, daß ich wohl tatsächlich schliefe. Ich sah mich in meinem Sportwagen die Traumstraße entlangfahren, völlig dessen bewußt, daß ich träume. Ich war entzückt über die Schönheit der Szenerie, die mein luzider Traum mir bot. Nachdem ich noch ein wenig weitergefahren war, stand da auf einmal eine äußerst attraktive Anhalterin an der Straße, ich möchte fast sagen: ein *Traum* von einer Anhalterin. Ich brauche ja wohl kaum zu sagen, daß ich außerordentlich geneigt war, anzuhalten und sie mitzunehmen. Doch dann sagte ich mir: ›*Den* Traum habe ich schon einmal gehabt. Wie wär's mit etwas Neuem?‹ So fuhr ich an ihr vorbei, entschlossen, nun wirklich ›das Höchste‹ zu suchen. Und sobald ich mich für dessen Führung geöffnet hatte, hob mein Wagen ab, fuhr rasch immer höher, bis er hinter mir abfiel, wie die erste Stufe einer Rakete. Ich flog weiter nach oben bis in die Wolken hinein, wo ich an einem Kirchturmkreuz, einem Davidsstern und anderen religiösen Symbolen vorbeikam. Als ich noch höher hinaufstieg, über die Wolken hinaus, kam ich in einen Raum wie ein weites mystisches Reich: eine weite Leere, doch voller Liebe; ein unbegrenzter Raum, der irgendwie ein Gefühl von Heimat gab. Meine Stimmung war auf die entsprechenden Höhenlagen angestiegen, ich begann, aus ekstatischer Inspiration heraus zu singen. Die Qualität meiner Stimme war erstaunlich – sie umspannte die volle Bandbreite vom tiefsten Baß bis zum höchsten Sopran –, und ich hatte das Gefühl, den gesamten Kosmos im Widerhall meiner Stimme zu umarmen. Während ich eine Melodie improvisierte, die mir vollendeter vorkam als alles, was ich bisher gehört hatte, offenbarte sich mir der Sinn des Gesanges, und ich sang die Worte: ›Ich preise Dich, oh Herr!‹

Beim Erwachen aus diesem wahrlich bemerkenswerten luziden Traum kam mir in den Sinn, daß dies eine der befriedigendsten Erfahrungen meines ganzen Lebens gewesen war. Sie gab mir das Gefühl, dies alles sei voll tiefster Sinnhaftigkeit gewesen. Doch war ich außerstande zu sagen, worin die Tiefe bestand, noch konnte ich seinen Sinngehalt einschätzen.

LaBerge vermutet, daß es luziden Träumern nach einigen Erfahrungen mit ›wunscherfüllenden‹ Träumen langweilig werden könnte, Nacht für Nacht die gleichen Träume zu träumen und stets das gleiche Selbst zu sein:

An diesem Punkt kann es geschehen, daß die Notwendigkeit eines Sich-Selbst-Transzendierens empfunden wird. Solche luziden Träumer wissen nicht mehr, was sie eigentlich wollen, nur daß es sicherlich nicht mehr das ist, was sie bisher gewollt haben. Also hören sie einfach damit auf, ständig darüber zu entscheiden, was sie tun wollen, und lassen alle vorsätzliche Traumkontrolle beiseite. Und dann, wenn der luzide Träumer oder die luzide Träumerin die Begrenztheit der vom eigenen Ego festgelegten Ziele erkannt hat, kann er bzw. sie die Kontrolle einer Instanz überlassen, die jenseits dessen liegt, was er bzw. sie als eigenes Selbst zu kennen meinte.

Der folgende luzide Traum ist uns von unserer Versuchsperson E berichtet worden, die ihn in die Kategorie »mystisch« oder »transzendent« einordnet.

Ich hatte schon mystische Erfahrungen unterschiedlicher Qualität gemacht, in luziden wie in nicht-luziden Träumen, aber dann – ich war gerade 18 – kam der eine, der mich am tiefsten berührt hat. Meiner Erinnerung nach breitete sich im Anfangsstadium meines damaligen Traumes zuerst ganz zaghaft eine Luzidität aus, verschwand wieder und kam dann mit einer kurzen, aber überwältigenden Klarheit zurück, bis der Höhepunkt erreicht war. Musik strömte in mich ein, und ich fing an, nach ihrem Rhythmus die Straße entlang über ein paar Schienen hinweg zu springen und zu tanzen. Nach und nach bekam die Musik einen mystischen Klang, und ich geriet immer stärker in ihren Bann. Schließlich wanderte ich von der Straße weg auf einen offenen Raum zu, wo eine große Menschenmenge versammelt war. Dann gingen irgendwie das Zeit- und das Selbstbewußtsein verloren, und ich wurde eins mit der Menschenmenge – die Arme erhoben, hinauf in den Glanz, in die Musik, in das Glockengeläut ... in unaufhörlichem Jubel ... Doch dann drängte sich ein schmerzhaftes Gefühl dazwischen, so als ob wir weggezogen würden, als ob wir auf die Erde zurückfielen ... Es schien mir unerträglich, diese Glückseligkeit verlassen zu sollen ... Aber es gab kein Ausweichen – ich erwachte.

Als Atheistin neige ich nicht dazu, dieses Erlebnis eines ›Höhenfluges‹ religiös zu interpretieren, eher schon als einen Wink aus der nächsten Seinsstufe, also von dem her, was in der Hierarchie der Evolution – Materie, Leben, Bewußtsein, Selbst – noch jenseits des Selbst liegt.

In den Kapiteln sieben und acht werden wir zeigen, daß zwischen luziden Träumen und außerkörperlichen Erlebnissen enge Beziehungen bestehen. Belebung und Hochstimmung sind gelegentlich auch bei außerkörperlichen Erlebnissen feststellbar, und einige Berichte über solche Erlebnisse lesen sich nahezu wie Schilderungen »mystischer« Erlebnisse.

Nun erzählen sicherlich nicht alle luziden Träumer von

emotional derart bedeutsamen Träumen wie die beiden letzten. Es mag auch durchaus sein, daß nur bestimmte Personentypen solchen Erlebnissen zugänglich sind. Die Forschung über den Inhalt luzider Träume im Verhältnis zu den bestimmenden Faktoren in der Persönlichkeit des Träumers befindet sich noch in den Anfangsgründen.

Fenwick hat untersucht, wie der rechte Schläfenlappen des Gehirns in besonderer Weise an der Vermittlung mystischer oder ekstatischer Erfahrungen beteiligt ist. Die Ergebnisse stammen zum Teil aus der Untersuchung epileptischer Patienten mit einer auffälligen Aktivierung des rechten Schläfenbereichs, die von solchen Erlebnissen berichten. Sollte dies zutreffen, dann könnte das Auftreten derartiger Erlebnisse im luziden Traumzustand als weiterer Hinweis darauf dienen, daß die rechte Hirnhemisphäre dazu neigt, in solchen Träumen vorrangig tätig zu sein.

Kapitel 6

Luzide Träume und andere halluzinatorische Erfahrungen

Luzide Träume nehmen in dem Bereich halluzinatorischer Erfahrungen, die wir im Institut in Oxford untersuchen, eine Schlüsselposition ein.

Als das Institut 1961 gegründet wurde, gab es allerlei eher verwirrende Hinweise auf eine breite Skala sonderbarer Phänomene, unter ihnen luzide Träume und außerkörperliche Erlebnisse, die allem Anschein nach für die Untersuchung normaler Wahrnehmungen von wesentlicher Bedeutung sein könnten. Unsere ersten Klärungsversuche waren allerdings von einer Atmosphäre allgemeiner Unsicherheit umgeben. Einige wenige hatten bereits Berichte über ihre luziden Träume veröffentlicht, aber keiner hatte zu der Zeit je den besonderen Charakter dieser Phänomene anerkannt oder gar versucht, die Wesensmerkmale zu definieren, die den luziden Träumen unterschiedlicher Personen gemein sind. Hinsichtlich der außerkörperlichen Erlebnisse lagen bereits Berichte über eine Anzahl von Fällen vor, doch wurden diese hauptsächlich zur Unterstützung spiritualer und spiritistischer Theorien und Lehren eingesetzt oder als Beweise für außersinnliche Wahrnehmungen angesehen.

Celia Greens erstes Buch (*Lucid Dreams*, 1968) war zu einer Zeit geschrieben worden, als die Möglichkeiten, mit diesem Thema der Forschung ein neues, entwicklungsfähiges Feld eröffnen zu können, noch wenig oder gar keine Anerkennung gefunden hatten, und so versuchten wir damals, durch öffentliche Aufrufe mit der Bitte um Fallberichte von außerkörperlichen und halluzinatorischen Erlebnissen das Potential an Interesse zu erkunden, zunächst allerdings mit wenig Hoffnung auf eine nennenswerte Anzahl positiver Reaktionen.

Dann aber gewann doch die Einsicht immer mehr an Boden, daß unsere Arbeit in allen diesen Bereichen eine Ebene menschlicher Erfahrung berührt, die als fester und verläßlicher Bestandteil der psychologischen und physiologischen Funktionszusammenhänge anerkannt zu werden verdient, und die, gerade aufgrund ihres paradoxen Charakters, geeignet sein könnte, zu grundlegenden Einsichten in die Abläufe von Schlafen und Wachen sowie in die Beziehungen des Bewußtseins zu der von ihm wahrgenommenen Umwelt zu führen.

Wie wir bereits im ersten Kapitel festgestellt haben, ist es ja wirklich merkwürdig, daß luzide Träume als ein Erlebnistypus mit Merkmalen, die sich von denen gewöhnlicher Träume deutlich unterscheiden, jahrhundertelang so wenig Beachtung gefunden haben. Und dies ist um so merkwürdiger, als doch die meisten luziden Träumer ihr Erleben als angenehm und interessant empfinden, und es zudem für jeden, der luzide Träume haben möchte, verhältnismäßig einfach ist, sie bei sich entstehen zu lassen. Tatsächlich ist ja, wie wir später noch genauer sehen werden, einer der bemerkenswertesten Züge luzider Träume, daß sie sozusagen nur zu gerne bereit sind, sich herbeiführen zu lassen. Die bloße Tatsache, die Möglichkeit luzider Träume überhaupt in Betracht zu ziehen, kann bereits Anlaß genug dafür sein, daß man beginnt, sie praktisch zu erleben. Um allerdings ein gewohnheitsmäßiger oder ständiger luzider Träumer zu werden, ist dann doch wohl in der Regel ein gewisses Maß an gezielter Absicht und Bemühung erforderlich.

Trotzdem ist es wohl möglich, daß bestimmte Personen in dieser Richtung besondere Fähigkeiten besitzen. Menschen, die für luzide Träume empfänglich sind, berichten häufig von außerkörperlichen Erfahrungen und damit verbundenen Phänomenen genauso wie von luziden Träumen. Hier mag einer der Gründe dafür zu finden sein, daß luziden Träumen so lange die Anerkennung als gesonderte Kategorie von Traumerfahrungen versagt blieb. Bücher, die Berichte über luzide Träume enthalten, wie etwa *Astral Projection* von Oliver Fox (1962) oder J. H. M. Whitemans *The Mystical Life* (1961) enthalten oft zugleich Berichte über außerkörperliche Erlebnisse. Offensichtlich meinte man, luzide Träume mit den Lehren des Spiritualismus oder des Spiritismus in Verbindung bringen und sie dann zusammen mit diesen ablehnen zu sollen, wobei es speziell um die Theorie gehen dürfte, ein außerkörperliches Erlebnis habe als »Projektion« eines »Astralleibes« oder als Transport der Seele in eine rein geistige Dimension hinein zu gelten.

Die Arbeit mit luziden Träumen machte uns noch auf einige andere Arten anomaler Erfahrungen aufmerksam. Eine davon ist der prä-luzide Traum, den wir bereits in Kapitel drei besprochen haben, und der sich von einem luziden Traum dadurch unterscheidet, daß der Träumer nicht zur vollen Erkenntnis seiner Situation gelangt. Bei dieser Art Traum fragt sich der Träumende, ob er wohl träumt oder nicht, wobei er sowohl zu einer zutreffenden (nämlich positiven) wie auch zu einer falschen Schlußfolgerung gelangen kann.

Eine weitere Art anomaler Erlebnisse, die gelegentlich in Verbindung mit luziden Träumen vorkommt, ist das falsche Erwachen. Es kann nach luziden und nicht-luziden Träumen eintreten und besteht in seiner verbreitetsten Form darin, daß der Träumende glaubt zu erwachen, doch bald darauf entdeckt, daß dieses »Erwachen« immer noch Teil seines Traumes war. Dies kann eintreten, während er bzw. sie noch schläft – in diesem Fall kann sich ein luzider Traum anschließen –, sie kann aber auch erst dann eintreten, wenn der Träumer/die Träumerin wirklich aufgewacht ist. Der folgende Auszug aus dem Bericht über einen luziden Traum ist ein Beispiel für diese zweite Möglichkeit.

Schließlich tauchte jemand über mir auf (ich hockte immer noch auf allen vieren und blickte auf den Fußboden), der mich fragte: ›Wie heißt Du?‹. Ich dachte: ›Das wird mich aufwecken‹[1], dennoch aber entschloß ich mich, eigentlich ohne rechten Grund, zu antworten, nannte meinen Namen, warf meinen Kopf in den Nacken und lachte, so als ob der Beschluß, mir gar keine Sorgen mehr über das Festhalten an der Luzidität zu machen und vielleicht gleich aufzuwachen, irgend etwas von Ausgelassenheit oder Unbekümmertheit an sich hätte.

Dabei wachte ich auf und dachte mir: ›Ich muß gleich losgehen und mir Notizen über diesen luziden Traum machen.‹ Allerdings war mir gar nicht recht klar, wohin ich denn dazu gehen sollte (ich war ja immer noch an derselben Stelle, auf dem Fußboden), und da kam mir gleich ein kurzer luzider Traum, aus dem ich dann bald richtig erwachte.

Und als ich richtig wach war, dachte ich: ›*Quelle surprise*! Ich hatte doch gemeint, ich wäre schon wach gewesen.‹

All diese von uns erwähnten Arten vollkommen halluzinatorischer Erfahrungen können in engem Zusammenhang miteinander gesehen werden. Prä-luzide Träume können sich in luzide verwandeln, ebenso wie es nach Aussage einiger erfahrener Träumer möglich ist, von einem falschen Erwachen in einen luziden Traum überzugehen sowie von einem luziden Traum oder einer gewissen Form von falschem Erwachen in ein außerkörperliches Erlebnis. In der Tat haben einige Versuchspersonen bestimmte Arten eines falschen Erwachens als gleichbedeutend mit außerkörperlichen Erlebnissen bezeichnet.

Die folgende Graphik gibt eine schematische Zusammenfassung der Beziehungen zwischen diesen mannigfaltigen Arten vollkommen halluzinatorischer Erfahrungen. Über-

Graphik 6.1: Beziehungen zwischen den unterschiedlichen metachorischen Erfahrungen (Umgebung vollkommen halluzinatorisch)

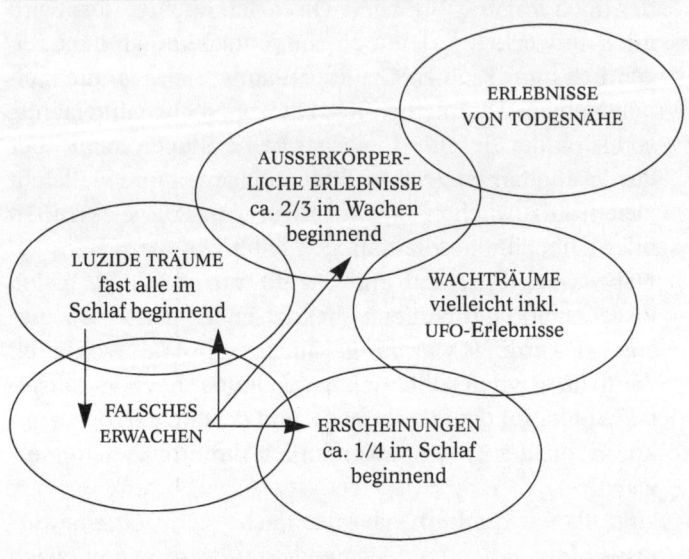

schneidungen der Ellipsen deuten an, wo sich die Erfahrungskategorien bis zu einem gewissen Grade überlappen; Pfeile zeigen an, wo ein Erfahrungstypus einen anderen herbeiführen kann. Dabei wird deutlich werden, daß falsche Erwachensvorgänge (speziell das falsche Erwachen »Typ 2«, über den in Kapitel sieben noch zu sprechen sein wird) anscheinend ganz besonders vielseitige Entwicklungsmöglichkeiten besitzen. Aus ihnen können sich tatsächlich luzide Träume, außerkörperliche Erlebnisse oder auch eine dritte Art halluzinatorischer Phänomene, nämlich Erscheinungserfahrungen entwickeln. Die letztgenannte Kategorie werden wir nun im einzelnen behandeln.

Das Konzept der »metachorischen« Erfahrungen

1968 ließen wir einen Aufruf ergehen mit der Bitte, uns Fälle von Erscheinungen zu melden; das heißt also Fälle, bei denen die ansonsten normale Wahrnehmung der Umgebung anscheinend von einer halluzinatorischen Gestalt oder einem halluzinatorischen Gegenstand überlagert wird. Bei der Untersuchung der daraufhin eingegangenen Fallberichte konnten wir von unserer bereits vorhandenen Vertrautheit mit einem beachtlichen Spektrum von Erfahrungen wie luziden Träumen und außerkörperlichen Erlebnissen ausgehen, denen die Fähigkeit zu eigen ist, ein überzeugendes Abbild des normalen Lebens zustande zu bringen, und in die man auch mit wenig oder gar keiner Bewußtheit der dadurch eingetretenen Diskontinuität zum normalen Erlebniszusammenhang hineinkommen kann. Erfahrungen dieser Art brachten eine Erweiterung der bisherigen Auffassung mit sich, nach der es sich bei einer Halluzination um einen abgesonderten Bereich von Wahrnehmungsstörungen handeln sollte, der für eine Überlagerung der Welt der normalen Wahrnehmung und irgendwie für das Produkt eines von dieser Welt abweichenden Vorganges zu halten sei.

Die Untersuchung der bei uns eingegangenen Berichte von Erscheinungen erweiterte dann das Spektrum vollkommen halluzinatorischer Erfahrungen noch mehr. Wie wir bereits wußten, kann jemand bei einem falschen Erwachen »Erscheinungen« von Monstern oder Gestalten aller Art sehen, auch wenn faktisch das gesamte Gesichtsfeld schon halluzinatorisch bestimmt war. Nun brachte uns aber die Untersuchung der eingegangenen Fälle von Erscheinungen auf den Gedanken, viele Erscheinungserlebnisse, ja vielleicht alle, könnten in dem Sinne luziden Träumen und außerkörperlichen Erlebnissen analog sein, daß sie nämlich alle vollkommen halluzinatorischer Art wären. Wir haben daraufhin den

Vorschlag gemacht, zur Bezeichnung von Erfahrungen dieses Typus, bei denen also die sonst normal wahrgenommene Umwelt gänzlich durch eine halluzinatorische ersetzt wird, die gelegentlich sogar ein überzeugendes Abbild der normalen Wahrnehmungswelt bieten kann, das Adjektiv *metachorisch* zu verwenden.[2]

Erscheinungen lassen sich also als Halluzinationen charakterisieren, die (a) in die Außenwelt hinaus projiziert werden und (b) aus unrealistischen oder nicht-existenten Elementen bestehen, die den Anschein erwecken, mehr oder weniger in den übrigen Wahrnehmungsbereich voll integriert zu sein. Auf den ersten Blick könnte es nun so aussehen, als bestehe die letztgenannte Komponente, also die scheinbar wirklichkeitsgetreue Darstellung eines größeren oder kleineren Teils der materiellen Umwelt der betreffenden Person, aus normalen, auf Sinneseindrücken beruhenden Wahrnehmungen. Dies ist das Interpretationsmodell, das unter anderen auch von dem Philosophen C. D. Broad übernommen wurde. Für ihn stehen Träume und Erscheinungserlebnisse in Gegensatz zueinander. Über Träume schreibt er: »Der gesamte Kontext ist halluzinatorischer Art, auch wenn gewisse Einzelzüge letztlich durch spezifische, von innerhalb oder von außerhalb des Träumers stammende Sinnesreize hervorgerufen sein mögen.« Dies stellt er in Gegensatz zu der Situation des geistig und körperlich Gesunden, der auf einmal, während er hellwach ist, eine, wie er es nennt, »halluzinatorische *Quasi*-Wahrnehmung« hat. Hierbei sind, schreibt Broad, »die Hauptgestalt, sowie möglicherweise einige ihrer unmittelbaren Ausstattungsstücke, halluzinatorischer Art; der Hintergrund jedoch ist gewöhnlich der einer normalen, wachen Sinneswahrnehmung«.

Aus diesen Bemerkungen geht womöglich nicht ganz klar hervor, ob nun Broad lediglich die erfahrungsmäßigen Gegebenheiten der Situation beschreibt, nämlich daß einiges von dem, was die wahrnehmende Person sieht, ihrer materiellen Umgebung entspricht, anderes dagegen nicht, oder ob er einen qualitativen oder philosophischen Rangunterschied zwischen der erscheinenden Gestalt und dem umgebenden Hintergrund behaupten möchte. Aber eben diese Mehrdeutigkeit ist ja vielleicht ein Hinweis darauf, daß hier noch ein weites Feld ungeprüfter Vermutungen liegt, die alle mit der – wie wir es nennen könnten – konventionellen Sicht der Halluzinationen zusammenhängen, derzufolge nur die unrealistischen oder nicht-existenten Elemente halluzinatorisch sind, während die ganze übrige Umwelt unverändert normal wahrgenommen wird.

Diese konventionelle Sicht scheint auch von den Autoren einer der ersten, von Sidgwick und anderen 1894 veröffentlichten Arbeiten über Halluzinationen bei geistig Gesunden vertreten worden zu sein, als sie über Empfänger einer Halluzination schrieben:

Der Empfänger nimmt während des Halluzinationserlebnisses zugleich reale Objekte innerhalb seines Sichtbereichs ganz normal wahr, und der Halluzinationsinhalt wird mit diesen in Verbindung gebracht, so als stehe ihm ein fester Platz im Gesichtsfeld zu. Das Trugbild hat den Anschein, Seite an Seite mit realen Objekten zu stehen.

Im Gegensatz zu diesen Ansichten vertreten wir schon seit einiger Zeit die Auffassung, das gesamte Gesichtsfeld sei bei solchen Erlebnissen halluzinatorisch geprägt, und eben nicht nur die unrealistischen oder nicht-existenten Elemente.

Eine solche Interpretation ist in einem Fall wie dem folgenden aus unserer Sammlung eindeutig angezeigt. Er ist dem Typus eines »Wachtraums« zuzuordnen, bei dem die normale Wahrnehmungswelt der betreffenden Person zeitweise vollständig von einer halluzinatorischen Welt verdrängt wurde. Es handelt sich hier um das Erlebnis einer Neuseeländerin bei einem Besuch in England, wo sie in einer ehemaligen Abtei zu leben gedachte:

> Bei unserer Ankunft führte uns eine Empfangsdame durch die Eingangshalle und öffnete auf der gegenüberliegenden Seite eine Tür, die genau auf das Flußufer hinausging. Als wir dort in der Nachmittagssonne standen, wurde plötzlich alles schwarz, Regen schlug uns ins Gesicht, ein kleines Boot tauchte auf, mit sieben oder acht Gestalten in flatternden schwarzen Gewändern, die heranhasteten, um in das Gebäude zu gelangen – alles war erfüllt von einer großen *Angst*. Ich war sehr erstaunt, als ich kurz darauf merkte, daß ich noch immer in der Nachmittagssonne stand.

Auch für eine andere Art von Erscheinungserlebnissen ist ebenfalls die metachorische Interpretation eindeutig angezeigt, nämlich die Art, wo die Beleuchtung der gesamten Umgebung im Verlauf des Erlebnisses sich zu verändern scheint. Der folgende Bericht schildert einen solchen Fall:

> Am Sylvestertag des Jahres 1852 erwachte ich gegen 12.40 Uhr und sah mein Zimmer so strahlend erleuchtet, daß ich meinte, ich hätte vergessen, meine Kerze auszumachen, und irgend etwas hätte Feuer gefangen. Ich stand auf, schaute herum und entdeckte zu Füßen meines Bettes einen Sarg, der auf Stühlen stand, von denen jeder einen Silberleuchter mit einer langen brennenden Kerze trug; in dem Sarg lag die Gestalt meines Vaters. Ich streckte meine Hand aus und berührte ihn, da wurde es auf einmal vollkommen finster. Ich tastete nach meiner Streichholzschachtel, zündete eine Kerze an, blickte auf meine Uhr und schrieb mir die Uhrzeit auf. Am nächsten Morgen erzählte ich einem Freund davon, mit dem ich damals in Paris zusammen war, und am Morgen des 2. Ja-

nuar erhielten wir tatsächlich einen Brief aus Marseille mit der Mitteilung, daß mein Vater um 12.40 Uhr am Silvestertag plötzlich verstorben sei, und daß er kurz vor seinem Tod den dringenden Wunsch geäußert habe, sein jüngstes Kind (also mich) noch einmal zu sehen.

Ohne Zweifel ist in einem Fall wie diesem die gesamte Szene halluzinatorischer Art, bis dahin, wo der Raum »finster wurde«, selbst wenn die Darstellung des Raumes außer gewissen Elementen wie dem Sarg und den Kerzen realitätsgetreu gewesen sein mag. Mit anderen Worten: Der Betreffende kann den Raum durchaus, abgesehen von diesen hinzugefügten Elementen, so »gesehen« haben, wie er zu der Zeit war.

Es ist zu vermuten, daß viele, wenn nicht alle Erscheinungserlebnisse, ähnlich den beiden oben zitierten, dem metachorischen Typus zuzuordnen sind, selbst wenn es dem bzw. der Betreffenden so scheint, als bleibe seine/ihre visuelle Umgebung während der gesamten Dauer des Erlebnisses zu großen Teilen unverändert, und es ist kein überzeugender Anlaß zu erkennen, weshalb man diesen unveränderten Teilen, auch etwa hier der sich offensichtlich verändernden Helligkeit der Zimmerbeleuchtung, den halluzinatorischen Charakter absprechen sollte.

Doch wie ist die halluzinatorische Wahrnehmung eines Erscheinungsbildes in die anscheinend normalen Wahrnehmungen der es umgebenden Dinge integriert?

Falls die halluzinierende Person auch während ihrer Halluzination den größten Teil ihrer Umgebung weiter ganz normal wahrnimmt und lediglich einen Teil ihres Gesichtsfeldes halluziniert, etwa nur den Teil, den eine nicht wirklich vorhandene menschliche Gestalt einnimmt, dann würde dies ja wohl bedeuten, daß wir von zwei gleicherweise möglichen Arten von Halluzinationen ausgehen müßten, einer negativen und einer positiven. Und als Begründung dafür hätte zu gelten, daß viele halluzinatorische Erlebnisse normaler Personen statt transparenter Bilder eher undurchsichtige halluzinatorische Elemente enthalten. Wir haben beispielsweise herausgefunden, daß 91 Prozent unserer Versuchspersonen, die uns von Erscheinungserlebnissen berichteten, auf die Frage nach dem Grad an Transparenz des von ihnen Gesehenen die Erscheinung als so gänzlich undurchsichtig beschrieben wie irgendeinen normalen Gegenstand, durch den hindurch einfach gar nichts zu sehen ist, nicht jedoch als transparent, so daß sie hätten sehen können, was dahinter liegt. Für diese zahlreichen Fälle müßte also noch eigens erklärt werden, warum das halluzinatorische Element anscheinend den dahinter liegenden Teil der realen Umgebung »abriegelt«.

Eine Erklärungsmöglichkeit liegt nun in der Vermutung, die betreffende Person habe bezüglich des hinter der halluzinierten Gestalt liegenden Teiles ihrer Umgebung eine negative Halluzination. Horowitz scheint sich darauf zu beziehen, wenn er zur Definition von Halluzinationen schreibt: »Die ›ideale‹ Halluzination ist nach Esquirols (1838) strenger Definition[3] von einer unmittelbar von außen kommenden Information unabhängig außer in dem Falle, wo die von außen kommende Information ›negativ halluziniert‹ wird, um im Vorstellungsvermögen den (nach außen projizierten) Informationen inneren Ursprungs im Vorstellungsvermögen ›Raum‹ zu geben.«

Allerdings hat Horowitz offenbar nicht die Schwierigkeiten bemerkt, die dieses Interpretationsmodell mit sich bringt. Wir müßten nämlich in vielen Fällen zusätzlich annehmen, daß die negative Halluzination in Bewegung ist und ihre Struktur verändert, um sich ständig mit eben dem Teil des Gesichtsfeldes zu decken, den die positive Halluzination einnimmt. Sidgwick hat bereits bemerkt, daß die halluzinatorische Gestalt in mehr als der Hälfte ihrer visuellen Fälle in verschiedenen Arten von Bewegung gesehen worden ist.

Wir selbst haben herausgefunden, daß 66 Prozent unserer Versuchspersonen berichteten, die Erscheinung habe sich irgendwie in Beziehung auf das visuelle Umfeld bewegt.

Die mangelnde Bereitschaft, dieses Problem zur Kenntnis zu nehmen, mag wohl zu einem Teil daher rühren, daß die halluzinatorischen Erfahrungen Gesunder eher vernachlässigt wurden und alle Aufmerksamkeit sich auf die Halluzinationen Geisteskranker konzentrierte. Diese letzteren sind offensichtlich vor allem auditiver Art, jedenfalls in den Formen, die unter Ärzten am häufigsten Beachtung finden, und bei dieser auditiven Modalität tritt das Problem der Integration wohl wirklich weniger deutlich zutage. Die Tatsache, daß Halluzinationen bei geistigen Erkrankungen häufig in Zusammenhang mit anderen Symptomen, wie etwa Wahnideen, auftreten, mag auch dazu beigetragen haben, die Aufmerksamkeit von der Phänomenologie der Erlebnisse selbst abzulenken, auf alle Fälle aber sind dadurch die Untersuchungen hierzu im Vergleich zu den entsprechenden Bemühungen um die Halluzinationen Gesunder erschwert worden.

Der nach unserer Kenntnis einzige Autor, der das Problem, wie Halluzinationen in normale Wahrnehmungen integriert sind, untersucht, ist der Pionier der Elektroenzephalographie W. Grey Walter. Er illustriert das Problem anhand des folgenden Falles eines seiner epileptischen Patienten:

Ein anderer Patient, der während des Krieges mit einer Granatsplitterverletzung im hinteren Teil seines linken Schläfenlappens in unsere Klinik in Bristol überwiesen worden war, litt unter Anfällen, denen stets die Erscheinung eines häßlichen alten, in Lumpen gehüllten Weibes vorausging, das in der Küche herumlärmte, ... alles mit einem widerlichen Gestank erfüllte und anscheinend irgendein ungenießbares Gericht zubereiten wollte. Diese immer wiederkehrende Erscheinung, die ihn an die Hexe aus der Märchenwelt erinnerte, beunruhigte ihn zunächst sehr, aber da sie offenbar nichts Böses im Schilde führte, akzeptierte er sie schließlich wie einen vertrauten Freund und meinte, abgesehen von ihren Lumpen und dem Geruch erinnere sie ihn eigentlich an seine Großmutter.

Wie Walter unterstreicht, ist der betroffene Hirnbereich in einem Falle wie diesem offensichtlich imstande, drei Sinnesstörungen auf einmal zu entwickeln – Gesicht, Gehör und Geruch – und noch dazu den affektiven Bereich zu berühren. Er schreibt:

Die Schwierigkeit liegt in solchen Fällen darin, eine Erklärung dafür zu finden, wie die Hirnverletzung ein derart integriertes Illusionsgefüge zu produzieren vermag, in dem die neurogenen Komponenten, das Krokodil oder das alte Weib, derart genau auf den physischen Hintergrund projiziert werden, daß sie innerhalb der Struktur der äußeren Realität ihren Platz zugewiesen bekommen. Illusorische Gestalten dieser Art kommen häufig durch eine Eingangstür, sitzen auf einem Stuhl, benutzen ein Werkzeug und werden doch früher oder später als illusorisch oder nicht realistisch erkannt.

Der Notwendigkeit, zwei getrennte, aber doch simultane halluzinatorische Vorgänge, einen positiven und einen negativen, zu behaupten, die als Erklärung für gewisse Arten visueller Erlebnisse dienen sollen, können wir entgehen, sobald wir uns die metachorische Interpretation zu eigen machen. Erlebnisse, bei denen das halluzinatorische Element als in die reale Umwelt des Betreffenden integriert erscheint, stellen aus einer solchen Sicht kein besonderes Problem mehr dar, gleichgültig ob das halluzinatorische Element als undurchsichtig oder als transparent erscheint. Ist die gesamte Szenerie halluzinatorischen Charakters, dann entfällt die ganze Suche nach Begründungen dafür, warum das eine unrealistische Element, also die Erscheinungsgestalt oder der Erscheinungsgegenstand, unbedingt nicht undurchsichtig sein dürfe, sondern transparent zu sein habe. Wie relativ »einfach« es ist, das gesamte Gesichtsfeld zu halluzinieren und zwar so, daß der Betreffende davon überzeugt ist, seine tatsächliche Umwelt zu sehen, zeigt sich bei Erfahrungen wie dem falschen Erwachen und den außerkörperlichen Erlebnissen.

Ist unser Modell erscheinungsartiger Erlebnisse zutreffend, dann gibt es mindestens vier Typen metachorischer Erfahrungen: luzide Träume, falsches Erwachen, außerkörperliche und Erscheinungserlebnisse.

Insgesamt gesehen sind wir tatsächlich der Überzeugung, daß mit der metachorischen Interpretation das von Grey Walter aufgeworfene Problem gelöst ist, wie nämlich rein halluzinatorische Wahrnehmungen sich in Wahrnehmungen einfügen, die von einer äußeren Eingabe herrühren. Wenn wir das gesamte Gesichtsfeld als halluzinatorisch betrachten, so beispielsweise während der den epileptischen Anfällen bei Grey Walters Patienten vorhergehenden Aura, dann kommt das Problem der Integration überhaupt nicht erst auf.

Das metachorische Modell von Halluzinationen im Wachen deutet darauf hin, daß diese in einer engeren Beziehung zu luziden Träumen stehen als es sonst den Anschein haben möchte. So ist bei diesen beiden Erlebnisarten die erlebende Person von einer vollständig halluzinatorischen Umwelt umgeben, und der Unterschied besteht dann nur noch darin, daß dies bei luziden Träumen im Schlafe einsetzt, bei einem Erscheinungserlebnis dagegen im Wachzustand.

Die Frage der Einsicht

Man könnte meinen, ein weiterer Unterschied zwischen einem luziden Traum und einem Erscheinungserlebnis bestehe darin, daß der luzide Träumer bzw. die luzide Träumerin, schon von der Definition her, vom halluzinatorischen Charakter seines bzw. ihres Erlebens weiß, nicht jedoch der, der im Wachen einsetzende Halluzinationen erfährt. Unsere Untersuchungen der von offensichtlich normalen Personen berichteten Halluzinationen haben jedoch gezeigt, daß auch sie nicht notwendigerweise auf die Einsicht in den halluzinatorischen Charakter ihres Erlebens verzichten müssen. (Wir sind dieser Frage in Kapitel fünf bereits bis zu einem gewissen Grade nachgegangen.) Allerdings waren die Angaben der Betreffenden über den Zeitpunkt ihrer Einsicht während des halluzinatorischen Erlebnisses außerordentlich unterschiedlich. Die folgende Tabelle zeigt die Ergebnisse aus einer Umfrage unter 850 freiwilligen Versuchspersonen. Die Befragten waren gebeten worden, eine aus vier Alternativen auszuwählen, um den Zeitpunkt zu bezeichnen, an dem ihnen die Einsicht in den Erscheinungscharakter ihres Erlebnisses gekommen war.

Dabei war zu erkennen, daß nahezu die Hälfte der Versuchspersonen unmittelbar feststellten, daß es sich bei dem, was sie da wahrnahmen, nicht um einen wirklichen Gegenstand oder eine wirkliche Person handelte.

Tabelle 6.1: Zeitpunkt der Einsicht bei Erscheinungserlebnissen

Zeitpunkt der Einsicht	Befragte in Prozent
Unmittelbar zu Beginn der Erscheinungswahrnehmung	46
Nicht unmittelbar zu Beginn, aber noch vor dem Ende der Wahrnehmung	18
Zugleich mit dem Ende	5
Erst nach ihrem Ende	31

Ein interessantes Beispiel für eine offensichtlich vollständige Einsicht während einer im Wachen begonnenen Halluzination bietet der Bericht des Philosophen H. H. Price über ein Erlebnis in Zusammenhang mit Meskalineinfluß:

Genau genommen war dies eine Teilhalluzination, da sie lediglich einen Teil des Gesichtsfeldes betraf, während der Rest völlig normal blieb. Sie ereignete sich spät am Tage, während der Dämmerung. Ich saß auf einem Stuhl und schaute auf einen Divan. Die darüber gebreitete Decke hatte ein klar gezeichnetes Muster, mit starken Kontrasten zwischen den helleren und den dunkleren Teilen. Ganz plötzlich schien sich die Bettdecke in einen Haufen sehr großer Blätter zu verwandeln. Es waren seltsame Blätter, der Form nach wie von einer Stechpalme, aber viel viel größer, vielleicht dreimal so groß ... Die Form der Blätter war sehr klar und naturgetreu. Der ganze Laubhaufen und jedes einzelne Blatt darin war ganz deutlich dreidimensional, greifbarer und plastischer hätte kein realer Laubhaufen aussehen können. Anders als die gelegentlichen kleineren Halluzinationen, wie sie vermutlich die meisten von uns irgendwann schon einmal erlebt haben, war diese nicht kurz und flüchtig. Sie ging nicht so schnell vorbei, daß man kaum Zeit gehabt hätte, wirklich Notiz von ihr zu nehmen. Im Gegenteil, diese Halluzination dauerte durchaus eine ganze Zeit lang, vielleicht zwei oder drei Minuten, ohne irgendeine merkliche Veränderung. Ich hatte reichlich Muße, sie zu betrachten und zu genießen. Entgegen der Meinung einiger Wissenschaftler war mein Urteilsvermögen nicht im mindesten verwirrt. Ich nahm keinen Augenblick lang an, die Blätter seien wirklich da, obschon sie so realitätsgetreu *aussahen* wie nur möglich. Ich war mir die ganze Zeit hindurch völlig bewußt, daß dies Erlebnis halluzinatorischer Art war, gerade deswegen machte es mir ja solch große Freude.

Deutlich ist hier, wie der Erlebende dessen gewahr wird, daß es sich bei den Blättern, die er zu sehen scheint, nicht wirklich um natürliche Blätter handelt, und wie er luzide genug ist, das gesamte Erlebnis der durch Einwirkung der Droge hervorgerufenen abnormen Funktionsweise seines Gehirns zuzuschreiben.

Im Gegensatz zum Berichterstatter wollen wir nicht von einer ›Teilhalluzination‹ sprechen. Wie bereits erwähnt, bringt das Konzept einer Halluzination, die lediglich einen Teil des Gesichtsfeldes einnimmt, während der Rest durch normale Wahrnehmung aufgenommen wird, beachtliche theoretische Schwierigkeiten mit sich. Wir wollen daher die metachorische Interpretation auch in einem Fall wie diesem in Betracht ziehen, wo der Erlebende von sich selber glaubt, den größten Teil seiner Umgebung normal wahrzunehmen. Nehmen wir daher an, daß Professor Price die gesamte Szene und nicht nur die Blätter auf der Bettdecke halluziniert hat, auch wenn diese Szene zum größten Teil so eng, oder doch jedenfalls so eng wie er meinte, seiner damaligen realen Umgebung entsprach.

Trifft diese Interpretation des Erlebnisses zu, dann scheint es doch wohl einem im Schlaf begonnenen luziden Traum ähnlicher zu sein, als es sonst der Fall gewesen wäre. Der Erlebende unterzieht seine vollkommen halluzinatorische Umgebung einer unvoreingenommenen, aber interessierten Prüfung, ganz ähnlich der, die häufig von luziden Träumern angewandt wird.

Schlußfolgerung

Wir kommen damit zu der wohl ein wenig überraschenden Schlußfolgerung, daß die Menschen im allgemeinen wesentlich empfänglicher für ein vollkommen halluzinatorisches Wahrnehmungserlebnis sind, als man bisher annehmen wollte. Auch wenn solche Erlebnisse, oder doch einige Arten von ihnen, vor allem bei Menschen mit bestimmten Persönlichkeitsmerkmalen vorkommen mögen, scheint doch deutlich zu sein – zumal sie bei Geisteskranken ebenso wie bei Gesunden auftreten können –, daß sie sich bei einem sehr wesentlichen Teil aller Schichten der als normal geltenden Bevölkerung tatsächlich bereits ereignen oder doch entwickelt werden könnten, das heißt bei Menschen, die ein durchaus normales Leben führen, ohne irgendwelche besonderen Auffälligkeiten psychiatrischer Art.

In den folgenden Kapiteln werden wir noch eingehender zwei der von uns bereits erwähnten Arten metachorischer Erfahrungen behandeln – das falsche Erwachen und die außerkörperlichen Erlebnisse – sowie deren Beziehungen zu luziden Träumen. Dabei werden wir feststellen, wie diese Phänomene den von luziden Träumern selbst vorgetragenen Eindruck bestätigen, daß halluzinatorische Erlebnisse bei normalen Personen imstande sind, sowohl einen hohen Grad an realistischer Wahrnehmung als auch ein überraschend hohes Maß an Rationalität zu entfalten.

Kapitel 7

Falsches Erwachen und außerkörperliche Erlebnisse

Wiederholtes falsches Erwachen

Das falsche Erwachen ist ein Typus metachorischer oder halluzinatorischer Erfahrungen, der auch bei Personen auftreten kann, die noch keine luziden Träume gehabt haben, für den allerdings einer, der häufiger luzide Träume erlebt, in besonderer Weise empfänglich zu sein scheint. Das falsche Erwachen kann eine ganze Reihe unterschiedlicher Formen annehmen, in jedem Falle handelt es sich jedoch darum, daß der Betreffende meint, erwacht zu sein, während er doch tatsächlich noch weiter schläft. Einem Träumenden kann es etwa so vorkommen, als wache er wirklich in seinem Schlafzimmer auf und fände seine ihm vertraute Umgebung in allen Einzelheiten vor; und wenn er dann nicht bemerkt, daß er träumt, kann sich durchaus noch eine mehr oder weniger überzeugende Darstellung des Tagesbeginns anschließen, mit Anziehen, Frühstücken und Zur-Arbeit-Gehen. Der wesentliche Unterschied zwischen einem falschen Erwachen und einem luziden Traum liegt also darin, daß bei einem falschen Erwachen der bzw. die Betreffende keine Einsicht in seinen bzw. ihren Zustand erlangt. In manch anderer Hinsicht kann ein falsches Erwachen luziden Träumen auch recht ähnlich sein, z. B. die Wahrnehmung von solch hoher Qualität, daß sie wie ein völlig realitätsgetreues Abbild der Wahrnehmung im Wachzustand erscheint.

Eine der dramatischsten Formen des falschen Erwachens ist

die, bei der die betreffende Person wiederholt zu erwachen scheint, ohne daß dies jedoch wirklich geschieht. Einige Versuchspersonen berichten, sie seien mehrmals nacheinander in ihrem Schlafzimmer aufgewacht, hätten sich jedesmal scheinbar auf den Weg zur Arbeit gemacht und ihren normalen Tagesablauf begonnen, bis sie, durch irgendeine Unstimmigkeit im Trauminhalt aufgeschreckt, wirklich wach geworden seien, sich immer noch in ihrem Schlafzimmer vorgefunden und endlich gemerkt hätten: »Das alles war ein Traum!« Der folgende Bericht des französischen Psychologen Yves Delage ist ein Beispiel für eine solche Art von Erlebnis:

Ich befand mich im Roscoff-Forschungslabor, als dies geschah. Eines Nachts weckte mich dort ein nachdrückliches Klopfen an meiner Zimmertür. Ich stand auf und fragte: ›Wer ist da?‹ ›Monsieur‹, antwortete Marty's (des Hausmeisters) Stimme, ›es ist Madame H. ...‹ (die damals wirklich in dieser Stadt lebte und zu meinen Bekannten gehörte), ›sie bittet Sie, jetzt gleich zu ihr zu kommen, um nach Mademoiselle P. ...‹ (die wirklich in Madame H's Haus lebte und mir ebenfalls bekannt war) zu sehen, die plötzlich krank geworden ist.‹
›Lassen Sie mich nur eben etwas anziehen‹, sagte ich, ›dann komme ich sofort.‹ Ich zog mich in aller Eile an, doch bevor ich aufbrach, ging ich noch in meine Garderobe und wischte mir mit einem feuchten Schwamm durchs Gesicht. Das kalte Wasser weckte mich auf, und ich merkte, daß ich all die vorhergehenden Ereignisse geträumt hatte, daß niemand gekommen war, nach mir zu fragen. Also legte ich mich wieder schlafen. Wenig später jedoch ertönte wieder dieses Klopfen an meiner Tür. ›Was ist, Monsieur, kommen Sie denn nicht?‹
›Du meine Güte! Dann ist das also wirklich wahr, ich dachte, ich hätte es geträumt.‹

›Ganz und gar nicht. Beeilen Sie sich. Alle warten auf Sie.‹

›In Ordnung, ich werde mich sputen.‹ Wieder zog ich mich an, wieder wischte ich mir in meiner Garderobe mit kaltem Wasser durchs Gesicht, wieder weckte mich das kalte Wasser auf und ließ mich begreifen, daß ich von einer Wiederholung meines Traumes irregeführt worden war. Ich ging ins Bett zurück und schlief wieder ein.

Die gleiche Szene kam, nahezu identisch, noch zweimal vor. Am Morgen, als ich dann wirklich aufwachte, konnte ich an dem vollen Wasserkrug, der leeren Waschschüssel und dem trockenen Schwamm erkennen, daß all das wirklich ein Traum gewesen war: nicht nur das Klopfen an meiner Tür und die Gespräche mit dem Hausmeister, sondern auch, daß ich mich angezogen hatte, in meiner Garderobe gewesen war, mir das Gesicht gewaschen hatte, gemeint hatte, nach dem Traum aufgewacht und wieder zu Bett gegangen zu sein. Diese ganze Abfolge von Handlungen, Überlegungen und Gedanken waren nichts als ein viermal nacheinander wiederholter Traum gewesen, ohne Unterbrechung meines Schlafes und ohne daß ich aus dem Bett geholt worden wäre.

Der Philosoph Bertrand Russell berichtet sogar, er sei nach einer Anästhesie Hunderte von Malen nacheinander scheinbar aufgewacht.

Realistisches und Unrealistisches bei falschem Erwachen

Das eben zitierte Delage-Beispiel kann als Illustration dafür gelten, daß falsches Erwachen, so wie auch prä-luzide Träume, eine größere Ähnlichkeit mit luziden als mit nicht-luziden Träumen aufweisen. So zeigt sich beispielsweise die Umgebung häufig in äußerster Realitätstreue, und der Träumer in einem deutlich vernunftbestimmten Geisteszustand. Andererseits jedoch fehlt bei einem falschen Erwachen eindeutig das entscheidende Merkmal der Luzidität – daß man sich also der Eigenart des Erlebnisses bewußt wird. Dieses Defizit mag damit zusammenhängen, daß in diesem Zustand ein allgegenwärtiger Mangel an Kritikfähigkeit zu beobachten ist. Zum Beispiel verhalten sich viele bei einem falschen Erwachen oftmals merkwürdig naiv angesichts von Beobachtungen, die eigentlich nur den Schluß zulassen, daß es sich um Vorgänge im Traum handelt. So ist es für jemand in einem prä-luziden oder luziden Traumzustand durchaus nicht ungewöhnlich, plötzlich, wie es bei Delage der Fall war, zu der Überzeugung zu kommen, er sei jetzt wach, obgleich er eben gerade noch geträumt hatte. Anders gesagt: Ein luzider Träumer wandert etwa in seinem Traum in einer fremdartigen Umgebung herum, und dann geschieht auf einmal etwas, das ihn glauben macht, er sei ›wach geworden‹, obgleich doch das, was wirklich geschieht, darin besteht, daß er in derselben Umgebung eine weitere Folge von Traumerlebnissen haben wird, nur daß diese jetzt nicht-luzid sein werden. Ein Beispiel hierfür ist in dem oben auf S. 89 zitierten Bericht unserer Versuchsperson C zu finden.

Das hier beschriebene falsche Erwachen des französischen Psychologen Delage wiederum war in dem Sinne unrealistisch, daß er nicht in dem Schlafzimmer, in dem er zu der Zeit schlief, zu erwachen schien, sondern an dem Ort (seiner alten Forschungsstätte), an dem der vorhergegangene luzide Traum eingesetzt hatte. Zudem meinte er nach dem Aufwachen, das auf das falsche Erwachen folgende Erlebnis sei, phänomenologisch ununterscheidbar, ein gewöhnlicher Traum gewesen. Es ist doch merkwürdig, daß ihm in dieser Situation nicht aufgefallen war, daß er beim Auf-

wachen in seinem Bett nicht das übliche Übergangssta-
dium von dem, was er rückblickend für einen Traum hielt,
zu seinem nun eingetretenen mutmaßlich wachen Zustand
durchlebt hatte.

Ein falsches Erwachen kann als realistisch oder unrealistisch eingestuft werden, nicht nur im Blick darauf, ob eine
einleuchtende Schilderung des scheinbaren »Aufwachens«
in der Traumerzählung vorkommt, sondern auch, ob der Betreffende sich zu Beginn des falschen Erwachens in seinem
eigenen Schlafzimmer (oder wo auch immer er zu der Zeit
zu schlafen pflegt) vorzufinden meint. In dem folgenden,
von Moers-Meßmer aufgezeichneten Fall durchlebt der Betreffende zu Beginn einen offensichtlich realistischen Prozeß des »Aufwachens«, findet sich aber dann in einem
Raum vor, bei dem es sich nicht um den von ihm damals
bewohnten handeln kann (obwohl ihm das zu der Zeit nicht
auffällt):

Ich erwache im Bett und sehe mich um: Es ist schon hell,
ich befinde mich in einem Zimmer, in dem ich vor 20
Jahren als Kind war, aber das kommt mir gar nicht zum
Bewußtsein. Etwas anderes fällt mir dafür auf: Ich höre
Stimmen und Geräusche, die aus den verschiedensten
Richtungen zu kommen scheinen. Ich denke, daß dies
wohl noch eine Nachwirkung des Schlafes sein müßte
und daß ich jetzt eine gute Gelegenheit hätte, die Stimmen gleich wörtlich aufzuschreiben. Auf einmal halte ich
einen Bleistift in der Hand und sehe auf dem Bett vor mir
einen Notizblock liegen. Dies macht mich stutzig. Ich
denke: Wenn ich den Bleistift nicht in die Hand genommen habe, dann hat er auch nicht da zu sein, und wenn er
doch da ist, muß bei mir etwas nicht stimmen. Das Nahe-
liegendste wäre, es für einen Traum zu halten, wenn ich
eben nicht aufgewacht wäre. Auf einmal sind Bleistift und
Notizblock wieder verschwunden. *So, denke ich, jetzt*

bin ich erst richtig wach. Nur die Stimmen, die ich höre, machen mir noch Sorge. Mir fällt nämlich ein, daß Halluzinationen im Wachzustand ein sicheres Kennzeichen für eine Geistesstörung sind. Ich stehe auf und fange an zu suchen. Wie ich die Tür des Nachttisches öffne, sehe ich darin die Einzelteile eines Radioapparates aufgebaut: Röhren, Transformatoren und Spulen, außerdem einen Lautsprecher mit Konusmembran sowie einen Akkumulator. Die Röhren brennen hell, außerdem befindet sich mitten im Lautsprechertrichter eine kleine leuchtende Glühbirne. Ich ziehe einen Kontakt aus dem Akkumulator, worauf die Röhren erlöschen, während die Glühbirne weiterbrennt. Im selben Augenblick sind auch die Stimmen und Geräusche verschwunden. Doch gleich darauf geht es wieder los, erst leise, dann immer lauter werdend, dazu ertönt Musik. Jetzt gebe ich den Kampf auf und denke: Hoffentlich merkt wenigstens niemand, daß ich geisteskrank bin – und träume weiter.

Diese beiden als unrealistisch zu bezeichnenden Arten – die eine aufgrund des Fehlens eines nachvollziehbaren »Aufwach«-Vorganges, die andere in bezug auf die Umgebung, in die hinein der Betreffende zu erwachen meint – treten nicht notwendigerweise in jedem Falle zusammen auf, wie etwa bei dem zuvor zitierten Fall Delage deutlich wird. Delage findet sich ja einerseits jedesmal in seinem richtigen Schlafzimmer vor, andererseits hat er offenbar in keiner Phase irgendeinen realistischen »Aufwach«-Vorgang durchlebt; er »erwacht« vielmehr jedesmal an seinem Waschtisch und beschließt dann »wieder ins Bett zu gehen«, ohne daß ihm offenbar auffiele, wie wenig einleuchtend es ist, nach einer Episode scheinbar wacher Bewußtheit – nicht etwa eines unbewußten Schlafwandelns – ausgerechnet immer am Waschtisch aufzuwachen.

Falsches Erwachen Typ 2

Eine besonders eindrucksvolle Art realistischen falschen Erwachens ist in Celia Greens Buch *Lucid Dreams* als das falsche Erwachen »Typ 2« beschrieben worden. Bei einem derartigen Erlebnis scheint der bzw. die Betreffende ganz normal in seinem bzw. ihrem Bett zu erwachen, aber die Atmosphäre wirkt gestreßt, elektrifiziert oder spannungsgeladen, und er bzw. sie hat ein Empfinden wie von einer bösen Vorahnung oder einer undeutlichen Erwartung. Bei einem falschen Erwachen dieser Art können unheilvolle und furchterregende Geräusche gehört und »Erscheinungen« gesehen werden, seltsame Gestalten, ohne erkennbaren Zusammenhang mit den Gegebenheiten des jeweiligen Schlafzimmers oder der sonstigen Schlafstelle.

Das falsche Erwachen Typ 2 ist wegen der damit verbundenen unangenehmen Empfindungen eine der insgesamt am wenigsten erfreulichen Arten metachorischer Erfahrungen. In dem folgenden, von unserer Versuchsperson E berichteten Erlebnis werden sogar Erscheinungen von Monstern wahrgenommen.

Ich erwachte und merkte, daß das Radio neben meinem Bett immer noch an war. Jemand kam die Treppe hinunter durch die Tür. Ich stellte die Musik leiser. Merkwürdig, dachte ich, daß das Radio um diese Zeit überhaupt noch an ist – wieviel Uhr ist es denn eigentlich? Ich richtete mich aus dem Bett auf, um auf die Uhr zu schauen (etwa zwei Meter entfernt), da überkam mich plötzlich ein schauriges Gefühl. Ich zögerte, da aber alles vollkommen normal aussah, bewegte ich mich weiter, gegen eine zunehmende Spannung in der Atmosphäre an, und nahm mir die Uhr – da veränderte sie sich plötzlich in meinen Händen! Hastig legte ich sie weg. Das schwarze Zifferblatt war weiß geworden, und die Zeiger bewegten sich auf die Neun und Zehn zu. Da merkte ich, daß dies ein falsches Erwachen war. Ich hielt einen Augenblick inne, um zu überlegen, was diese Stellung der Uhrzeiger wohl zu bedeuten habe (wußte ich doch, daß dies nicht die wirkliche Tageszeit sein konnte), und kroch dazu noch einmal unter meine Decke. Monster lasteten auf mir, ich rief um Hilfe, konnte aber nicht aufwachen – bis ich die Monster zu packen bekam, mit ihnen kämpfte und sie zu Boden schleuderte.

Es ist interessant, gerade im Blick auf unsere im vorigen Kapitel vorgetragene Darstellung der engen Beziehungen zwischen all den verschiedenen Arten halluzinatorischer Erlebnisse, daß einige Versuchspersonen versichert haben, wenn man sich in einem solchen Zustand falschen Erwachens befinde und dazu käme, dies als solches zu erkennen, dann könne es einem gelingen, in eine besonders interessante Art eines luziden Traumes oder eines außerkörperlichen Erlebnisses einzutreten. So erklärte beispielsweise Oliver Fox, wenn man sich einmal in diesem Zustand befände, dann brauche man nur mit dem festen Vorsatz aus dem Bett aufzustehen, in ein außerkörperliches Erlebnis hineinzukommen und schon würde man imstande sein, auf den eigenen Körper zurückzublicken, wie er hinter einem im Bett liegt. Eine solche Assoziation von falschem Erwachen mit außerkörperlichen Erlebnissen und Phänomenen, die Erscheinungen im Wachzustand vergleichbar sind, ist ein weiteres Anzeichen für die engen Beziehungen zwischen all diesen Erlebnisarten.

Lassen wir nun Oliver Fox von einem seiner Erlebnisse berichten, das zweifellos dem falschen Erwachen Typ 2 zuzuordnen ist:

Ich trat aus Träumen heraus, an die ich mich nicht mehr erinnere, und dachte, ich sei wach. Es war noch immer

Nacht, mein Zimmer lag in tiefem Dunkel. Aber obwohl ich meinte, wach zu sein, verspürte ich doch merkwürdigerweise keine Neigung, mich zu bewegen. Die Atmosphäre schien irgendwie geladen, ›überlastet‹ zu sein. Ich hatte das Empfinden, unsichtbare, unfaßbare Kräfte seien am Werk und verursachten dieses Gefühl einer atmosphärischen Spannung. Ich beschloß abzuwarten. Bestimmt würde gleich irgend etwas geschehen. Auf einmal war das Zimmer in ein fahles Licht getaucht. Ein sanfter grünlicher Glanz wie von etwas Phosphoreszierendem kam aus einer japanischen Glasvitrine neben meinem Bett. Von dort aus verbreitete er sich langsam und gleichmäßig, wie ein leuchtendes Gas – ein kaltes, gespenstisches Licht von gleichbleibender Helligkeit. Eine Zeitlang stand ich bewegungslos und beobachtete. Ich spürte keine Angst, war vielmehr von neugierigem Staunen erfüllt. Schließlich unternahm ich aber doch, aus dem Wunsch heraus, die Quelle dieses geheimnisvollen Lichtes näher zu betrachten, eine Anstrengung zur Überwindung meiner merkwürdigen Abneigung, mich zu bewegen. In dem Augenblick verschwand das Licht, und alles war wieder so wie gewohnt. Jetzt war ich wirklich aufgewacht, den Kopf schon halb aus den Kissen heraus.

Interessant ist hier, wie Fox zu Beginn seines Erlebnisses »merkwürdigerweise keine Neigung verspürte, sich zu bewegen«, und wie er dessen Ende darauf zurückführt, daß er diese Abneigung schließlich überwunden habe. Es könnte ja sein, daß er, hätte er sich schon früher zu bewegen versucht, dazu gar nicht imstande gewesen wäre, wird doch gelegentlich in Zusammenhang mit dem falschen Erwachen Typ 2 von Lähmungserscheinungen berichtet (s. zum Beispiel hierzu die unten auf S. 151 zitierten Beobachtungen unserer Versuchsperson E). Wir werden die Bedeutung dieses Befundes im folgenden Kapitel acht eingehend behandeln, in

Verbindung mit einer möglichen Beziehung zwischen dem falschen Erwachen Typ 2 und dem, was die Kliniker »Schlaflähmung« nennen, dem Zustand also, in dem man aufzuwachen meint, aber außerstande ist, sich zu bewegen, wobei zudem auch Halluzinationen auftreten können. So ist es beispielsweise denkbar, die Monster, die unsere Versuchsperson E in dem vorletzten Fallbeispiel auf sich »lasten« spürte, auch mit einer Verminderung der Muskelspannkraft in Verbindung zu bringen und sozusagen als symbolische Darstellung akuter Atemprobleme anzusehen. Chodoff schildert in seiner Beschreibung eines Falles von Schlaflähmung bei einem neunzehnjährigen Stabsfeldwebel der US-Armee, wie der junge Mann, als er zu erwachen meinte, »die lebhafte Halluzination erlebte, ein Freund sitze ihm auf der Brust«. Chodoff vermutet, diese Halluzination sei von einer Atemschwierigkeit des Betroffenen ausgelöst und das »daher rührende Druckempfinden im Brustbereich so mißgedeutet worden, als säße ihm jemand auf der Brust«.

Außerkörperliche Erlebnisse

Wenden wir uns einem Erlebnistypus zu, der mit dem luziden Traum in enger Beziehung steht: den außerkörperlichen Erlebnissen. In diesem Buch verwenden wir neben der Bezeichnung »außerkörperlich« gelegentlich auch den von Celia Green eingeführten Begriff »eksomatisch«. Beide Bezeichnungen sind rein deskriptiv gemeint, also ohne daß damit schon die theoretische Interpretation solcher Erlebnisse ausgesagt sein sollte.
Eksomatische Erlebnisse konfrontieren uns mit einer Anomalie, die in gewisser Weise der mit luziden Träumen zusammenhängenden ähnelt, insofern als diese beiden Er-

lebnistypen allem Anschein nach einen recht konstanten Bestandteil menschlicher Erfahrung überhaupt darstellen, einem wesentlichen Teil der Bevölkerung zugänglich sind, und dies wahrscheinlich schon seit Beginn der Geschichtsschreibung. Dessenungeachtet und trotz ihrer auffallenden und paradoxen Eigenart ist ihnen bis vor kurzem keine Anerkennung als klar identifizierbare Phänomene zuteil geworden.

Die typischste Art eines außerkörperlichen Erlebnisses ist die, bei der die betroffene Person scheinbar ihren Standort ändert, so daß sie ihre Umgebung, ja sogar ihren eigenen physischen Körper von außen her zu sehen meint. Außerkörperliche Erlebnisse als Phänomene eigener Art waren bis zu unserem ersten öffentlichen Aufruf nach Fallberichten im Jahre 1966 womöglich immer noch ein wenig mehr anerkannt gewesen als luzide Träume. Diese Anerkennung war damals allerdings auf sehr spezielle Gruppen beschränkt, auf solche nämlich, die irgendwelche spiritualen oder okkulten Glaubensüberzeugungen vertraten und denen die Berichte über außerkörperliche Erlebnisse als Bestätigung ihrer Vorstellungen von einem »Astralleib« oder Ähnlichem dienten. Dies hatte zur Folge, daß alle, die nicht dem sehr engen Kreis der an den Astralleib Glaubenden angehörten, die Erzählungen über solche außerkörperlichen Erlebnisse für Produkte phantastischer Einbildungen, wenn nicht geradezu für freie Erfindungen hielten und sich kaum dafür interessierten, wenn sie überhaupt davon Kenntnis nahmen.

Seit unserem ersten Aufruf ist dann allerdings nach und nach deutlich geworden, daß der Tatbestand sich nun doch erheblich von dem unterscheidet, was bisher allgemein vermutet worden war. Außerkörperliche Erlebnisse kommen in allen Bevölkerungsschichten vor, auch bei Menschen, die offensichtlich nicht dazu neigen, sich für außergewöhnliche Erfahrungen oder für Lehren spiritualer und spiritistischer

Provenienz zu erwärmen. Auch wenn es eine bestimmte Art außerkörperlicher Erlebnisse gibt, die durch Streßsituationen ausgelöst zu werden scheinen, so zum Beispiel bei Lebensgefahr, tritt doch eine große Anzahl solcher Erlebnisse auch dann auf, wenn kein erkennbarer prädisponierender Faktor vorhanden ist.

In einem Aspekt allerdings unterscheiden sich außerkörperliche Erlebnisse von luziden Träumen, nämlich in dem, daß sie allem Anschein nach für Trainings- oder Entwicklungsverfahren nicht sehr geeignet sind – ein Aspekt übrigens, der vielleicht auch ihre Vernachlässigung ein wenig begreiflicher erscheinen läßt. Es sieht so aus, als besitze eine kleine Minderheit von Personen die Möglichkeit, häufig solche Erlebnisse zu haben, bis zu einem gewissen Grade sogar aus eigener Willenskraft. Weitaus häufiger geschieht es jedoch, daß jemand einmal, vielleicht auch zweimal in seinem Leben eines dieser erstaunlichen Erlebnisse hat. Und auch wenn jemand geradezu begierig auf weitere Erlebnisse dieser Art wird, hat er doch kaum irgendwelche Mittel, um ihre Wiederholung zu beeinflussen.

Wir wollen nun die typischsten Arten eksomatischer Erlebnisse und luzider Träume sowie die Beziehungen zwischen beiden besprechen. Zwar gibt es auch, wie wir noch sehen werden, dazwischenliegende Erlebnisse, die sowohl zur einen als auch anderen Seite hin eingeordnet werden könnten, die typischsten Erlebnisse jeder Kategorie sind jedoch so klar voneinander unterschieden, daß keine Gefahr besteht, sie miteinander zu verwechseln.

In den vorigen Kapiteln haben wir bereits eine Reihe charakteristischer Beispiele luzider Träume angeführt und dabei festgestellt, daß es sich bei einem luziden Traum um ein Erlebnis handelt, das im Schlaf eintritt und bei dem der bzw. die Träumende sich in einer Umgebung vorfindet, die einen völlig realistischen Eindruck machen kann, die er bzw. sie jedoch kaum mit seiner/ihrer wirklichen Umgebung verwechseln wird, da der typische luzide Traum nicht wie eine Fortführung des im Wachen Erlebten erscheint und ihm/ihr keine Ansicht des Raumes vermittelt, in dem er bzw. sie gerade schläft.

Das typische außerkörperliche Erlebnis dagegen beginnt im Wachen, und der bzw. die Betroffene hat in der Regel den Eindruck, die dabei wahrgenommene Umgebung sei mit seiner/ihrer tatsächlichen Umgebung identisch. Eben diese Eigenart dürfte wahrscheinlich mit dazu beigetragen haben, daß solche Erlebnisse spiritual oder spiritistisch interpretiert wurden.

Der spiritistischen Lehre vom »Astralleib« zufolge wohnt dem normalen physischen Körper ein damit identischer, jedoch spiritueller Körper inne, der die gleiche Wahrnehmungsfähigkeit wie der physische Körper besitzt, so daß er, wenn er sich aus diesem herausbegibt, dieselbe Umgebung wahrnimmt wie dieser, allerdings nun von einem anderen Gesichtspunkt aus.

Ein weiterer Unterschied zwischen dem typischen außerkörperlichen Erlebnis und dem typischen luziden Traum besteht darin, daß diejenigen, die ein außerkörperliches Erlebnis haben, oftmals kein halluzinatorisches »Körper-Bild« wahrnehmen. Wohl mögen sie in ein spezifisches Gebiet der wahrgenommenen Umgebung eingebunden sein, so daß sie ihre physischen Körper von einem dadurch bestimmten Gesichtspunkt aus zu sehen meinen, aber es kommt ihnen nicht notwendigerweise so vor, als besäßen sie sozusagen eine dem Original ähnliche doppelte Ausfertigung ihres Körpers. Während der luzide Träumer fast durchgängig einen ganz normalen menschlichen Körper zu haben meint, den er auch zumeist als mit seinem jetzigen Körper äußerlich identisch zu akzeptieren vermag, wird einer, der ein außerkörperliches Erlebnis hat, gelegentlich auch meinen, einen solchen Körper zu haben, er kann sich aber ebenso als eine ungeformte Wolke oder Trübung erfahren oder einfach nur als einen Punkt, von dem aus sein scheinbar offenes Auge blickt.

Der folgende Fallbericht illustriert eine dieser möglichen Varianten. Hier sieht die Erlebende ihren normalen Körper auf dem Bett »zurückgelassen«, meint aber nicht, eine »Zweitausfertigung« ihres Körpers zu besitzen, obwohl nicht recht klar wird, ob sie auch dann keinen zweiten Körper gesehen hätte, wenn sie »hinunter« statt in einen Spiegel geblickt haben würde.

Ich ging in mein Zimmer und legte mich aufs Bett ...
Nach einer Weile begann mein ganzer Körper sich sehr schwer zu fühlen und ins Bett hinein zu sinken. Ich versuchte aufzustehen, konnte aber nicht. Dann merkte ich, daß ich vor dem Spiegel meiner Frisierkommode stand. Ich blickte hinein, aber mein Spiegelbild sah ich nicht. Ich berührte den Spiegel, um sicher zu sein, daß er wirklich da war. Ja, er war da, nur ich war nicht darin, dafür konnte ich alles im ganzen Zimmer im Spiegel sehen. Ich lag noch immer auf dem Bett. Ich erschrak. Krampfhaft versuchte ich darauf zu überlegen, wie ich da bloß wieder hineinkommen könnte! ... Ich ging wieder zu Bett, legte mich mit meinem ganzen Körper darauf.

In luziden Träumen geschieht es selten, unseres Wissens nie, daß der oder die Träumende sich wie ein scheinbar körperloser Gesichtspunkt oder sonst irgend etwas von seinem normalen, wachenden, physischen Körper wesentlich Abweichendes vorkommt. Das heißt also: Er bzw. sie scheint einen normalen Körper zu haben, der die unterschiedlichen zu erwartenden visuellen und anderen Empfindungen hervorbringt. Durchaus typisch ist dabei, daß dieses Körperbild offensichtlich dem gleicht, das er bzw. sie im Wachen hat. Es gibt allerdings auch einige wenige Fälle, in denen luzide Träumer atypische unrealistische Körperbilder entwickeln.

Manche können beispielsweise luzide Träume erleben, in denen sie jemand anders, auch anderen Geschlechts sind. In dem folgenden Bericht schildert J. H. M. Whiteman, wie er träumte, er sei ein Mädchen:

Das besondere Bewußtsein begann mit dem Anblick eines Baumes, etwa sechs Meter entfernt, inmitten eines freundlichen Stückes Natur. Ich trat ein wenig näher, so daß sich der Baum links von mir befand. Die frische Luft und die Freude darüber, wieder eine kleinere und angenehmere Gestalt zu haben, ließen mich zu tanzen anfangen, froh und ungebunden ... Noch immer angerührt von der Freude, die der Natur entströmte, legte ich mich auf den Boden, fühlte hautnah das kühle Gras und die Festigkeit der Erde darunter. Ich fing an, mir Sorgen zu machen, die stetig steigende Erregung könnte meiner Kontrolle entgleiten, und beschloß daher wieder aufzustehen. Dabei stellte ich ganz deutlich fest, wie anders es doch war, in meiner mir jetzt eigentümlichen Gestalt aufzustehen, die im Vergleich zu meinem üblichen physischen Körper große Unterschiede in der Körperform, eine geringere Größe und im Verhältnis dazu breitere Hüften aufwies. Trotz dieser ja wirklich seltsamen Entdeckung kamen mir meine Bewegungen vollkommen natürlich vor, in ihrer Entspanntheit und Anmut wunderbar befriedigend. Die flüchtige Erinnerung daran, wie andersartig die Bewegungen meines physischen Körpers gewesen wären, erschien mir so, als könne sie die von mir erlebte Realität allenfalls äußerlich, trügerisch und vorläufig berühren.

»Dazwischenliegende« Erlebnisse

Vom Gesichtspunkt des metachorischen Halluzinationsmodells her gesehen verdient nun die Tatsache unser Interesse, daß es offenbar eine ganze Reihe von Erlebnissen gibt, die sozusagen auf halbem Wege zwischen luziden Träumen und außerkörperlichen Erlebnissen liegen, so daß es sich als schwierig erweist, sie unzweideutig der einen oder der anderen Kategorie zuzuordnen.

Oliver Fox etwa glaubte, er könne, wenn er seinen luziden Traum durch eine Willensanstrengung zu verlängern vermöchte, an einen Punkt gelangen, wo es unüberhörbar »klick« macht, und er sich in einem eksomatischen Zustand befindet. Wie die meisten derer, die Erfahrungen haben mit Zuständen, die außerkörperlichen Erlebnissen ähneln, und zugleich solchen, die luziden Träumen gleichen, schätzt er die erstgenannten als lebhafter, bedeutungsvoller und emotionsgeladener ein. Wir sehen also, wie für die in eksomatischen Erlebnissen Erfahrenen (die oftmals zugleich in luziden Träumen geübt sind) offensichtlich eine recht enge Beziehung zwischen diesen beiden Erlebnistypen besteht.

Weiterhin ist deutlich, daß es sich trotz der zwischen den typischsten Arten jeder Erlebniskategorie bestehenden Unterschiede bei beiden um Erlebnisse handelt, in denen der oder die Erlebende eine vollständig halluzinatorische Umwelt wahrnimmt, die oftmals genauso realistisch und detailliert wie die normale materielle Umwelt wirken kann, die er bzw. sie jedoch von einem davon abgesonderten Standpunkt aus wahrnimmt, der in beiden Fällen mit einem alternativen Körperbild verbunden sein kann, das bei luziden Träumen allerdings weit eher einer getreuen Wiedergabe des normalen Körpers nahekommt.

So lassen sich zweifellos Fälle finden, die wohl einer der beiden unterschiedlichen Kategorien angehören, aber doch in mancher Beziehung auffallende Ähnlichkeiten miteinander aufweisen, wie etwa das Empfinden von Freiheit oder Befreiung, der Wunsch, die erlebte Situation zu erkunden, und der außerordentlich detaillierte und lebensnahe Realismus.

Einer der offenkundigsten Unterschiede zwischen außerkörperlichen Erlebnissen und luziden Träumen betrifft den Grad an Einsicht, das heißt also, ob und wie sehr der oder die Erlebende sich seiner Situation bewußt wird. Wie wir zuvor bereits dargestellt haben, ist für einen luziden Träumer nach unserer Definition eine solche Einsicht wesentlich. Anders gesagt: Bestimmender Faktor des luziden Traumes ist die Bewußtheit des Träumers angesichts seines Zustandes. Wohingegen jemand, dem ein außerkörperliches Erlebnis zuteil wird, des halluzinatorischen Charakters seines Erlebnisses gewahr werden kann oder auch nicht. Die meisten derer, die eine große Anzahl luzider Träume und eksomatischer Erlebnisse erfahren haben, betrachten letztere als den überlegenen Erlebnistypus, vermitteln diese ihnen doch ein stärkeres Empfinden von Realität und Lebendigkeit. In einer Beziehung jedoch befindet sich der luzide Träumer in einer realistischeren Geistesverfassung als das typische Subjekt eines außerkörperlichen Erlebnisses, darin nämlich, daß der luzide Träumer sich in der Regel keinerlei Versuchung ausgesetzt sieht, sein Traumerlebnis mit seinem wachen Erleben zu verwechseln. Im Gegensatz dazu kann das Subjekt eines außerkörperlichen Erlebnisses durchaus meinen, das, was es wahrnimmt, sei die normale Lebenswelt, ohne zu der Erkenntnis zu gelangen, daß es sich dabei, wie sehr es auch dem täglichen Leben ähneln mag, tatsächlich um dessen halluzinatorische Wiedergabe handelt.

In mancher Beziehung, insbesonders bei bestimmten Erlebnistypen, ist dies nun allerdings eine verzeihliche Fehleinschätzung. In einem außerkörperlichen Erlebnis kann es nämlich dem bzw. der Erlebenden so vorkommen, als sähe er bzw. sie etwas, das ihm/ihr Informationen über die Welt vermittelt, ganz so, wie Wahrnehmungen der physischen Welt dies vermögen. Da sogar bei denen, die (bei normalem Bewußtsein) Berichte über außerkörperliche Erlebnisse auswerten, eine Tendenz zu beobachten ist, durchaus auch mit Fällen zu rechnen, bei denen sich eine tatsächliche Wahrnehmung, nur eben von einem anderen Gesichtspunkt aus, also keine Halluzination ereignet, würde es doch wohl etwas zu drastisch sein, zu behaupten, jeder, der ein außerkörperliches Erlebnis hat, beweise mangelnde Einsicht, weil er nicht selber zu der zutreffenden Schlußfolgerung gelangen kann.

Schlußfolgerung

Wir wollen in der Tabelle 7.1 zusammenfassend einige der Ähnlichkeiten und Unterschiede zwischen den verschiedenen von uns besprochenen halluzinatorischen Zuständen aufzeigen. Einige Punkte in dieser Tabelle bedürfen wohl noch einer besonderen Verdeutlichung. Erstens meinen wir mit »Einsicht« lediglich, daß der bzw. die Betreffende gewahr wird, daß etwas Ungewöhnliches im Gange ist, nicht jedoch, daß er bzw. sie dies Ungewöhnliche in irgendeiner besonderen Weise interpretiert oder interpretieren sollte. Wie wir bereits im Zusammenhang mit den intellektuellen Funktionsweisen in luziden Träumen besprochen haben, können diejenigen, die außerkörperliche oder erscheinungsartige Erlebnisse haben, wohl feststellen, daß etwas Ungewöhnliches geschieht, ohne aber notwendigerweise daraus den Schluß zu ziehen, daß sie halluzinieren.
Zweitens erscheint es uns, im Blick auf den »Zusammenhang mit vorherigem Wach-Erleben«, wichtig zu sein, dar-

Tabelle 7.1: Einige Merkmale der verschiedenen metachorischen Erfahrungen

	Luzider Traum	Falsches Erwachen	Außerkörperliches Erlebnis	Erscheinung	Wachtraum
Einsicht	vollkommen	keine	in der Regel	meist gegen Ende des Erlebnisses	manchmal nur kurze Zeit
Kontinuität mit vorherigem Wach-Erleben	keine	keine	kann vollkommen sein	meistens vollkommen vorhanden	kann vollkommen sein
Zeitablauf	1–6 Min.	bis zu einigen Min.	bis zu einigen Min.	bis zu einigen Min.	bis zu ½ Std. (?)
Emotionen	neutral bis gehoben	negativ	können sehr positiv sein	neutral bis negativ	neutral (?)
Realismus (Nachahmung der Realität)	variabel	variabel	meist sehr gut	meist sehr gut	sehr gut (?)

auf hinzuweisen, daß sogar ein falsches Erwachen, das doch mit einem scheinbaren »Erwachen« aus dem Schlaf einsetzt, die normale Erlebniswelt in der Weise nachzuahmen vermag, daß die bei Beginn eintretende Unterbrechung im Erlebnisablauf die gleiche ist, die wir alle bei jedem tatsächlichen Erwachen erfahren. Überdies werden außerkörperliche Erlebnisse, Erscheinungen und Wachträume oftmals als derart nahtlos mit einem vorhergegangenen Wach-Erleben zusammenhängend erfahren, daß das manchmal verspätete Aufkommen der Einsicht von daher begründet erscheint oder doch verständlich zu machen ist.

Ein letzter Punkt, auf den wir aufmerksam machen möchten, ist der Unterschied im Zeitablauf zwischen den Wachträumen und allen anderen metachorischen Erlebnissen. All die anderen Kategorien gleichen einander in ihrer Dauer von allenfalls einigen Minuten, wohingegen die Wachträume sich anscheinend über mehr als eine halbe Stunde ausdehnen können (zum mindesten über eine halbe Stunde subjektiven Erlebens), vielleicht sogar noch über längere Zeit. Jedenfalls wären sie damit mögliche Kandidaten für eine Erklärung des verhältnismäßig langen und komplexen »Sichtens« von UFOs (unidentifizierten Flugobjekten), von denen manchmal berichtet wird.

Kapitel 8

Lähmungen in halluzinatorischen Zuständen

Luzide Träume, falsches Erwachen und Schlaflähmung

Wir hatten bereits das Erlebnis eines Kindes erzählt, bei dem die Klaustrophobie sich nach seinen zunächst erfolglosen Aufwachbemühungen einstellte. Hier ein recht ähnliches Beispiel, diesmal von einem Erwachsenen, einem Psychologen. Wie wir sehen werden, führt der Erlebende die Klaustrophobie unmittelbar auf seine Bewegungsunfähigkeit zurück.

Seit ich etwa vierzehn Jahre alt war, habe ich immer wieder Traumerlebnisse gehabt, bei denen ich jedesmal meines Traumzustandes bewußt wurde. Sie traten stets ganz spontan und ohne erkennbare Regelmäßigkeit auf. Zu diesen Erlebnissen gehörte entweder (a) eine Kontrolle des Traumes oder (b) ein Bemühen, aufwachen zu können ...
Bei Erlebnissen mit Aufwachbemühungen bemerkte ich wohl, daß ich träume, fand aber dann, einfach zu träumen sei doch nicht genug, und bekam ein starkes Verlangen danach, mich richtig bewegen zu können. Aber trotz aller Bemühungen blieb ich regungslos. Dies ließ heftige klaustrophobische Ängste in mir aufkommen, die ich mit verstärkten Bewegungsbemühungen zu bekämpfen suchte. Es ging mir darum, das bewußte Körperempfinden nicht zu verlieren, denn irgendwie hatte ich die Sorge, ich könnte, wenn ich meine Bewegungsbemühungen ein-

stellte, ganz in meinem Traum befangen und bewegungsunfähig bleiben. Meistens kam ich schließlich soweit, wenigstens mit einem Finger zucken und auch meinen Atemrhythmus kontrollieren zu können. Ich versuchte dann, dies Fingerzucken zu wiederholen und den Bewegungsvorgang weiter auszubauen. Schließlich konnte ich dann eine ausreichende Beweglichkeit erzielen und aufwachen.

Bemerkenswert an diesem Fall ist die Tatsache, daß die geschilderten Erlebnisabläufe mit einem hypnopompen Zustand, also dem während des Erwachens, in Zusammenhang zu stehen scheinen. In dieser Beziehung ähneln sie einem falschen Erwachen Typ 2, und wir haben ja in Kapitel sieben bereits bemerkt, daß mit diesem Typus halluzinatorischer Erlebnisse Lähmungserscheinungen einhergehen können. In diesem Zusammenhang sollte auch darauf hingewiesen werden, daß im Laufe der Nacht die Phasen eines REM-Schlafes, mit der ihm eigenen Kombination einer verminderten Muskelspannung mit einer erhöhten kortikalen (also die Hirnrinde betreffenden) Aktivation, häufiger und länger aufzutreten pflegen.

Zu den charakteristischen Merkmalen des falschen Erwachens Typ 2 gehört es, daß die betreffende Person einige Zeit, wenn nicht gar eine ganze Reihe solcher Erlebnisse benötigt, um es von einem halluzinatorischen Zustand zu unterscheiden. Und wenn er bzw. sie schließlich das falsche Erwachen als solches erkennt, dann geschieht das entweder deswegen, weil die »Atmosphäre« irgendwie unrealistisch (etwa »gespannt« oder »geladen«) erscheint, oder weil er oder sie im falschen Erwachen »erscheinungsartige« Eindrücke erfährt. Bezeichnend ist zudem, daß man in der Regel im Schlafzimmer zu erwachen meint, woraus sich sicherlich wenigstens zu einem Teil die anfängliche Unsicherheit darüber erklärt, ob man nun wacht oder schläft.

Interessant ist es nun, das Phänomen des falschen Erwachens Typ 2 mit den durch eine Schlaflähmung hervorgerufenen Störungen zu vergleichen und zu sehen, ob und wie sich diese beiden Erlebnisarten überschneiden. Einige der Unterschiede zwischen den bei uns eingegangenen Berichten über falsches Erwachen Typ 2 und den in der Fachliteratur über Schlaflähmungen beschriebenen Erfahrungen könnten nämlich bis zu einem gewissen Grad auf die jeweils unterschiedlichen Methoden bei der Auswahl der Versuchspersonen zurückzuführen sein. Diejenigen, von denen in der Literatur über Schlaflähmungen die Rede ist, sind in der Regel »Patienten«, auf die ihre Ärzte aufmerksam wurden, sei es direkt aufgrund der von Schlaflähmungserscheinungen verursachten Leiden oder Funktionsstörungen oder indirekt durch irgendeine andere pathologische Auffälligkeit. Bei unseren Versuchspersonen handelt es sich dagegen in der Regel um Gesunde, denen ein falsches Erwachen Typ 2 offensichtlich als zufälliges, allerdings manchmal unerwünschtes Nebenprodukt ihrer gezielten Arbeit an luziden Traumerfahrungen und/oder ihren außerkörperlichen Erlebnissen begegnet war.

Zur Illustration der Ähnlichkeit zwischen den beiden Erscheinungen der Schlaflähmung und dem falschen Erwachen Typ 2, möchten wir den Fall einer 51jährigen Frau anführen, die innerhalb eines Jahres dreimal mit jeweils großen Zeitabständen, aber jedesmal in ähnlicher Weise das gleiche Erlebnis hatte.

Sie lag im Schlaf und spürte plötzlich, wie sich ihre Matratze bewegte. So, als habe jemand darauf gesessen und sei dann aufgestanden. Die Patientin war sich ihrer häuslichen Umgebung vollkommen bewußt, doch war sie außerstande, sich zu bewegen. Ihre Augen waren geschlossen, und sie ängstigte sich sehr. Dann erlebte sie eine Halluzination, wie wenn jemand durch das Zimmer ginge. Ihre Ängste waren von Muskelverspannungen begleitet. Sie hatte das Gefühl, als ob dies eine lange Zeit so andauerte. Sie fürchtete sich davor, zu erkennen, wer dieser Jemand sein könnte. Nach einer Weile setzte sich die Patientin plötzlich auf und öffnete die Augen. Ihre Furcht legte sich allmählich. Trotz der Lähmung und Angst konnte die Patientin dann doch erkennen, daß es sich bei der halluzinierten Gestalt um eine Frau handelte, die ihr nur freundliche, hilfreiche und sympathische Absichten entgegenbrachte, insbesondere im Blick auf die Probleme, die der Patientin in ihrem bisherigen Leben begegnet waren. Diese schutzverheißende Aura ließ die Patientin an eine mütterliche Figur denken, die sie mit ihrer eigenen Mutter assoziierte, die früh (die Patientin war zwei Jahre) gestorben war. Diese Assoziation verstärkte allerdings erneut ihre Ängste.

Leider enthält dieser Bericht Undeutlichkeiten, wo es um die mögliche Ähnlichkeit des empfindungsmäßigen Teils des Erlebnisses mit einer normalen Wahrnehmung geht. Die Bemerkung, daß die Frau »sich ihrer häuslichen Umgebung völlig bewußt« war, könnte entweder bedeuten, daß sie wußte, sie befindet sich in ihrem Schlafzimmer, oder daß sie tatsächlich eine realistische »Wahrnehmung« ihres Schlafzimmers hatte. Sollte die zweite Deutung zutreffen, dann könnte das Erlebnis als metachorisch bezeichnet werden, da ja die gesamte wahrgenommene Umgebung halluzinatorischer Art gewesen sein mußte, waren doch, wie es heißt, die Augen der Frau in diesem Stadium geschlossen. Dementsprechend könnte der Satz: »Dann erlebte sie eine Halluzination, wie wenn jemand durch das Zimmer ginge« entweder auf ein Erlebnis schließen lassen, das eine normale Wahrnehmung lückenlos imitiert, oder lediglich auf ein »Empfinden einer Anwesenheit« ohne jeden wahrnehmungsmäßigen Inhalt. Sowohl die emotional negative

Grundstimmung des Erlebnisses als auch die Tasthalluzination der sich bewegenden Matratze sind eigentlich beide für ein falsches Erwachen Typ 2 charakteristisch.

In anderen Fällen hingegen soll der bzw. die Erlebende während eines Anfalles von Schlaflähmung die Augen offen gehabt haben. Levin schildert eine einundzwanzigjährige Frau, die »häufig« solchen Anfällen ausgesetzt war, während derer sie Halluzinationen sowohl akustischer (zum Beispiel wie ihr Vater mit ihr redete) als auch visueller Art erlebte (anscheinend von den Personen, deren Stimmen sie hörte). Er berichtet, wie »die Augenlider manchmal nicht von der Lähmung mitbetroffen waren, so daß der Patient wohl die Augen aufzumachen, sich aber im übrigen nicht zu bewegen vermochte«; und wie visuelle Halluzinationen »mit offenen Augen« erlebt wurden. Allerdings ist anzunehmen, daß Levin seine Patienten nur im Rahmen des Klinikbetriebes zu Gesicht bekam, nicht aber zu Hause, wenn die Anfälle tatsächlich auftraten, so daß wir womöglich lediglich den persönlichen Eindruck des bzw. der Erlebenden als Beweis für die offenen Augen haben. Mindestens in einem Teil solcher Fälle aber wird der bzw. die Erlebende sich im Irrtum befunden und die Augen in Wirklichkeit die ganze Zeit über geschlossen gehabt haben.

Es ist ja prinzipiell nicht einzusehen, warum einer nicht die mit dem Öffnen und Schließen der Augen einhergehenden körperlichen Empfindungen halluzinieren und zugleich Gesichts- und/oder Gehörshalluzinationen wie von jemand, der sich im Schlafzimmer befindet, sollte erleben können.

Sogar in der Fachliteratur über Schlaflähmungen findet die Tatsache Anerkennung, daß solche Erscheinungen durchaus nicht immer als Symptom einer langdauernden Störung zu betrachten sind, sondern ebenso recht sporadisch auftreten können. Schneck zum Beispiel vermutet, dies Phänomen dürfte wesentlich verbreiteter sein als allgemein angenommen, da die nur sporadisch davon Betroffenen deswegen vermutlich keinen Arzt aufsuchen. Und Parkes kommt aufgrund mehrerer verschiedenartiger Untersuchungen zu dem Schluß, daß solche Erscheinungen bei 40 bis 50 Prozent aller normalen Personen mindestens einmal im Leben auftreten. In einigen Fällen scheinen Schlaflähmungen durch einen Alptraum oder einen anderen hochgradig streßgeladenen Traum ausgelöst worden oder doch in dessen unmittelbarer Folge aufgetreten zu sein. Auf der anderen Seite weisen nicht alle Fälle von Schlaflähmung eine solche Wahrnehmung oder Bewußtheit der Umgebung des Schläfers auf wie das falsche Erwachen Typ 2. Max Levin zum Beispiel, der selber »mehrmals im Jahr« solche Anfälle hatte, beschrieb seine Erfahrungen folgendermaßen:

Während des Anfalles weiß ich wohl, daß ich mich im Bett befinde, darüber hinaus jedoch bin ich mir meiner Umgebung nicht bewußt. Meine Augen sind geschlossen. Ich verspüre eine vollständige Bewegungsunfähigkeit mit Ausnahme der Atmung. Allerdings funktioniert auch das Atmen nur unter solchen Mühen, daß ich (während des Anfalls) auf den Gedanken komme, das Bettuch läge mir auf dem Mund, ohne jedoch dagegen etwas tun zu können. Das alles ruft bei mir äußerstes Unbehagen und extreme Ängste hervor. Aber obgleich ich seit Jahren an Schlaflähmungen interessiert bin und der erste war, der diesen Begriff in der Überschrift eines Artikels verwandte, war mir bis zu diesem Augenblick noch nie der Gedanke gekommen: ›Das ist ja bloß ein Anfall von Schlaflähmung! Ich muß Geduld haben, bald wird es vorbei sein.‹ Nun beginne ich zu hoffen, daß der nächste Atemzug Erleichterung bringen wird, aber keiner der folgenden Atemzüge läßt mich aus der Lähmung herausfinden. Doch schließlich, nach einem halben Dutzend erfolgloser Versuche, spüre ich beim nächsten Atemzug, wie ich eine herkulische Kraftanstrengung mache – und sogleich ist der Bann gebrochen, ich bin hellwach und im vollen Besitz meiner Fähigkeiten.

Parkes stellt die physiologischen Aspekte bei Anfällen von Schlaflähmung in Vergleich zu denen, die beim REM-Schlaf zu beobachten sind. Er schreibt: »Die generelle Verminderung der Muskelspannung, die Beibehaltung der Augenbewegungen und das Nachlassen oder Ausbleiben der Rückenmarksreflexe bei der Schlaflähmung finden sich deckungsgleich auch beim REM-Schlaf.« Er ist jedoch offenbar nicht bereit, daraus einfach zu folgern, der von einer Schlaflähmung Betroffene befinde sich gänzlich im Schlafzustand, schreibt er doch an einer anderen Stelle: »Während einer Schlaflähmung tritt teilweise oder vollständig eine schlaffe, mit einer Areflexie (dem Fehlen der Rückenmarksreflexe) einhergehende Lähmung der Skelettmuskeln, nicht aber der äußeren Augenmuskeln ein, also ein ähnlicher Befund wie beim REM-Schlaf, obwohl der Patient doch wach ist.« Andererseits jedoch räumt er ein, daß »Schlaflähmung ... anscheinend so etwas wie eine besondere Sparte des dissoziierten REM-Schlafes ist«.

Einer der Gründe dafür, daß Kliniker wie Parkes bezweifeln, daß der von einer Schlaflähmung Betroffene wirklich schläft, dürfte darin liegen, daß er sich dabei offensichtlich seiner physischen Umgebung bewußt ist. So schreibt Parkes: »EEG-Aufzeichnungen von Patienten während einer Schlaflähmung zeigen normale Ergebnisse, mit Ausnahme der Anzeichen für einen leichten Schlaf während des bewußten Wahrnehmens.« Diese Kombination erscheint weniger verblüffend, wenn wir in Betracht ziehen, daß die wahrzunehmende Umgebung während solcher Anfälle vermutlich ganz und gar halluzinatorisch, d. h. metachorisch ist, selbst wenn sie in diesem Augenblick eine getreuliche Nachbildung der wirklichen Umgebung des Betroffenen darstellen sollte. In dieser Hinsicht würde es sich bei solchen Fällen dann also nicht anders verhalten als bei außerkörperlichen Erlebnissen, bei denen der bzw. die Erlebende anscheinend ein mehr oder weniger genaues halluzinatorisches Abbild des Raumes »sieht«, in dem er/sie sich zur Zeit befindet, allerdings aus einer Perspektive, die nicht der Position des physischen Körpers entspricht.

Es handelt sich hier sicherlich zum Teil nur um die Frage, wie wir »Schlaf« zu definieren haben. Normalerweise ist Schlaf durch Merkmale wie verminderte Muskelspannung, relativ niedrige kortikale Aktivation, schwache kognitive Funktionen und mangelnde Ansprechbarkeit auf äußere Reize charakterisiert. Auf alle Fälle würden wir von einem Schlafenden nicht erwarten, daß er sich seiner konkreten Umgebung oder der Lage seines Körpers bewußt ist, oder daß er imstande wäre, mit jemanden in Kommunikation zu treten, der wach ist. In anomalen Zuständen jedoch, wie etwa in luziden Träumen, bei falschem Erwachen und möglicherweise auch einer Schlaflähmung, sind wohl einige der normalen Merkmale feststellbar, andere dagegen nicht. Wenn wir also definieren, daß beim Schlaf alle normalen Merkmale immer gleichzeitig vorhanden zu sein haben, dann müßten wir alle in einem luziden Traum oder einem falschen Erwachen Befindlichen als wach bezeichnen. Dies jedoch würde der Erfahrung widersprechen, daß einige der in solchen Zuständen zu beobachtenden Merkmale, wie sie in EEG- und anderen elektrophysiologischen Aufzeichnungen bei luziden Träumen erkennbar werden, allem Anschein nach denen bei einem nicht-luziden REM-Schlaf gleichkommen. So ist es sinnvoller, weiterhin alle von solchen anomalen Zuständen Betroffenen als schlafend anzusehen und zugleich anzuerkennen, daß »Schlaf« eine komplexe Angelegenheit ist, mit noch weit mehr Varianten, als man bisher anzuerkennen bereit war.

Lähmungen und außerkörperliche Erlebnisse

Celia Green hat festgestellt, daß beinahe 5 Prozent aller Versuchspersonen, die außerkörperliche Erlebnisse hatten, von Lähmungserscheinungen berichten, die vor, während oder nach dem außerkörperlichen Zustand aufgetreten waren. Im folgenden das Beispiel einer Lähmung, die vor Beginn der eigentlichen Halluzination einsetzte:

> Ich lag auf meinem Bett, nachdem ich zwei Stunden lang geschlafen hatte ... Ich war wach geworden, konnte mich aber nicht bewegen, noch nicht einmal meine Augen aufmachen ... Dann erinnere ich mich an einen furchtbaren Lärm in meinem Kopf, betäubend laut, danach an einen lauten Knall, der aus meinem Kopf kam. Es war so, als würde ich aus meinem Kopf heraus schießen. Ich stieg in die Luft hinauf, drehte mich dort um und blickte auf mich selbst herunter, wie ich völlig angezogen auf dem Bett lag.

Dieser Fall erinnert in gewissem Maße an die beschriebenen Fälle von Schlaflähmung. Nun ist es aber so, daß die selbe Person auch bei anderen Gelegenheiten von Lähmungserfahrungen im Zusammenhang mit außerkörperlichen Erlebnissen zu berichten wußte, die Lähmung war stets Vorläufer des außerkörperlichen Zustandes, es gab jedoch auch Fälle, in denen es zu keiner Lähmung gekommen ist.

> Ich lag lesend im Bett und hatte ganz plötzlich das Gefühl, ich sei steif geworden. Ich versuchte, mich zu bewegen, doch erwies sich das als derart unangenehm, daß ich den Eindruck hatte, ich würde schneller aus dem (was auch immer das war) herauskommen, wenn ich mich entspannte. Als ich das tat, war mir so, als schwebe ich in der Gegend herum. Ich konnte mich selber sehen, wie ich

lesend im Bett lag ... Dann war ich plötzlich wieder imstande, mich zu bewegen.

Möglicherweise ist in einigen Fällen eine Lähmung vorhanden, ohne daß der Betreffende es bemerkt. Mit anderen Worten: Es mag Personen geben, die in einem außerkörperlichen Zustand ihre Bewegungsunfähigkeit schon bemerkt haben würden, wenn sie versucht hätten, sich zu bewegen, denen also ihre Unfähigkeit einfach deswegen nicht aufgefallen ist, weil sie keine willentlichen Bewegungen auszuführen versuchten. Diese Hypothese dürfte vor allem für die relativ große Anzahl derer zutreffen, denen außerkörperliche Erlebnisse im Liegen widerfahren. Das würde dann bedeuten, daß bei wesentlich mehr als nur fünf Prozent aller Fälle faktisch eine Lähmung vorhanden ist.

Allerdings müssen wir einschränken, daß die Hypothese unbemerkter Lähmungserscheinungen nicht für alle berichteten Fälle gilt, geben doch manche Personen an, sie seien während des Erlebnisses in Bewegung gewesen, seien gegangen oder hätten sogar so relativ anspruchsvolle Tätigkeiten wie Motorradfahren ausgeübt. Als Erklärung hierfür kann uns das von Charles McCreery vorgelegte Modell außerkörperlicher Erlebnisse dienen: Er hat festgestellt, daß zwei Drittel unserer Versuchspersonen, die nur von einem außerkörperlichen Erlebnis im Leben berichteten, dabei im Bett lagen, und zwölf Prozent meinten, unmittelbar vor dem Einsetzen des Erlebnisses tatsächlich eingeschlafen zu sein. Im Gegensatz dazu wird auch von einigen außerkörperlichen Erlebnissen berichtet, die bei Vorgängen wie Bergsteiger- und Autounfällen, Geburten und Einstellungsgesprächen auftraten.

McCreerys Hypothese lautet nun, daß die erstgenannte Gruppe sich während des gesamten außerkörperlichen Erlebnisses im Schlaf befindet, und daß auch die zweite Gruppe zeitweilig schläft, wie paradox dies auch auf den ersten Blick erscheinen mag. Oswald hat darauf aufmerksam gemacht, daß auch bei extremem Streß durchaus Schlaf eintreten kann, ebenso wie die an sich häufigeren Zustände einer Entspannung, eines Abklingens der nervlichen Reizung und einer allgemeinen Aktivationsminderung. Dafür liegen sowohl anekdotische als auch experimentelle Beweise vor. Auf der experimentellen Ebene gelang es Oswald, vier von insgesamt sechs freiwilligen Versuchspersonen durch »kraftvolle«, alle zehn Sekunden am Hand- oder Fußgelenk applizierte Elektroschocks zum Schlafen zu bringen. Auf der anekdotischen Ebene verweist Oswald auf Fälle wie die der Soldaten, die in Erwartung der kommenden Schlacht in Schlaf fielen, oder der Referenten, die einschliefen, kurz bevor sie einen wichtigen öffentlichen Vortrag halten sollten. Ein ganzes Kapitel widmet er dem, was er »Schlaf als provozierte Reaktion« nennt, und spricht unter dieser Überschrift von »all den Fällen, in denen der Schlaf durch überwältigende oder erschreckende Reize hervorgerufen wird«. Überwältigende oder erschreckende Reize sind eine gute Charakterisierung vieler Situationen, in denen außerkörperliche Erlebnisse mit hochgradigem Aktivationsniveau auftreten, wie im folgenden beschrieben:

Mein Ex-Ehemann und ich hatten einen Streit, bei dem er mich zu erwürgen versuchte... Mir war so, als schwebte ich über meinem Körper und sähe mich langsam an der Wand hinuntergleiten. Alles geschah im Zeitlupentempo, aber ich hatte zugleich dieses sehr schöne heitere und gelassene Gefühl... Das nächste, was ich bemerkte, war, daß ich auf dem Boden liegend aufwachte.

Hier könnte nun der Einwand kommen, in Berichten von außerkörperlichen Erlebnissen werde manches Mal beschrieben, daß die außerkörperlichen Erfahrungen gerade dann eintraten, als die Erlebenden komplizierte motorische

Aktivitäten ausführten, wie etwa Auto zu fahren, Musikinstrumente zu spielen oder Ansprachen zu halten. Jedoch dürfen zwei Überlegungen hierzu nicht außer acht gelassen werden: Erstens sind die genannten Fertigkeiten in aller Regel sehr stark eingeübt und zur Gewohnheit geworden, und es gibt sowohl anekdotische als auch labormäßige Beweise dafür, daß Menschen, die im geistigen, nicht aber im verhaltensmäßigen Sinne schlafen, durchaus komplizierte Aufgaben dieser Art auszuführen imstande sind, z. B. Soldaten, die beim Marschieren geschlafen haben, und im Labor ist nachgewiesen worden, daß Menschen beim Schlafwandeln recht komplizierte Verhaltensweisen zuwege bringen können.

Zweitens könnten die hier in Frage stehenden Erlebnisse in Wirklichkeit gar nicht so lange dauern, wie die Erlebenden es meinen. Bekanntlich kann ja das Zeitempfinden beim Einschlafen, also in hypnagogen Zuständen gestört sein, und das gleiche könnte durchaus auch von außerkörperlichen Erlebnissen gelten, wenn sie denn tatsächlich ein Schlafphänomen sind. Es ist doch interessant, daß 17 Prozent unserer Versuchspersonen, die nur einmal in ihrem Leben ein außerkörperliches Erlebnis erfahren haben, bei der Beantwortung eines entsprechenden Fragebogens die Meinung äußerten, ihr Zeitempfinden sei im Zusammenhang mit diesen Erlebnissen gestört gewesen. Dieser Anteil stieg bei denen, die mehr als nur ein solches Erlebnis gehabt hatten, auf 37 Prozent, vermutlich doch deswegen, weil sie einfach mehr Gelegenheit hatten, auf derartige Auswirkungen zu achten.

Hier sollte auch darauf hingewiesen werden, daß es nach Oswalds Beobachtungen durchaus vorkommen kann, daß während eines kurzen, etwa nur wenige Sekunden dauernden Schlafes die Augen des Schläfers offen bleiben. Oswald führt für dieses Phänomen Befunde aus seinem eigenen Laboratorium wie auch aus anderen Forschungsinstituten an.

Bei seinen eigenen Experimenten ergab sich, daß diejenigen, die wiederholt Elektroschocks erhielten, trotz lauter Jazzmusik und starken intermittierenden Lichteffekten elektrophysiologisch nachweisbar eingeschlafen waren, obschon ihre Augen »weit aufgerissen, geradezu fixiert waren, so daß die Pupillen sichtbar blieben, wohin auch immer der Blick sich wandte«. Noch ausgedehntere Schlafphasen mit offenen Augen lassen sich wohl bei Kindern beobachten, ebenso wie bei unter Dehydrierung (Entwässerung) leidenden Erwachsenen.

Sollte diese Hypothese zutreffen, dann könnte damit ein Bezugsrahmen gegeben sein, innerhalb dessen die Tatsache einzuordnen wäre, daß von Lähmungserscheinungen in Zusammenhang mit bestimmten, aber eben nicht mit allen außerkörperlichen Erlebnissen berichtet wird. Dabei kann es durchaus sein, daß die kleinere Zahl der Fälle, bei denen von einer Lähmung berichtet wird, in einer Art von Schlaf auftreten, der dem REM-Schlaf ähnlich, wenn nicht gleich ist, mit der dafür typischen kortikalen Erregung und motorischen Hemmung. Die anderen Fälle, insbesondere diejenigen, bei denen eine gewisse motorische Aktivität weiterbesteht, könnten in einem Phase-1-Schlaf oder einem diesem sehr nahe verwandten Zustand auftreten. Die sogenannte Phase 1 ist das erste Schlafstadium, in das man gleich eintritt, während der REM-Schlaf gewöhnlich erst dann beginnt, wenn man die Phase 1 hinter sich hat. Nun sind zwei Unterschiede zwischen dem Phase-1- und dem REM-Schlaf für unsere hier angestellten Überlegungen von Bedeutung: Zum einen fehlen im allgemeinen in der Phase 1 die schnellen Augenbewegungen; und zum anderen ist die Phase 1 nicht durch die extremen motorischen Hemmungen des REM-Schlafes gekennzeichnet.

Unsere Hypothese würde dann auch den phänomenologischen Beziehungen zwischen luziden Träumen und außerkörperlichen Erlebnissen angemessen sein. Wie wir in

Kapitel sieben ausgeführt haben, scheinen diese beiden Erlebnisarten zum größten Teil phänomenologisch voneinander verschieden zu sein, doch gibt es eben auch jene ungewissen Fälle, die nicht eindeutig der einen oder der anderen Kategorie zuzuordnen sind – wie wir das in der Graphik auf S. 90 durch zwei verschiedene, aber sich teilweise überschneidende Ellipsen dargestellt haben. Diese phänomenologischen Daten nun passen gut mit der Hypothese zusammen, nach der die meisten, aber eben nicht alle außerkörperlichen Erlebnisse sich in Verbindung mit einer Form des Phase-1-Schlafs ereignen, während die meisten, aber eben nicht alle luziden Träume in Zusammenhang mit einem REM-Schlaf auftreten.

Ein früher gelegentlich zur Bestreitung eines Zusammenhangs der außerkörperlichen Erlebnisse mit einem Schlafzustand angeführtes Argument lautete, diese seien doch phänomenologisch etwas ganz anderes als gewöhnliche Träume. Nun wird derjenige, der ein außerkörperliches Erlebnis hat, in aller Regel erklären, »es war nichts anderes als ein Traum«. Ebenso kann auch der luzide Traum und das falsche Erwachen als »nichts anderes als ein Traum« erlebt werden. Nun haben wir ja bereits festgestellt, daß luzide Träume sich in den allermeisten Fällen als elektrophysiologisch mit einem REM-Schlaf verbunden erwiesen haben, und zudem darauf hingewiesen, daß es jedenfalls indirekte Beweise für eine vergleichbare Verbindung des falschen Erwachens mit einem REM-Schlaf gibt. Wenn nun aber luzide Träume und falsches Erwachen, die sich beide phänomenologisch deutlich von gewöhnlichen Träumen unterscheiden, dennoch elektrophysiologisch nachweisbar mit Schlaf in Verbindung gebracht werden können, dann gibt es keinen Grund, warum außerkörperliche Erlebnisse von vornherein nicht damit in Verbindung zu bringen sein sollten.

Lähmungen und Erscheinungserlebnisse

Nur ein kleiner Teil (weniger als drei Prozent) der Versuchspersonen, deren Erscheinungserlebnisse wir dokumentiert
haben, hat dabei auch von Lähmungen berichtet. Angesichts unserer These, die verschiedenen metachorischen
Erfahrungen seien als miteinander zusammenhängend und
nicht als eine Reihe je einzelner und unverbundener Phänomene zu betrachten, verdient die Tatsache unser Interesse,
daß außerkörperliche und Erscheinungserlebnisse in enger
zeitlicher Verbindung miteinander auftreten können. Zur
Einführung in die Frage nach Lähmungen in Verbindung
mit erscheinungsartigen Halluzinationen werden wir hier
einen Fall zitieren, bei dem einer Lähmung eine akustische
Halluzination und dieser wiederum ein außerkörperliches
Erlebnis folgten.

Der zweite Vorfall geschah zu Hause. Ich war müde und
ging zu Bett, viel später als meine Mutter. Mein Vater war
nach auswärts abgerufen worden. Eine halbe Stunde,
nachdem ich zu Bett gegangen war, merkte ich, daß ich
weder meine Beine und Arme bewegen noch meine
Augen schließen konnte (ich lag auf dem Rücken). Ich
begann zu schwitzen und bekam große Angst. Ein wenig
später hörte ich eine Stimme, wie die eines alten Mannes,
der so etwas wie Bibelverse rezitierte. Ich kann mich nicht
mehr daran erinnern, was er sagte. Ich meinte, das Ge-
räusch käme von meinem Schrank her und hätte das
gerne untersucht, konnte mich aber jetzt überhaupt nicht
mehr bewegen. Nach ganz kurzer Zeit überkam mich das
seltsame Gefühl, ich verließe meine Füße, meine Beine,
meinen Körper etc. und wäre vollständig in meinem Kopf.
Ich konnte meinen Körper nicht mehr spüren. Dann
quetschte ich mich buchstäblich nach oben und wurde
gewahr, wie ich davonschwebte, mit einem Licht (blau-

weiß), das mich mit meinem Körper verband, den ich auf dem Bett liegen sehen konnte. Kaum hatte ich festgestellt, daß mein Körper »da drüben« war, hörte ich eine Tür schlagen, ganz wie unsere Haustür, und fand mich wieder in meinem Bett, zitternd, in kalten Schweiß gebadet, zutiefst entsetzt. Ich stand auf und lief die Treppe hinunter, weil ich dachte, mein Vater sei zurückgekehrt. Aber da war überhaupt niemand, nur die Haustür stand offen. Ich hatte genau gesehen, wie meine Mutter sie zugemacht und noch einmal nachgesehen hatte, ehe sie zu Bett ging. Sie war wirklich fest verschlossen gewesen. Ich ging wieder nach oben und schaute in das Zimmer meiner Mutter: Da lag sie und schlief.

Ein weiterer Punkt, der für unsere Hypothese eines Zusammenhangs zwischen den verschiedenen metachorischen Erlebnissen von Bedeutung sein dürfte, ist die Tatsache, daß etwa ein Viertel aller uns berichteten Erscheinungserlebnisse kurz nach dem Wachsein auftraten, in der Regel während der Nacht. Es ist möglich, daß es sich zumindest bei einigen dieser Fälle um ein nicht identifiziertes falsches Erwachen gehandelt hat. Personen, die ein falsches Erwachen Typ 2 erleben, können dies oftmals zunächst nicht als halluzinatorische Erfahrung identifizieren, ehe sie nicht mehrere solcher Erlebnisse gemacht haben und durch experimentelle Tests, die sie im Wachen ausarbeiteten, herausfinden, daß diese Ereignisse, die sie zu erleben meinen, nicht wirklich geschehen sind.

Nun könnte man die eben zitierte Erfahrung möglicherweise so verstehen, daß es sich dabei um ein nicht identifiziertes falsches Erwachen gehandelt habe, und daß ein außenstehender Beobachter den Erlebenden während der gesamten Erlebnisdauer schlafend liegen gesehen haben würde. Sollte diese Interpretation zutreffen, dann könnte die Lähmung durchaus als Anzeichen dafür angesehen werden, daß der Erlebende sich in einem Zustand befand, der einem REM-Schlaf zumindest ähnlich war.

Diese Hypothese könnte durchaus auch im Blick auf einen Fall wie den folgenden aufrechterhalten werden, in dem die Erlebende zunächst offenbar imstande ist, sich zu bewegen, während sie eine Erscheinung halluziniert, sich dann aber im weiteren Verlauf des Erlebnisses doch gelähmt fühlt.

Mein Erlebnis ereignete sich in einem hellen sonnigen Schlafzimmer bei 32° Celsius ...

Ich hatte gerade eine sechzehnstündige Schicht auf der Entbindungsstation hinter mich gebracht. Bei der Heimkehr in meinen Wohnblock kam mir der Hausverwalter entgegen, um mich darauf vorzubereiten, daß in einigen Wohnungen, auch in meiner, diesen Vormittag die Installationen kontrolliert werden würden.

Aufs äußerste erschöpft und schlafhungrig, wie ich war, hatte ich doch schon um 15.30 Uhr wieder im Dienst zu erscheinen ..., ließ ich mich einfach ins Bett fallen. Ich wollte so schnell wie möglich einschlafen und bin dann, glaube ich, auch gleich eingedöst. Ich wachte auf, mit dem Gespür, daß da jemand war. Als ich aufblickte, sah ich einen Mann, der sich über mein Bett beugte.

Instinktiv, nach der Vogel-Strauß-Taktik, machte ich die Augen zu und zog mir die Bettdecke über den Kopf. Innerlich war ich wütend über die Frechheit des Mannes (ich hielt ihn für den Installateur): Alle Wohnungen hier sind gleich, da kann er doch wirklich nicht das Schlafzimmer mit dem Bad verwechseln!

Dann aber setzte sich doch der Verstand durch: Ich legte doch immer die Kette vor, und als jemand einmal die Tür aufgeschlossen hatte, war ich durch das Gerassel der Kette aufgewacht. Ich hätte nie darüber hinwegschlafen können ...

Ich konnte mich an das Aussehen des Mannes lebhaft

erinnern. Er hatte schneeweißes Haar, frischrote Wangen und trug eine Jacke aus grobem Harris-Tweed. Ich habe ihn nicht erkannt, weil ich ja so schnell meine Augen zugemacht hatte. Ich kam zu der Überzeugung, ich müßte wohl eine Halluzination gehabt haben, und versuchte, meine Augen zu öffnen. Aber ich merkte, daß das nicht ging und daß auch meine Glieder und mein ganzer Körper sich bleischwer anfühlten und ich mich nicht bewegen konnte. Dieses befremdliche Gefühl verschwand dann ganz plötzlich. Es war niemand da. Ich stand auf und schaute nach der Kette: Sie war noch an Ort und Stelle.

In diesem Fall möchten wir doch meinen, bei dem gesamten Erlebnis habe es sich um ein falsches Erwachen gehandelt, bis hin zu dem Punkt, wo die Erlebende die Lähmung verspürte. Mit anderen Worten: Ihre vermeintlichen Bewegungen beim Hochziehen der Bettdecke könnten durchaus halluzinatorischer Art gewesen sein, genauso wie der visuelle Teil des Erlebnisses, das Erblicken des Mannes in der Tweedjacke. Interpretiert man es so, dann hätte ein Beobachter die Erlebende augenscheinlich schlafend daliegen gesehen, bis zu dem Augenblick, wo die Lähmung verschwand. Und das scheinbare »Einsetzen« der Lähmung würde dann den Punkt darstellen, an dem die Erlebende damit aufhörte, Bewegungen zu halluzinieren, und vorübergehend nicht mehr in der Lage war, wirkliche Bewegungen auszuführen.

Läßt sich denn nun die Schlaf-Hypothese soweit ausdehnen, daß sie alle erscheinungsartigen Erlebnisse abdeckt? Auf den ersten Blick scheint es noch schwieriger als im Falle der außerkörperlichen Erlebnisse zu sein, sich vorzustellen, daß alle Erscheinungserlebnisse in Schlafphasen auftreten, sind doch diejenigen, die Erscheinungserlebnisse haben, währenddessen offenbar aktiver als diejenigen, denen ein außerkörperliches Erlebnis widerfährt. Wie bereits erwähnt, blieben dreiviertel derer, die uns von nur einem außerkörperlichen Erlebnis berichteten, während ihres Erlebnisses liegen, wohingegen es bei unseren Erscheinungs-Versuchspersonen immerhin 38 Prozent waren. Allerdings meinten nur 20 Prozent von ihnen, sie hätten sich während ihres Erlebens wirklich frei bewegt, hätten also nicht gelegen, gesessen oder nur dagestanden. Zudem müssen wir mit der Möglichkeit rechnen, daß einige der Bewegungen bei diesen 20 Prozent selbst halluzinatorischer Art gewesen sein könnten. So schildert zum Beispiel eine unserer Versuchspersonen, wie sie mit einem ihr erschienenen Hund abends im Garten gespielt habe, über einen Zeitraum, der doch mehrere Minuten lang gedauert zu haben scheint. In einem solchen Falle ist es nach der metachorischen Interpretation durchaus möglich, daß ein unabhängiger Beobachter die betreffende Person für die Dauer des Erlebnisses einfach mit abwesender Miene bewegungslos hätte dastehen sehen.

Es liegen tatsächlich Fälle vor, bei denen deutlich ist, daß die Bewegungen, die die halluzinierte Person während ihres Erlebnisses auszuführen meinte, nicht mit den Bewegungen übereinstimmten, die sie wirklich machte. Einmal stand z. B. der Erlebende unter dem Eindruck, ein Mann, der sich in der Folge als halluzinatorisch erwies, habe eine Markise der Veranda angehoben, um ihm den Zugang vom Garten ins Haus zu erleichtern. Ein unabhängiger Beobachter, der zu der Zeit gerade auf der Veranda saß, bezeugte dagegen, der Erlebende habe die Markise selber hochgehoben. Meist sind Berichte von solchen Fällen, bei denen ein eindeutiger Konflikt zwischen dem Erleben des Betroffenen und dem unabhängigen Befund, wie etwa dem eines nicht-halluzinierenden Zuschauers, verhältnismäßig schwierig aufzufinden. Das mag zu einem Teil daran liegen, daß sich nur selten derart günstige Situationen ergeben, wo solche Diskrepanzen auftreten und dazu noch festgestellt werden können.

Viele Erscheinungserlebnisse finden statt, wenn die betroffene Person alleine ist, und wenn auch ein nicht-halluzinierender Zuschauer anwesend sein sollte, ist es eher unwahrscheinlich, daß dieser sich, sei es während der Halluzination oder danach, mit der theoretischen Frage abgibt, ob oder in welchem Ausmaß der oder die Betroffene seine bzw. ihre Bewegungen halluziniert hat, wenn denn anläßlich einer visuellen Halluzination überhaupt Bewegungen vorgekommen sein sollten.[1]

Ein weiteres Hindernis für eine Interpretation aller Erscheinungserlebnisse im Sinne von Schlafmechanismen könnte in der Tatsache gesehen werden, daß die Erlebenden in der Regel am Anfang oder Ende ihres Erlebnisses keinerlei Diskontinuität in ihrem Bewußtsein bemerken. Danach befragt, gaben tatsächlich 92 Prozent unserer Versuchspersonen an, sie hätten keine derartige Diskontinuität festgestellt.

Hier hilft der Hinweis auf das von Oswald als »Mikro-Schlaf« bezeichnete Phänomen weiter. Gemeint ist damit, daß jemand für kurze Zeit einschlafen kann, ohne sich danach dessen bewußt zu sein. Mehr noch: Der- oder diejenige kann sogar heftig bestreiten, geschlafen zu haben, auch wenn das EEG eindeutige Anzeichen für Schlaf aufweist. So gibt Oswald zum Beispiel einen Teil der EEG-Aufzeichnungen eines Mannes wieder,

der sich unaufhörlich im Gleichklang mit rhythmischer Musik und synchronisierten Lichteffekten bewegen und dabei die Augen weit offen halten sollte. Er litt nicht unter Schlafentzug, dennoch hörte er in einem Zeitraum von 25 Minuten 52mal auf, sich zu bewegen, wobei das EEG bei jeder dieser Unterbrechungen Anzeichen für Schlaf und verlangsamten Herzschlag signalisierte. Später danach befragt, bestritt er hartnäckig, auch nur ein einziges Mal mit den Bewegungen aufgehört zu haben. Er erinnerte sich, am Anfang des 25-Minuten-Zeitraumes leuchtende geometrische Strukturen wahrgenommen zu haben, weitere geistig-seelische Erlebnisse waren ihm aber nicht erinnerlich.

Ein möglicher Einwand gegen diese Analogie zwischen erscheinungsartigen Erlebnissen und dem Mikro-Schlaf könnte nun darin bestehen, daß demjenigen, der eine Erscheinung hat, dieses Schlaferlebnis nicht durch eine Gedächtnisstörung abhanden kommt, wie es bei Oswalds Versuchspersonen meistens der Fall war, da er ja sonst nach diesem Erlebnis nicht davon hätte berichten können. Und es gibt noch eine ganze Reihe weiterer Unterschiede zwischen den beiden Situationen. Einmal waren die Schlafphasen der Versuchspersonen Oswalds experimentell eingeleitet worden, während die mit einem Erscheinungserlebnis einhergehenden allem Anschein nach völlig spontan auftreten. Ferner dürften sich die beiden Situationen auch im Zeitablauf unterscheiden, dauern Erscheinungserlebnisse doch offensichtlich länger als der von Oswald im Labor untersuchte Typ des Mikro-Schlafes.

Vor einiger Zeit ist der Gedanke geäußert worden, Halluzinationen könnten ein Eindringen von normalerweise mit dem Schlaf zusammengehörenden Vorgängen in das wache Bewußtsein darstellen. Dies ist zum Beispiel auch von Feinberg vertreten worden, der diese Vorstellung allerdings speziell auf visuelle Halluzinationen beim Drogenentzugsdelirium beschränkt wissen wollte. Diese Hypothese hat sich jedoch als allgemeine Halluzinationstheorie nicht durchzusetzen vermocht. Das mag zum Teil daran liegen, daß bei diesem Interpretationsmodell eine Verbindung der Halluzinationen nur mit dem REM-Schlaf und keiner anderen Schlafphase hergestellt wird. So meint etwa Feinberg, die Halluzinationen beim Drogenentzug bedeuteten »das Eindringen eines hochgradigen REM in den Wachzustand«.

Untersuchungen an aktiv halluzinierenden Schizophreniekranken haben hingegen solche, für den REM-Schlaf typischen Merkmale wie die schnellen Augenbewegungen nicht nachweisen können. Oder um es mit Robbins zu sagen: »Die physiologischen Korrelate des Träumens und der Halluzinationen sind allem Anschein nach verschieden.«

Zwei Dinge gilt es hier zu beachten: Erstens treten Träume, auch solche der dramatischen, narrativen Art, auf die allein gewöhnlich die Bezeichnung »Traum« angewandt wird, nicht ausschließlich in Verbindung mit einem REM-Schlaf auf. Die Verbindung ist durchaus nicht so eins-zu-eins, wie man damals, als die schnellen Augenbewegungen in den 50er Jahren zuerst beobachtet wurden, angenommen hatte. Von daher besteht kein Anlaß, unsere Suche nach elektrophysiologischen Anzeichen für Schlaf in Verbindung mit Halluzinationen auf die Merkmale des REM-Schlafes zu beschränken. Zweitens ist es auf keinen Fall angezigt, Halluzinationen ausschließlich mit Träumen des dramatischen, narrativen Typus zu identifizieren, da ausreichend deutliche phänomenologische Unterschiede zwischen den beiden Erlebnisarten nachweisbar sind. So läßt sich beispielsweise darlegen, daß Erscheinungserlebnisse bei normalen Personen eine größere phänomenologische Ähnlichkeit mit solchen Erlebnisarten aufweisen, die, wie etwa der Typus hypnagoger Vorstellungen, bereits dafür bekannt sind, daß sie mit dem Phase-1-Schlaf zusammenhängen.

Alles in allem wäre es sinnvoller, nach Parallelen – wenn nicht gleich nach einer Übereinstimmung – zwischen der Neurophysiologie von Halluzinationen und dem absteigenden Phase-1-Schlaf zu suchen, statt immer nur an den REM-Schlaf zu denken, beginnen doch Wach-Halluzinationen, wie der Name bereits sagt, im Wachen, ebenso wie der Phase-1-Schlaf, wohingegen REM-Phasen normalerweise aus Nicht-REM-Schlafphasen entstehen.

Schlußfolgerung

Das gelegentliche Auftreten von Lähmungen bei den hier dargestellten unterschiedlichen halluzinatorischen Zuständen – luziden Träumen, dem falschen Erwachen, eksomatischen Erlebnissen und Erscheinungen – bekräftigt unsere Ansicht, daß ein gewisser Grad von Zusammengehörigkeit zwischen ihnen allen besteht. Diese Zusammengehörigkeit dürfte in dem Vorhandensein des Schlafes in seinen verschiedenen Erscheinungsformen oder Phasen begründet sein.

Ergänzend dazu möchten wir betonen, daß ein vielen Fällen vollkommen halluzinatorischer Erlebnisse gemeinsames Charakteristikum in jener »paradoxen« Kombination muskulärer Entspannung mit kortikaler Erregung zu sehen ist. Die Bedeutung dieser Kombination für die Frage, welche individuellen Besonderheiten jemanden für das Erleben einer oder aller dieser Zustände prädisponieren könnten, werden wir in Kapitel fünfzehn behandeln.

Kapitel 9

Die Kontrolle luzider Träume

Luzidität wird manchmal so definiert, daß der Träumer sich dessen bewußt ist, der »Autor« seines Traumes zu sein. Dem entspricht die Tendenz einiger Forscher, das Potential an Fähigkeiten herauszustellen, mit denen luzide Träumer den Inhalt ihrer Erlebnisse kontrollieren können, ja sogar davon auszugehen, daß ein luzider Träumer eine unbegrenzte Kontrolle darüber hat, was er träumt. Solche Vorstellungen sind aber eher irreführend. Der luzide Träumer mag ja durchaus das Wesen dessen, was er erlebt, als »unrealistisch« erkennen, wenn er es jedoch für etwas hält, dessen »Autor« sein eigener Geist ist, dann geschieht das mittels einer theoretischen Spekulation und führt ihn dazu, an ein Unterbewußtsein zu glauben, das unabhängig von seinem bewußten Wollen operiert.

Tatsache ist, daß ein luzider Träumer, abgesehen von Bewegungen und Verlagerungen seines Traumkörpers entsprechend denen, die ihm im Wachen verfügbar sind, allem Anschein nach wohl nur eine sehr begrenzte, wenn überhaupt eine Kontrolle über die Entwicklungen seiner Traumereignisse hat. Die Luzidität dürfte ihm kaum mehr als die Stellung eines passiven Zuschauers der Ereignisse ermöglichen, allenfalls emotional etwas abgehobener als vor seiner Erkenntnis des wahren Wesens seines Erlebens.

Luzide Träumer mögen sich wohl mit Erfolg daran erinnern, daß sie eigentlich bestimmte Absichten verfolgen wollten, wie aber der folgende Traum zeigt, ist die Kontrolle der Situation keineswegs vollständig, und es kann gut sein, daß sie mit geduldiger Spannung abzuwarten haben, auf welche Weise ihr Traum ihre Wünsche erfüllen wird, wenn er es überhaupt tut. Erzähler dieses Traumberichtes ist Embury Brown.

›Was werde ich durchs Fenster zu sehen bekommen?‹ frage ich mich, undeutlich dessen bewußt, daß ich träume und besorgt, ich könnte aufwachen, wenn ich hinausschaue ... Ich mache einen Luftsprung, um mich zu vergewissern, daß ich träume (neuerdings mein Standardtest, ein ganz unfehlbarer) ... Der erste Sprung ist leicht, wie eine Feder, aber ich komme nicht sehr hoch hinauf... Jetzt bin ich mir völlig dessen bewußt, daß dies ein Traum sein muß. ›Das ist ein luzider Traum‹, verkünde ich ganz begeistert meinem Bruder und denke: ›Wie merkwürdig und erfreulich, daß so schnell noch ein Traum gekommen ist.‹ (Meinen achtundsiebzigsten hatte ich gerade vor zwei Tagen.) Mein Bruder aber war verschwunden. Na gut, dachte ich, ich kann mit meinem Traum auch alleine zurechtkommen. Ich überlegte mir, was zu tun sei. Ich erinnerte mich, daß ich vorgehabt hatte, ein Taxi zu ›rufen‹, um einen luziden ›Stadtbummel‹ zu machen. ›Taxi!‹, rief ich, ›Taxi!‹ Ich traf einen Hotelangestellten und fragte ihn: ›Wo finde ich hier ein Taxi?‹ ›Unten am Empfang‹, sagte er, und so gehe ich gleich dorthin, die kurze Treppe hinunter. ›Taxi?‹ rufe ich einem jungen Mann in Uniform zu, der auch sofort aufsteht und mich hinausbegleitet zu einem dort geparkten Sportwagen ... Er läßt den Wagen an und fährt auf eine breite Vorortstraße, die ich auf den ersten Blick als die ›Zwölfte Straße am Hudson‹ erkenne. Ich möchte eigentlich bitten, zu einem Theater gebracht zu werden, kann mich aber an keines mit Namen erinnern. Mir fällt ein, daß ich mit dem Fahrer gar nicht zu sprechen brauche, da er ja keine wirkliche Person ist. ›Ich nehme an, Sie wissen, wohin ich will‹, sage ich, und er nickt zustimmend. Das ist ja mehr, als *ich selber* weiß, und ich hoffe nur, daß er mich nicht zu irgendeiner unerfreulichen Absteige bringt. Ich hole eine Handvoll Münzen aus der Tasche, in der Hoffnung, daß mein Traum-Geld den passenden Kurswert hat. Ich wende meine Gedanken den früheren Phasen meines Traumes zu, um sie in meinem Gedächtnis zu fixieren; aber das war ein fataler Fehler. Denn als ich zu der Taxi-Szene zurückkehren will, hat sie sich völlig aufgelöst. Ich kann sie wohl mit meiner Einbildungskraft rekonstruieren, aber mit so einer *Tagträumerei* komme ich kein bißchen weiter. Sie läßt sich nicht festmachen, und so ergebe ich mich darein, aufzuwachen. Was aber dann kam, war noch lange kein Aufwachen: Es war nichts als ein falsches Erwachen, in dem ich meine Handvoll Münzen auf einer Baseball-Tribüne unter meinem Bettzeug zusammensuchte. Dann wachte ich wirklich auf.

Bei allen Versuchen, die Umgebung im Traum durch einen Willensentschluß in einer Weise zu beeinflussen, die man im Wachen übernatürlich oder wunderbar nennen würde, ist die Wirkung offenbar immer einigermaßen unsicher. Das von dem Träumer erwünschte Ergebnis verzögert sich oftmals, und wenn es denn wirklich eintritt, kann es seinen ursprünglichen Absichten entsprechen oder auch nicht. Die beiden folgenden Fallbeispiele einer unserer eigenen Versuchspersonen verdeutlichen dies.

Wieder so eine berufliche Situation – etwas wie eine Messe. Ich werde luzid. Merke, daß es ein Traum ist, und daß ich die Kontrolle darüber habe. Sehe einen großen, altmodisch aussehenden Wagen/Lieferwagen. Zeige darauf und befehle ihm, zu verschwinden. Nach ein paar Versuchen kommt er in Fahrt und löst sich in Nichts auf.

Ich sehe so eine Art hohen Kran. Probiere ihm zu befehlen, er solle verschwinden. Teile seines Aufbaues lösen sich auf, bis nur noch so etwas wie ein langes, spindeldürres kran-ähnliches Ding übrigbleibt.

Insgesamt gesehen, treten also einem luziden Träumer seine Traumereignisse gegenüber, ganz ähnlich wie bei einem gewöhnlichen Träumer, und die Kontrolle, die er darüber ausüben kann, ist begrenzt und hinsichtlich ihrer Ergebnisse ungewiß. So mag ihm beispielsweise eine Landschaft gegenübertreten und er sich einen Weg aussuchen, sie zu durchwandern, oder er kann sich in einer bestimmten Situation vorfinden und sich Experimente ausdenken, die er durchführen möchte. Aber die Auswahl der Szenerie oder des Standortes ist in einem luziden Traum ganz und gar nicht leicht zustande zu bringen; es kann sich einer zwar vorstellen, wie er die Szenerie verändern möchte, aber die Art und Weise, wie das geschieht, und das Ausmaß, in dem sich dabei seine Wünsche erfüllen, werden immer für Überraschungen gut sein.

Trotzdem haben sich einige Träumer spezielle Methoden angeeignet, die sich für die Ausübung einer gewissen Kontrolle über die Szenerie und den Verlauf der Ereignisse in ihrem Traum als hilfreich erwiesen haben. Einige davon wollen wir nun hier vorstellen.

Einige Träumer haben herausgefunden, daß sie, wenn sie in ihrem luziden Traum die Augen zuhalten oder schließen und an die Veränderung der Szenerie denken, die sie beim Wiederöffnen der Augen erleben möchten, damit tatsächlich die Veränderung ganz oder wenigstens annähernd herbeizwingen können.

Die Technik, sich die Augen zuzuhalten, hat sich für einige luzide Träumer auch als geeignete Methode erwiesen, um sich aufzuwecken. Eine luzide Träumerin, die dies praktiziert hat, unsere Versuchsperson E, schlägt zudem vor, man solle den Traumereignissen, während man sie visuell durch das Bedecken der Augen ausblendet, zugleich die Aufmerksamkeit entziehen.

Die erste, über das luzide Träumen hinausgehende Entwicklung war die Entdeckung, wie ich mich aus einem Traum aufwecken kann. Die Methode, die ich ganz zufällig in einem gewöhnlichen Traum entdeckte, als ich mich vor Verfolgern verstecken mußte, besteht darin, daß ich meine Augen mit den Händen zuhalte und meine Gedanken von dem Traum abwende. Darauf folgte allerdings zunächst einmal ein anhaltendes, äußerst unangenehmes Gefühl, so als ob ich in meinen Körper zurückkehren wollte, den ich wohl spüren, aber nicht bewegen konnte. Trotzdem versuchte ich, mich in unangenehmen Träumen an diese Fluchtmethode zu erinnern, und experimentierte damit auch in luziden Träumen. Durch die Wiederholung wurde der Übergang schließlich ganz einfach, auch wenn ich mich manchmal statt im Wachen in einem anderen, nicht unbedingt luziden Traum wiederfand.

Eine weitere Methode, aufzuwachen, soll darin bestehen, daß man sich im Traum auf einen bestimmten feststehenden oder beweglichen Punkt des Gesichtsfeldes konzentriert. Paul Tholey scheint dies als verläßliche Methode zu betrachten. Unsere Untersuchungsergebnisse deuten allerdings darauf hin, daß alle Verfahren, mit denen man sich aus einem luziden Traum aufwecken möchte, sich noch nie als wirklich zuverlässig erwiesen haben, vielmehr immer wieder statt in einen Wachzustand in einen normalen Traum oder in irgendeine Form eines falschen Erwachens geführt haben.

Stephen LaBerge praktiziert die merkwürdige Technik, sich wie ein Kreisel zu drehen, um damit die Luzidität im Traum zu verlängern oder zu stabilisieren. Er empfiehlt, Pirouetten auszuführen, am besten mit ausgestreckten Armen, wie ein wirbelnder Derwisch. Welche spezielle Variante dieser Technik man auch anwendet, das Ziel soll in jedem Falle sein, im Traum ein starkes Bewegungsempfinden zu erzeugen. LaBerge empfiehlt zusätzlich, sich während des Kreiselns intensiv ins Gedächtnis zu rufen, daß man träumt und daß man damit auch während der Bewegungsübungen bewußt fortfahren möchte. Diese Methode, zunächst aus seiner eigenen Erfahrung mit luziden Träumen entstanden, habe sich auch für eine ganze Reihe anderer Personen als hilfreich erwiesen, um einen von ihnen gewünschten Szenenwechsel herbeizuführen. Bei LaBerge selber ergab sich meistens, daß die nach der Beendigung des Kreiselns erscheinende Traumszenerie sein eigenes Schlafzimmer war. So kam es, daß er bei seinem ersten Versuch mit dieser Technik zunächst irrtümlicherweise annahm, er sei aufgewacht. Er hält dies jedoch für eine unwesentliche Nebenwirkung der Umstände, unter denen er diese Technik entdeckte. Aber auch wenn dem nicht so wäre, so könnte doch seiner Meinung nach ein falsches Erwachen dadurch vermieden werden, daß man sich während des Kreiselns stets daran erinnert, daß man träumt.

Nach LaBerges Vermutung könnte die Methode durch eine Stimulierung des Teiles im Gehirn, das an der Erzeugung der Kreiselvorstellungen beteiligt ist, zur Wirkung kommen, was wiederum dazu beitragen könnte, die benachbarten Hirnregionen zu aktivieren, die ihrerseits an der Erzeugung der für den luziden Traumschlaf charakteristischen schnellen Augenbewegungen beteiligt sind. So geistreich diese Hypothese auch auf den ersten Blick erscheinen mag, es stellt sich doch die Frage, ob sich nicht noch alternative Ansätze finden lassen, die eine zuverlässige Wirkung garantieren. Uns scheinen die schnellen Augenbewegungen des REM-Schlafes doch eher ein Nebeneffekt der auftretenden Hirnrinden-Aktivierung zu sein, nicht aber ihre zentrale Ursache. Und es wäre ja wohl äußerst ungewöhnlich, wenn die Ausweitung oder Verlängerung dieses Nebeneffekts schon bewirken sollte, daß die zentrale Ursache ausgeweitet oder verlängert wird. Die Wirkung der Kreiselbewegungen im Traum besteht vielmehr in einer Verstärkung des Aktivationszustandes, womöglich aufgrund des bizarren oder ungewohnten Charakters dieser Traum-»Aktion«.

Interessant ist hier, das Ausmaß an Kontrollmöglichkeiten in luziden Träumen mit den Versuchen zu vergleichen, den Inhalt hypnagoger Vorstellungen zu steuern. Leaning spricht von dem »Willentlichen« dieser Versuche, die in vielen der von ihr überprüften, veröffentlichten und unveröffentlichten Fällen zu keinerlei Kontrolle über das Auftreten, den Inhalt oder die Entwicklung der Vorstellungen führten. In einigen anderen Fällen hätten die Betroffenen jedoch eine Methode zur Beeinflussung des Inhaltes entwickelt, indem sie nämlich daran dachten, was sie zu sehen wünschten, und auf das Eintreten spontaner Veränderungen warteten. So schrieb beispielsweise eine dieser Personen: »Ich sage mir voller Neugier: ›Das da ähnelt einem Frosch (einem Alligator oder was weiß ich).‹ Sogleich verwandelt sich das Vorstellungsbild von alleine in einen Frosch.« Die Vorstellung einer anderen Versuchsperson nahm die Form eines weiten Landschaftspanoramas an, wozu Leaning anmerkt: »Da konnten wohl Modifikationen eintreten, etwa von einer Ebene zu einem Hügelland, oder auf einmal zu blühenden Obstbäumen, aber solche Veränderungen waren wie eine natürliche Weiterentwicklung eines ablaufenden Prozesses.« Und anscheinend war es so, daß, wenn diese Versuchsperson etwas nicht Dazugehöriges »wollte«, dies dann »nicht kam«.

Eine verbreitete Begrenzung der Kontrollmöglichkeiten über die wahrnehmbare Umgebung besteht nach den Berichten luzider Träumer in einer Unfähigkeit, den allgemeinen Helligkeitsgrad unter Kontrolle zu bekommen. So ist

Keith Hearne von mehreren seiner Versuchspersonen berichtet worden, sie hätten es nicht geschafft, daß sich der Helligkeitsgrad ändert, z. B. wenn sie in ihren Träumen ein Licht an- oder auszuschalten versuchten. Dieses Problem werden wir in Kapitel zehn noch eingehend zu behandeln haben.

Das erotische Element in luziden Träumen

Versuche, erotische Elemente in luzide Träume einzubinden, führen offenbar zu unterschiedlichen Ergebnissen, wobei allem Anschein nach die individuelle Eigenart des jeweiligen Träumers eine entscheidende Rolle spielt. Zur Entstehungszeit von *Lucid Dreams* ließ das vorliegende Material darauf schließen, daß die meisten Träumer es schwierig fanden, sich auf sexuelle Aktivitäten oder auch nur auf harmlose erotische Begegnungen einzulassen, ohne dadurch die Luzidität einzubüßen, eine Erfahrung, die sie zumeist darauf zurückführten, daß dieser ganze Bereich die emotionale Distanziertheit beeinträchtigt, die ihnen für die Aufrechterhaltung der Einsichtsfähigkeit unerläßlich zu sein schien. So behauptet beispielsweise unsere Versuchsperson E, es bestehe geradezu eine Hemmung dem allen gegenüber, und Oliver Fox erweckt den Anschein, die Notwendigkeit einer völligen emotionalen Abgehobenheit schließe diesen Bereich einfach aus. Andere luzide Träumer, wie etwa unsere Versuchsperson A, fanden, es sei schon möglich, sich auf amouröse Aktivitäten einzulassen, doch sei es unmöglich, nicht bereits vor dem Höhepunkt des Erlebnisses aufzuwachen. Noch andere wiederum, wie etwa unsere Versuchsperson C, berichten von Schwierigkeiten, die Luzidität festzuhalten, sobald sie auf eine Aktivität dieser Art eingehen.

Der Marquis d'Hervey de Saint-Denys hat offensichtlich große Mühe damit gehabt, das Auftreten zweier Damen aus seinem Bekanntenkreis in seinen Träumen sicherzustellen. So hat er zum Beispiel auf den Bällen, die er besuchte, sorgfältig darauf geachtet, mit jeder der beiden Damen jeweils zu einem besonderen Musikstück zu tanzen, und er beschaffte sich eigens eine Spieluhr, um diese Stücke spielen zu lassen, während er schlief. Diese Prozedur hatte anscheinend den erwünschten Erfolg, in seinen Träumen die Gestalt der Dame herbeizurufen, deren Musik er gerade hörte. Darüber hinaus ist der Marquis allerdings nicht mehr sehr auskunftsfreudig, weder verrät er, wie die Sache weiterging, nachdem er das Erscheinen der auserwählten Begleiterin bewerkstelligt hatte, noch teilt er mit, ob seine Träume in irgendeiner Phase luzid waren. Allgemein gesehen hat er jedoch allem Anschein nach eine sehr hohe Meinung von luziden Träumen als von Mitteln, die einen alles erleben lassen, was das Herz begehrt.

Zur Zeit von *Lucid Dreams* wußten wir zum mindesten von einem Träumer, einem älteren Herrn, der angab, er habe luzide Träume zur Auffüllung seines sonst eher mageren Liebeslebens verwandt. Der inzwischen verstorbene Träumer gab uns den folgenden Bericht über sein Erleben. Er hat ihn in der dritten Person abgefaßt, so als ob es sich um einen seiner Freunde gehandelt habe, im Gespräch gab er jedoch zu, daß es um sein eigenes Erleben gehe und daß dies für sein in dieser Beziehung sonst recht langweiliges Leben tatsächlich eine wirkliche Bereicherung bedeutet habe.

Einer meiner *Freunde*, der bei sich die Fähigkeit entdeckt hatte, in seine Träume einzugreifen, machte es sich zur Gewohnheit, sich in seinen Träumen gutaussehenden Mädchen zu nähern und sie auszuziehen. Er rechtfertigte das damit, daß ihnen dadurch kein wirkliches Leid geschehen könne, da es sich ja nur um seine eigenen geistigen Produkte handele. Sollte das aber doch nicht ganz so nett klingen, dann geben Sie *ihm* die Schuld, nicht mir!

Wie dem auch sei, jedenfalls träumte er beim ersten Mal von einem Mädchen, das er kannte, und ging gleich daran, sie zu entkleiden. Da kam ein anderes, sehr hübsches Mädchen vorbei, zog sich freiwillig aus und legte sich hin. Wie es im Bericht heißt, fand ein Geschlechtsverkehr statt, und er erwachte mit einem Orgasmus.

Seiner Erzählung zufolge – und als einer, der ihn *gut* kennt, glaube ich ihm – waren die Tast- und Wärmeempfindungen etc. so realistisch, wie sie es bei einem solchen Erlebnis im Wachen gewesen wären, ganz so wie eine vollkommene Nachbildung.

Soweit ich mich erinnere, hatte er eine Anzahl solcher Träume, bis dann wohl das Über-Ich intervenierte, jedenfalls keine Damen mehr seine Nächte belebten, sooft er auch bewußt träumte. Leider!

Andere luzide Träumer, nicht zuletzt Patricia Garfield, haben Sex in luziden Träumen nicht nur für möglich gehalten, vielmehr haben sie in glühenden Farben seinen intensiv ekstatischen Charakter gepriesen.

Stephen LaBerge hat in Laboruntersuchungen versucht, die physiologischen Begleitumstände von Sex in luziden Träumen zu erkunden. Wir werden darauf in Kapitel dreizehn zurückkommen, wenn es um die therapeutischen Anwendungsmöglichkeiten des luziden Träumens geht. Die Tatsache, daß er solche Untersuchungen überhaupt als durchführbar erkannte, macht jedenfalls deutlich, daß zum mindesten einige seiner Versuchspersonen – zumeist weibliche – durchaus imstande waren, von sexuellen Aktivitäten luzid zu träumen, ohne die Einsichtsfähigkeit einzubüßen.

Hemmungen in luziden Träumen

Ein Punkt, an dem die Kontrollmöglichkeiten des Träumers in einem luziden Traum unvollkommen zu sein scheinen, ist dort, wo er Schwierigkeiten hat, seine Hemmungen angesichts von Aktionen zu überwinden, die für ihn oder andere effektiv gefährlich wären, würde er sie im wirklichen Leben ausführen. Schwierigkeiten, die auch dann bestehen, wenn er sich der Unwirklichkeit der Traumereignisse bewußt ist. In dieser Hinsicht ist es interessant, den luziden Träumer mit jemandem zu vergleichen, der unter Hypnose steht, gilt dieser doch, obwohl er bis zu einem gewissen Grade der Kontrolle des Hypnotiseurs zu unterliegen scheint, als außerstande, Aktionen durchzuführen, die er auch im Normalzustand nicht durchzuführen bereit wäre.

Ein Verfahren, das mehrere luzide Träumer zu praktizieren versuchten, besteht darin, in einem luziden Traum »Selbstmord zu begehen«. Mindestens zwei von ihnen sind dabei auf beachtliche Schwierigkeiten gestoßen. Der Marquis d'Hervey de Saint-Denys versuchte in einem luziden Traum einmal, sich mit einem Rasiermesser die Kehle durchzuschneiden, berichtet aber dann: »Mein instinktives Grausen vor dieser Tat war offensichtlich stärker als mein bewußtes Wollen«. Bei anderen Anlässen überlegte er, ob er nicht versuchen sollte, sich in einem luziden Traum zu erschießen, berichtet aber, es hätte immer solange gedauert, eine Pistole zu bekommen und zu beherrschen, daß seine Aufmerksamkeit dadurch ganz von seinem eigentlichen Vorhaben abgelenkt worden sei. Vor nicht gar so langer Zeit hat eine Versuchsperson ihr Bemühen, in einem luziden Traum mit dem Auto Selbstmord zu begehen, folgendermaßen beschrieben:

Heute morgen war ich von 5.00 bis 6.30 Uhr wach gewesen, um zum Strand hinunter zu fahren, wo in der Morgendämmerung im Osten ein Komet zu sehen sein sollte. Draußen war es so kühl, daß ich beim Fahren des VW-Busses Handschuhe angezogen hatte. Gegen 6.30 Uhr war ich nach Hause gekommen und hatte mich wieder schlafen gelegt.

In einem meiner darauf folgenden Träume fuhr ich wieder den Kleinbus. Ich schaute auf meine rechte Hand, mit dem Handschuh, und trat in den bewußt/unbewußten Zustand ein ... Plötzlich erinnerte ich mich wieder an meine Versuche, einen Traum-Selbstmord zustande zu bringen, und sah jetzt die perfekte Gelegenheit dafür gekommen. Allerdings habe ich mich erst einmal selber ›geprüft‹, um sicherzugehen, daß ich wirklich träumte ..., und fuhr dann mit voller Absicht und ganz bewußt von der Straße hinunter auf ein paar Bäume zu. Das Fahrzeug stoppte abrupt, gerade noch, bevor es an die Bäume stieß, aber nicht von meinem Bewußtsein, sondern vom Unterbewußtsein gesteuert, so als ob jemand stark gebremst hätte. Dann verblaßte die Szene und löste sich auf.

Ein Gegenbeispiel dazu, wie nämlich ein Selbstmord in einem luziden Traum erfolgreich simuliert werden konnte, ist das Erlebnis eines der Berater unseres Instituts, dem inzwischen verstorbenen Professor für Elektrotechnik am Londoner Imperial-College, Colin Cherry, der manchmal luzide Träume hatte und uns einen davon in dem folgenden Bericht schilderte:

Ich wanderte über eine weite Wiese, die sich zu einer verkehrsreichen Hauptstraße hinabsenkte. Ich sagte mir: ›Ich träume – also wollen wir das einmal austesten und vor eines dieser Autos springen!‹ Ich rannte den Hügel hinunter und sprang vor ein Auto – dann erwachte ich. Ich habe den Traum nicht wiederholen können.

Eine andere Versuchsperson hatte schon große Schwierigkeiten, als sie sich eine im Vergleich zu einem Selbstmord weit weniger extreme Selbstschädigung antun wollte: Als sie in einem luziden Traum versuchte, ihre Hand mit einem Fleischspieß zu durchbohren, wollte der zuerst trotz ihrer wiederholten Bemühungen nicht durch ihre Hand hindurch. Schließlich schaffte sie es dann doch, empfand aber keinerlei Schmerz dabei.

Eine ähnliche Hemmung tritt offenbar bei Versuchen auf, jemand anderem in einem luziden Traum körperliche Verletzungen zuzufügen oder ihn gar zu töten. Von Embury Brown stammt die folgende detaillierte Beschreibung seines Versuches, jemanden zu erhängen. Interessant ist hierbei, daß das »Opfer« seines Experiments, nachdem er seine starke Hemmung endlich überwunden und die erforderlichen Schritte erfolgreich durchgeführt hatte, entgegen seiner Erwartung dann doch nicht »starb«.

7. Mai 1934. (Ein spätes Abendessen, erst um elf Uhr, mit Fleischpasteten und Milch könnte das Unerfreuliche des folgenden Erlebnisses erklären, aber wohl kaum dessen Luzidität. Um sechs Uhr in der Frühe wachte ich auf und erinnerte mich daran, daß ich, da ich allein im Hause war, eine Milchflasche vor die Tür stellen mußte. Dann ging ich wieder ins Bett.) Ich sehe einen Jungen in der Küche, dann einen Mann. Wie sind die hereingekommen, bei verschlossenen Türen? Dann wird mir voller Freude klar: ›Das ist ja ein Traum; jetzt kann ich experimentieren!‹ Mir fällt ein, daß ich unter anderem daran gedacht hatte, einmal in einem luziden Traum einen Mordversuch zu unternehmen. So versuche ich, den Jungen Glied für Glied in Stücke zu reißen, kann ihm aber mit allem Zupacken überhaupt nichts antun. Das Experiment ist wirklich widerwärtig, und ich lasse davon ab. Ich gehe in einen mir unbekannten Raum hinüber, eine Art Holzschuppen mit

einem zwei Meter tiefen Loch in der Mitte. Ein Mann sitzt auf den Stufen, die in das Loch hinabführen. Zuerst ist es unser Freund, der Pfarrer, später jedoch sieht er eher wie ein junger Landstreicher aus. Ich sage ihm, er müsse gehängt werden. Auf der anderen Seite des Loches baumelt eine Schlinge an einer Vorrichtung, sie hochzuziehen. Schon schwanke ich recht gefährlich da oben herum und versuche, die Schlinge richtig einzustellen. Ich ziehe sie soweit herunter, wie ich für erforderlich halte, und klettere dann wieder zum Rand des Loches hinunter. ›Du stehst jetzt kurz davor, in die andere Welt hinüberzugehen!‹, sage ich zu dem jungen Mann. Wieder verspüre ich einen Widerwillen gegen die Fortsetzung des Experiments, überlege mir aber dann, daß dies doch bestimmt ein Traum ist und kein wirklicher Schaden angerichtet werden kann, und daß es schließlich interessant und informativ wäre, dies nun auch zu Ende zu bringen. ›Vielleicht‹, denke ich, ›wird es ja erträglicher, wenn ich etwas von dem Realismus der ganzen Sache weglasse.‹ *Ich ziehe meine gesamte Vorstellungskraft von den Traumfunktionen ab*, immerhin auf die Gefahr hin, aufzuwachen, und obwohl mich eigentlich schon die Gegenstände im Raum in ihrer traumhaften Unbestimmtheit hätten beruhigen können, bin ich dann doch höchst befriedigt, festzustellen, daß ich tatsächlich nicht aufwache. ›Bestimmt ist es möglich – und gerade jetzt geschieht das ja sogar –, in einem Traum Selbstbeobachtungen durchzuführen‹, bemerke ich. Der junge Mann ist gehorsam herübergekommen, um sich hängen zu lassen. Er springt auf einen Stuhl, der unten auf dem Grund des Loches steht. ›Er meint wohl, er würde von dort aus hochgezogen werden‹, denke ich mir; ›offensichtlich versteht er nicht, wie das Hängen geht.‹ Ich sage ihm, er solle wieder heraufkommen. Ich lege ihm die Schlinge an, hebe – während ich mich erneut mit dem Gedanken beruhige, daß ich doch ganz sicher in einer bloßen Traumwelt agiere – den Jungen hoch und stürze ihn in das Loch hinunter. Ich erwarte, daß der Aufprall ihm geradezu den Kopf vom Körper reißen würde, aber er bringt ihn noch nicht einmal um. Da sitzt er auf dem Grund des Lochs und hält sich die Hände an den Hals, es sieht so aus, als habe er große Schmerzen. Und während ich so da stehe und auf ihn hinunterschaue, wache ich auf.

Insgesamt gesehen vermitteln die angeführten Autoren den Eindruck, die Kontrolle luzider Träume hinge weitgehend von der jeweils vorhandenen Struktur psychologischer Assoziationen und Erwartungshaltungen ab. Diese Struktur entspricht allerdings nicht unbedingt genau den Realitäten im Wachzustand. Gewisse Abweichungen überwirklicher Art, die offenbar als relativ »akzeptabel« gelten, weisen gewisse Entsprechungen zu bestimmten »magischen« Traditionen auf. So ist Fliegen und das Bewegen oder Verwandeln eher kleiner Gegenstände anscheinend leicht möglich, wie in den Märchen und in phantastischen Filmen der Sorte *Superman*.

Auf der anderen Seite scheinen einige der in Phantasiegeschichten üblichen Elemente wie etwa das plötzliche Schrumpfen eines Menschen oder seine Verwandlung in ein anderes Wesen, einen Hund, eine Kröte oder ähnliches, in luziden Träumen nicht oder jedenfalls nicht häufig vorzukommen. Insgesamt gesehen machen luzide Träume anscheinend eher Gebrauch von den positiven Möglichkeiten der magischen Überlieferung. Fliegen und einen gewissen Grad an magischer Kontrolle über die Umwelt ausüben zu können, das sind positive Erfahrungen, wohingegen in etwas Kleineres verwandelt zu werden oder jemand anderen zu verkleinern, wohl kaum eindeutig befriedigende Erlebnisweisen darstellen.

Man könnte meinen, anderen etwas Unangenehmes zuzufügen, sei womöglich so etwas wie eine wohltuende Bestätigung der eigenen Macht, tatsächlich aber unterliegen alle Versuche, anderen in luziden Träumen Schaden anzutun, offensichtlich gewissen Hemmungen und scheinen auf einfache Dinge beschränkt zu sein wie jemandem einen Schlag zu versetzen, kaum stärker, als es im Wachen geschehen würde.

Schlußfolgerung

Wir könnten demnach wenigstens versuchsweise zu dem Schluß kommen, daß jede Lockerung moralischer Beschränkungen in luziden Träumen bis zu einem gewissen Grade stets durch die Stärke der aus den wachen Erfahrungen herrührenden Erwartungen begrenzt ist, insbesondere durch die normalerweise empfundene Zurückhaltung angesichts der Risiken, sich selber oder anderen Schaden zuzufügen. Dieses Widerstreben muß wohl eine beachtliche Kraft besitzen, wenn man bedenkt, daß luzide Träumer theoretisch durchaus imstande sein könnten, zu ihrem eigenen Vergnügen und ohne die üblichen Risiken sowohl die weniger anziehenden Vorgänge vom Typ Horrorfilm als auch ihre eigenen, erfreulicheren Phantasievorstellungen zu reproduzieren.
Ähnliche Überlegungen zur Transferwirkung von Erwartungen im Wachzustand könnten zum Verständnis der »Wunder« beitragen, die hier und da zu den Merkmalen luzider Träume gehören können. So mag es sein, daß jemand in seinem normalen Dasein aus irgendeinem Grund nie einen besonders klaren Eindruck von den Schwierigkeiten des Fliegens gewonnen hat, vielleicht weil er nie höher hinauf gekommen ist als bei einem Luftsprung. Aber er wird auf alle Fälle erfahren haben, daß Wände allen Versuchen, sie

zu durchdringen, Widerstand leisten, was vermutlich der Grund dafür sein dürfte, daß ein manchmal in luziden Träumen mögliches Durchdringen einer Wand meistens doch von eigenartigen und ungewöhnlichen Gefühlen begleitet wird.

Kapitel 10

Zwei Problemfelder:
Lesen und Lichtanschalten

Wir haben bereits auf den relativ hohen Realitätsgrad aufmerksam gemacht, der in luziden Träumen im Vergleich zu
nicht-luziden Träumen erreicht werden kann, besonders im
Hinblick auf die Frage der Wahrnehmungsqualität. In diesem Kapitel wollen wir aber nun das Augenmerk auf zwei
Arten von Traumereignissen richten, die relativ durchgängig
gewisse Begrenzungen des Traumgeschehens erkennen lassen. Bei diesen Ereignissen handelt es sich um das Lesen
und das Anschalten (oder Ausschalten) des Lichts. Es dürfte
der Mühe wert sein, diesen so häufig geschilderten Realitäts-
abbrüchen im luziden Traumerleben eine besondere Aufmerksamkeit zu widmen, können wir uns doch davon ein
besseres Verständnis vom Wesen luzider Träume und ihrer
Beziehungen zu anderen wahrnehmungsähnlichen Erlebnisarten erhoffen, dazu möglicherweise auch Hinweise auf
die an der »Erzeugung« all dieser Erlebnisarten ursächlich
beteiligten Hirnfunktionen.

Lesen in luziden Träumen

Der folgende Traumbericht Moers-Meßmers veranschaulicht, welche Schwierigkeiten man haben kann, wenn man
in einem luziden Traum irgendwelche Texte zu lesen versucht. Ähnlich wie bei dem auf Seite 48 f. angeführten
Erlebnis hat der Träumer auch hier anfänglich einigen Er-

folg bei seinen Lesebemühungen, muß dann aber feststellen, daß es einfach zu schwierig für ihn wird. Und als er schließlich doch wieder zu »lesen« vermag, erscheinen ihm die Schriftzeichen wie Hieroglyphen. Vermutlich waren derartige Schriftzeichen Moers-Meßmer im wachen Leben unbekannt, um so interessanter ist, daß er im Traum zu »wissen« scheint, was sie bedeuten.

Ich komme zum Bewußtsein, daß ich träume, den Grund dazu habe ich vergessen.
Ich befinde mich in meinem gewohnten Zimmer, draußen scheint die Sonne. Ich sehe sie an ... Danach beim Sehen helle Flecken einige Sekunden lang. Sobald sie verschwunden sind, greife ich nach einer auf dem Tisch liegenden Zeitung und lese ohne Schwierigkeit. Sodann versuche ich, die einzelnen Worte rückwärts zu lesen. Die Reihe der Buchstaben zieht sich dabei in die Länge, es sind viel mehr, als dem dazugehörigen Wort entsprechen. Wie ich so mehrere Worte teils vor-, teils rückwärts gelesen habe, geschieht etwas Merkwürdiges. Einige derselben haben sich geändert, sie bestehen nicht mehr aus der gewohnten Buchstabenreihe, sondern bilden Figuren, die eine entfernte Ähnlichkeit mit Hieroglyphen haben. Und schon sehe ich nur noch diese Zeichen, jedes hat die Bedeutung eines Wortes oder einer Silbe, die Buchstaben sind vollständig verschwunden. Ich weiß bei jeder Figur genau, was sie bedeutet, fliege nur so mit den Augen darüber hinweg in der gewohnten Richtung von links nach rechts und lese ganze Sätze ohne jede Anstrengung ...

In dem folgenden Beispiel schildert Embury Brown einen offensichtlich erfolgreichen Leseversuch, allerdings war auch die Aufgabe, die er sich gestellt hatte, recht einfach.

An einem Schreibtisch nahe dem Fenster sitzend denke ich: ›Ich schlafe‹. Ich halte meine Hand hoch. ›Wenn ich mich jetzt aufwecke, werde ich mich dann etwa mit einer anderen Handstellung am Schreibtisch sitzend vorfinden?‹ Ich ziehe es vor, weiterzuträumen. ›Ich bin beinahe wach, hier an diesem Schreibtisch‹, denke ich, ›aber ich achte sorgfältig darauf, ein völliges Erwachen zu vermeiden.‹ Ich schaue aus dem Fenster und sehe mich selber draußen auf dem Verandadach stehen; aber *aus diesem Stückchen Tagträumerei im Traum wird keine Traumwirklichkeit. Ich sitze weiter am Schreibtisch.* Ich habe ein Buch mit einem Stichwortverzeichnis in Händen. ›Noch nie habe ich im Traum ein Stichwortverzeichnis gesehen. Ich werde es ausprobieren!‹ Ganz realitätsgetreu schlage ich ein angegebenes Stichwort nach. Ich wandere im Zimmer auf und ab ... Ich setze den Traum fort, jetzt aber ohne Luzidität und erwache um sieben Uhr früh, sehr überrascht, daß ich in Wirklichkeit nicht auf einem Schreibtischstuhl, sondern im Bett geschlafen hatte.

Unsere Versuchsperson E beschrieb ihre Versuche, in luziden Träumen zu lesen, so:

Merkwürdigerweise ist es in luziden Träumen schwieriger als in gewöhnlichen Träumen, zu lesen und das Gelesene zu behalten – womöglich deswegen, weil man in diesem Traumzustand dazu neigt, nach irgend etwas besonders Bedeutsamem Ausschau zu halten. Gelegentlich tritt dabei ein Phänomen auf, das man als automatisches Schreiben, Sprechen oder Singen bezeichnen könnte, wobei ich mir der Worte (oder Töne) wohl bewußt bin, aber erst wenn sie entstehen, nicht im voraus, und zugleich bin ich mir dieser absonderlichen Situation sehr deutlich bewußt – und verblüfft darüber. Auch wenn die Worte einem zunächst sinnvoll vorkommen, sind sie doch außerordentlich schwer im Gedächtnis zu behalten. Ich kann mich jedenfalls nur an eher beiläufige Sätze erinnern wie z. B.: ›Sanfte Lüftchen singen und schwingen.‹

Eine Erklärungsmöglichkeit für die Schwierigkeiten, die beim Lesen in luziden Träumen auftreten können, wäre die, daß der bzw. die Träumende die Notwendigkeit verspüren könnte, den Traum als solchen nicht zu ernst zu nehmen, um die Fähigkeit zur Einsicht in die Situation nicht zu verlieren. Und schließlich müßte ja eigentlich zu der Feststellung, daß ich träume, die Erkenntnis gehören, daß alles dabei etwa erscheinende schriftliche Material nichts anderes sein kann als ein Produkt meines eigenen Geistes (es sei denn, man glaubte an die Möglichkeit einer außersinnlichen Wahrnehmung). So müßte »eigentlich« der oder die Träumende alles Geschriebene und Gedruckte höchstens mit unbeteiligter Neugier betrachten, mit einer Einstellung wie: »Ich möchte bloß wissen, mit was mein Unterbewußtsein hier mal wieder ankommt!« Jedes andere Verhalten könnte dazu führen, daß man in der Traumwirklichkeit in eine Art Versunkenheit gerät, die mit der Einsichtsfähigkeit unvereinbar wäre. Dazu muß man ja nur einmal bedenken, wie versunken man im wachen Leben beim Lesen sein kann. Da verliert man ja oft seine Umgebung gänzlich aus dem Blick, ist völlig gefangen von den Themen oder Vorstellungen, die das gedruckte Wort einem vermittelt. Würde nun ein entsprechendes Gebanntsein in einem luziden Traum stattfinden, dann könnte dies die »wahrgenommene« Umwelt völlig zum Verschwinden bringen (wie in dem auf S. 148 f. angeführten Traumerlebnis Embury Browns) und damit zugleich die Einsicht, die mit der Wahrnehmung der Traumszenerie einherging.

Aus einer mehr biologischen Sicht betrachtet, erscheint es als durchaus möglich, daß Schwierigkeiten beim Lesen in luziden Träumen auf eine relative Funktionsminderung der linken Hirnhemisphäre hindeuten. In Kapitel fünfzehn werden wir uns der Hypothese zuwenden, daß eine im Vergleich zur rechten Hirnhemisphäre relativ geringere Aktivität der linken sehr wohl ein allgemeines Merkmal des luziden Traumzustandes darstellen könnte. Sollte dies zutreffen, dann könnte es als Erklärungshilfe für die Schwierigkeiten dienen, die sich angesichts schriftlicher Materialien einzustellen pflegen. Von der linken Hemisphäre gilt nämlich, daß sie vorzugsweise in einer sequentiellen, nicht also einer umfassenden, ganzheitlichen Weise an der Verarbeitung von Informationen beteiligt ist (s. die Tabelle 15.1 auf S. 238), und das Lesen von Buchstaben und Worten ist ein Beispiel für solch eine Verarbeitungsweise.

Es ist interessant, daß Leseprobleme auch bei anderen Arten des Typs »unwillkürlicher« Vorstellungen beobachtet werden konnten. So bemerkt beispielsweise Saltmarsh, nachdem er geschildert hat, wie empfänglich er im hypnagogen Zustand nicht nur für visuelle Phänomene, sondern auch für Sätze oder Satzteile ist, die ihm unwillkürlich in den Sinn kommen: Der Satz oder Satzteil »ist in der Regel vollkommen unsinnig«. Diese Art Erfahrung trat bei ihm zumeist ohne pseudo-auditive oder andere empfindungsmäßige Begleiterscheinungen auf, gelegentlich allerdings erlebte er sie auch als »mit dem visuellen Typ vermischt«. Er schreibt dazu: »In solchen Augenblicken habe ich die hypnagoge Vision eines gedruckten Buches, das ich zu lesen versuche. Ich schaffe nie mehr als etwa eine halbe Zeile, und es ist immer die gleiche Art von Unsinn.«

Ardis und McKellar zitieren dieses Beispiel aus dem Aufsatz von Saltmarsh und bemerken dazu: »Wir haben unter Meskalineinfluß ähnliche Eindrücke von einem ›Wortsalat‹ und einem möglicherweise damit verwandten Phänomen, nämlich Vorstellungen von auf dem Kopf stehenden Zahlen beobachtet.«

Eine weitere interessante Beobachtung verdanken wir Oliver Fox, dem die Texte, die er in seinen luziden Träumen sah, »solange hinreichend deutlich vorkamen, bis man sie zu lesen versuchte«. Mit anderen Worten: Es scheint eine Diskrepanz zu bestehen zwischen dem Aussehen, sozusagen dem Nennwert des Vorstellungsbildes, und seinem wahren Informationsgehalt.

Insgesamt gesehen wird hier deutlich, daß wahrnehmungsähnliche Vorstellungen und Halluzinationen aller Art, was ihren vermutlichen Informationsgehalt angeht, nicht unbedingt nach ihrem »Nennwert« einzuschätzen sind. Anders gesagt: Der Anschein, es handele sich um höchst detaillierte Dinge, kann tatsächlich unter einer intensiven aufmerksamen Prüfung in sich zusammensinken und sich lediglich als ein Anschein, ja als Illusion erweisen.

Aber auch wenn wir diesen Vorbehalt machen, sollte das nicht als Herabsetzung der wahrnehmungsähnlichen Erlebnisse gegenüber einer wirklichen Wahrnehmung verstanden werden. Schließlich kann eine solche Wahrnehmung selbst durchaus viel »Bluff« enthalten. Schon seit langem ist ja bekannt, daß objektiv gesehen nur jeweils der zentrale Teil des Gesichtsfeldes klar erkennbar ist, da die Physiologie der Netzhaut bedingt, daß die Fähigkeit zur Unterscheidung von Details in dem Maße abnimmt, wie der Abstand vom Netzhautzentrum, der Fovea, zunimmt. Dennoch erleben wir unser Sehen nicht als allgemein verschwommen, mit Ausnahme eines klar zu sehenden »Tunnels«. In ähnlicher Weise läßt sich leicht demonstrieren, daß wir eigentlich einen »blinden Flecken« haben, an der Stelle, wo der Sehnerv durch die Netzhaut geht, aber dieser Fleck ist offensichtlich von unserer Erfahrung so »ausgefüllt« worden, daß er uns nie zu schaffen macht.

Das Lichtanschalten

In verschiedenen Berichten werden die Schwierigkeiten geschildert, die durch das Einschalten des elektrischen Lichts in einem luziden Traum entstehen. Das folgende Fallbeispiel einer unserer Versuchspersonen veranschaulicht ganz realitätsgetreu, welche Schwierigkeiten beim Einschalten des Lichts in einem falschen Erwachen erlebt werden können. In diesem speziellen Fall scheint das Problem einer der auslösenden Faktoren für das Aufkommen einer Luzidität gewesen zu sein.

Es kommt mir so vor, als wache ich ganz normal in meinem Bett auf. Versuche, die Nachttischlampe anzumachen, aber es klappt nicht. Fühle mich zerschlagen. Stehe auf und versuche, die Deckenlampe anzuschalten. Auch das geht nicht. Denke mir, der Zähler könnte kaputt sein und will mit einer Taschenlampe nachsehen, beginne aber auch schon zu vermuten, daß dies alles ein Traum ist. Alles ringsherum dunkel (aber heller, als es ohne Lampen eigentlich sein dürfte).

In einer von Dr. Keith Hearne geleiteten Versuchsreihe wurden acht erfahrene luzide Träumer gebeten, in ihren Träumen mit Lichtschaltern zu experimentieren. Nur einem von ihnen gelang es, die Aufgabe des Lichtanschaltens auszuführen. Interessant ist dabei, daß diese Versuchsperson nur Erfolg hatte, weil sie sich im Traum die Augen zugehalten hatte, so daß ihre bisherigen Vorstellungen aufgehoben waren. Zwei typische Erfahrungen der Versuchspersonen, die mit dieser Aufgabe Schwierigkeiten hatten, wollen wir hier anfügen:

Ich schaltete mehrmals ein und wieder aus und schaute zur Lampe hoch, die nur aus einer nackten Glühbirne bestand. Sie flackerte, ging an und wieder aus – ich sah den Glühfaden aufleuchten und orange-rot glimmen. Ich dachte: ›Typisch für diesen Bau hier, nichts funktioniert richtig.‹

Ich ging zum Lichtschalter des Schlafzimmers und knipste ihn an. Zu meiner Überraschung ging hinter mir in einem benachbarten Zimmer das Licht an, nicht aber im Schlafzimmer. Dann probierte ich es mit dem Lichtschalter in der Küche. Nichts passierte.

Eine andere Versuchsperson berichtete, es sei wohl möglich gewesen, das Licht erst aus- und dann anzuschalten, andersherum aber nicht.

Das Phänomen des Lichtanschaltens könnte die Vermutung nahelegen, die Schwierigkeit bestehe darin, eine ausreichende »Beleuchtung«, die der Wirkung des elektrischen Lichtes gleichkommt, in der Vorstellungswelt des Traumes zu simulieren. Dies paßt jedoch nicht dazu, daß luzide Träume oft als strahlend oder sogar grell beleuchtet geschildert werden, und daß es doch erwiesenermaßen zu der Erfahrungswelt luzider Träumer gehört, in Räumen umherzuwandern, in denen das elektrische Licht brennt.

Eine weitere denkbare Hypothese wäre, daß die Schwierigkeit bei dem Versuch auftritt, im Traum extreme Veränderungen im Helligkeitsgrad zu erzielen, statt mit der einmal gegebenen Beleuchtung zufrieden zu sein. Aber auch diese Deutung paßt nicht zu den häufig berichteten Merkmalen luzider Träume, zu denen ja nicht nur eine manchmal große Helligkeit, sondern gelegentlich auch extrem kontrastierende Lichtverhältnisse gehören. So vermutet beispielsweise eine Versuchsperson, das, was bei ihr in einem ihrer Träume die Luzidität ausgelöst habe, könne durchaus die extreme Helligkeit der Szenerie gewesen sein (ein Kanal im strahlenden Sonnenschein) oder auch der Kontrast mit dem gerade vorhergegangenen Dunkel auf den Straßen; nach ihrer Beschreibung ein nach normalen Maßstäben gar nicht möglicher Kontrast.

Hearne hält das Lichtanschalt-Phänomen für einen übergreifenden Charakterzug luzider Träume. Seine Erklärung dafür lautet, daß der Vorstellungswelt des Traumes eine physiologisch determinierte Höchstgrenze für den jeweiligen Helligkeitsgrad gesetzt ist, die sich allenfalls mit der Zeit verändern kann. Allerdings liegt kein unabhängiges Beweismaterial für diese Hypothese vor, außer dem Phänomen selbst, das sie erklären möchte. Zudem hat, als Hearnes Untersuchungen bekannt wurden, ein erfahrener luzider Träumer, Kenneth Moss, berichtet, er sei imstande gewesen, den Lichtanschalt-Test in elf von fünfzehn luziden Träumen, in denen er damit experimentierte, erfolgreich durchzuführen. Moss nennt verschiedene Methoden, die nach seiner Überzeugung die Ausführung dieses Tests ermöglichen, wie etwa einen Blickwinkel zu finden, aus dem man sowohl den Lichtschalter als auch die Lichtquelle nahe beieinander sehen kann.

Solche Beispiele wie die des Dr. Moss lassen vermuten, daß nicht alle luziden Träumer Schwierigkeiten damit haben, im Traum durch eine plötzliche Veränderung einen hohen Grad an Helligkeit zustande zu bringen. Es kann sein, daß diese Schwierigkeiten wenigstens zum Teil darauf beruhen, daß die Verbindung zwischen dem Bewegen eines Lichtschalters und der von einer elektrischen Glühbirne produzierten Beleuchtung womöglich erst auf einer relativ späten Entwicklungsstufe und auf einer relativ hohen Bewußtseinsebene erlernt und voll verstanden worden ist.

Diese Interpretation läßt sich durch die Tatsache stützen, daß keine entsprechenden Schwierigkeiten bei den Übergängen von hell zu dunkel und umgekehrt entstehen, wenn die Augen mit den Händen verdeckt werden, also das Schließen der Lider simuliert wird. Der Unterschied zwischen den beiden Situationen liegt darin, daß wir alle von Geburt an mit der Wirkung des Schließens und Wiederöffnens der Augen vertraut sind, der Wirkungszusammenhang Schalter-Beleuchtung dagegen erst verhältnismäßig spät im Leben erlernt wird und von daher keine derart automatische Erwartungshaltung hervorrufen kann.

Wie wir bereits erwähnten, hat die Versuchsperson, die imstande war, das Licht anzuschalten, dies erst geschafft, als sie ihre Augen mit den Händen bedeckte. Und wie wir in den voraufgegangenen Kapiteln gesehen haben, scheint diese Technik auch ganz allgemein nützlich zu sein, um in luziden Träumen Veränderungen der Szenerie zustande zu bringen. Oder anders gesagt, erweist es sich überhaupt als schwierig, auf irgendeine andere als auf diese Weise plötzliche und umfassende Veränderungen der Szenerie zu bewirken. Versucht der Träumer einfach so, Veränderungen herbeizuführen, dann scheint der Traum allenfalls geneigt zu sein, in einem ungewissen Verfahren schrittweiser Entwicklungen auf das erwünschte Ziel zuzugehen. Ein Beispiel für ein solches Verfahren bietet der von Celia Green angeführte Fall, in dem ein luzider Träumer beschließt, er möchte lieber in einem Gewächshaus in Kew Gardens sein, statt in der Londoner U-Bahn zu fahren, was er zu der Zeit gerade tat. Seine Konzentration auf diesen Wunsch hatte zur Folge, daß das Dach des U-Bahn-Wagens wie eine Kuppel und nahezu durchsichtig wurde, und aus seinen Mitreisenden Zweige und Blätter hervorsprossen. Fälle wie dieser lassen vermuten, daß das, was in luziden Träumen Schwierigkeiten hervorruft, nicht bloß Diskontinuitäten hinsichtlich des Helligkeitsgrades sind, sondern vielmehr unvermittelte und völlige Diskontinuitäten jeglicher Art, jedenfalls dann, wenn sie uns nicht aus unserer Erfahrung her vertraut sind. Man könnte geradezu sagen, daß die Vorstellungswelt des luziden Traums es »vorzieht«, auf dem Wege der Evolution statt auf dem der Revolution vorzugehen.

Kapitel 11

Methoden zum Herbeiführen luzider Träume

Es kommt vor, daß Menschen, die nie zuvor einen luziden Traum hatten, damit beginnen, sobald sie von der Möglichkeit erfahren. Eine ganze Reihe unserer Versuchspersonen erklärte, sie hätten ihren ersten luziden Traum gleich nach der Lektüre von Celia Greens Buch *Lucid Dreams* erlebt, und einige Forscher, die sich daran machten, dieses Phänomen wissenschaftlich zu untersuchen, stellten auf einmal fest, daß sie selbst luzid zu träumen begannen. Für diejenigen, die anfangen möchten, luzide Träume zu erleben, dürfte das einfache Rezept genügen, jeden Abend vor dem Einschlafen an die Möglichkeit eines luziden Träumens zu denken. Einige haben ein Buch über luzides Träumen neben ihrem Bett liegen und lesen vor dem Schlafen einen Abschnitt daraus, um sich so darauf einzustellen.

Inzwischen ist hinreichend erwiesen, daß die Morgenstunden die günstigste Zeit für das Auftreten luzider Träume sind. Verschiedene Praktiker raten daher, beim ersten Aufwachen gleich einige Übungen anzustellen, um sich ganz auf das Vorhaben, luzid zu träumen, zu konzentrieren, und danach noch einmal einzuschlafen. Stephen LaBerge macht es so, daß er sich gleich beim Aufwachen fragt: »Was habe ich geträumt?« Dann überdenkt er den Traum, den er gerade hatte, und sagt sich, wenn er wieder einschläft: »Wenn ich das nächste Mal träume, möchte ich daran denken, zu erkennen, daß ich träume.« Daraufhin geht er daran, sich selbst in den vorhergegangenen Traum einzubringen, jetzt aber als luziden Traum, indem er sich, während er die Abfolge der Traumereignisse durchdenkt, dessen bewußt wird, daß er träumt. Und auch wenn sein nächster Traum wieder recht verschieden von dem vorhergehenden sein mag, hat er insgesamt doch feststellen können, daß dieses Verfahren seine Chancen, luzid zu werden, beträchtlich erhöhte.

Andere luzide Träumer finden es hilfreich, für kurze Zeit aufzustehen, wenn sie in der Frühe das erste Mal aufwachen, für eine Weile einer ihrer Lieblingsbeschäftigungen nachzugehen und sich dann wieder ins Bett zu begeben. Eine unserer Versuchspersonen liest eine Zeitlang ein Buch, um sich der geistigen Wachheit zu vergewissern. Andere Träumer schreiben etwa einen vorhergegangenen Traum auf oder meditieren, bevor sie sich wieder schlafen legen.

Gerade auf dem Gebiet der Entwicklungsmöglichkeiten luzider Träume konnten seit der Veröffentlichung von *Lucid Dreams* beachtliche Fortschritte erzielt werden. Es gilt jetzt allgemein als erwiesen, daß motivierte Personen durchaus die Möglichkeit haben, den Häufigkeitsgrad ihrer luziden Träume ganz beträchtlich zu erhöhen. Stephen LaBerge erwähnt zwei Studenten, die sich von weniger als einem auf zwanzig pro Monat verbessern konnten. Und Paul Tholey ist der Überzeugung, im Grund genommen sei jeder in der Lage, mittels seiner Techniken luzide Träume zu entwickeln, wahrscheinlich schon in wenigen Wochen, sicherlich aber in einigen Monaten. Wir werden uns hier auf vier relativ unterschiedliche Verfahren konzentrieren, die zur Förderung der Luzidität geeignet sind.

Bei dem ersten handelt es sich um die Angewohnheit, sich beim Aufwachen seine nicht-luziden Träume ins Gedächtnis zu rufen. Anscheinend vermag dies allein schon das Auftreten luzider Träume zu fördern. Sollte diese Rückerinnerung an nicht-luzide Träume anfänglich mangelhaft sein, dann kann man sie durch Übung verbessern. Und was die luziden Träume selber angeht, so kann die bloße Absicht, sich an seine nicht-luziden Träume zu erinnern, schon ausreichen, um einige Verbesserungen herbeizuführen. Überhaupt empfiehlt es sich, die Angewohnheit, sich an einen gerade erlebten Traum zu erinnern, auch als erste Reaktion auf das Aufwachen zu pflegen. Der Traum sollte dabei soweit wie nur möglich ins Gedächtnis gerufen werden, ehe man andere Gedankengänge aufkommen läßt. Auch Träume schriftlich festzuhalten, sobald man sich so weit wie nur möglich an sie erinnert hat, erweist sich als hilfreich zur Fortentwicklung der Fähigkeit, Träume immer vollständiger im Gedächtnis zu behalten.

Bei der zweiten Vorgehensweise geht es um den hypnagogen Zustand. Es sind verschiedene Methoden beschrieben worden, um unmittelbar aus dem Wachen in einen luziden Traumschlaf überzugehen, ohne die bewußte Wahrnehmungsfähigkeit einzubüßen, angefangen mit den tibetischen Buddhisten des achten Jahrhunderts, wie bei Gillespie nachzulesen ist. Die einfachste dieser Methoden, die Ouspensky vertritt, besteht darin, beim Einschlafen auf die eigenen geistigen Vorgänge zu achten. Beabsichtigt ist dabei, bei der Beobachtung im Traum aufkommender Assoziationen und Bilder das kritische Selbstbewußtsein zu bewahren. Durch die Einübung dieser Technik kann es einigen schließlich gelingen, unmittelbar in die Traumszenerie einzutreten, ohne das Bewußtsein ihres Traumcharakters zu verlieren.

Stephen LaBerge rät dazu, sich beim Einschlafen mit mechanischen Aufgaben zu beschäftigen, um damit eine Art zentraler Wachsamkeit zu erhalten, während der Geist im übrigen ins Träumen einbezogen ist. Oder aber der Träumer solle sich unaufhörlich ins Gedächtnis rufen, er habe darauf zu achten, daß er träumt. LaBerge sagte sich selbst unablässig: »Erstens, dies ist ein Traum, zweitens, dies ist ein Traum, drittens, dies ist ein Traum«, und so weiter, bis er wirklich einen luziden Traum provoziert hatte.

Interessanterweise kommt es auch vor, daß jemand, der es beim Einschlafen nicht geschafft hat, luzid zu bleiben, feststellen konnte, daß der zunächst erfolglose Versuch dann im weiteren Verlauf der gleichen Nacht bei einem anderen Traum eine Luzidität hat aufkommen lassen.

Neben der Konzentration beim Einschlafen auf die Absicht, luzide zu träumen, sei es durch ein autosuggestives Selbsterinnern oder einfach durch die Beobachtung der eigenen, auf diese Absicht gerichteten Sinne, besteht die wirksamste Technik zur Herbeiführung luzider Träume wahrscheinlich in der Pflege einer ständigen kritischen und fragenden Geisteshaltung dem Zustand gegenüber, in dem man sich befindet. Das ist die dritte Methode, die wir nun vorstellen wollen.

Unsere Versuchsperson E schildert im folgenden, wie wichtig es als Hilfe zu einer erhofften Luzidität ist, im Wachen an das luzide Träumen zu denken.

Ein weiterer für das luzide Träumen förderlicher Faktor ist die eigene Haltung dieser Frage gegenüber, solange man wach ist. Wenn man sich nämlich auf den Gedanken konzentriert, daß beim Träumen ein Bewußtsein dieses Zustandes aufkommen wird, und sich zugleich vornimmt, auf jede Art von Ungereimtheit durch ein Nachdenken darüber zu reagieren, ob man denn nun träumt – dann dringt dies offenbar mit der ersehnten Wirkung ins Unbewußte ein. Ähnliches gilt von Überlegungen, ob und warum man irgendwann einmal versäumt hat, über diese Frage tiefgreifend genug nachzudenken (vielleicht ohne sich gleich darüber klarzuwerden). Bei den darauf folgenden Anlässen neigt man dann dazu, sich diese Überlegungen ins Gedächtnis zu rufen.

Wenn jemand daran gewöhnt ist, die eigene Situation im Wachen zu überdenken und sich nach ihrer Beschaffenheit zu fragen, dann scheint es naheliegend zu sein, das gleiche auch im Traum zu tun. Eine Möglichkeit, dieses Phänomen einzuordnen, ist die, es als Veranschaulichung der Freudschen Vorstellung der »Tagesreste« zu sehen – daß man nämlich dazu neigt, von etwas zu träumen, was am vorangegangenen Tag im Wachen geschehen ist.

Paul Tholey hält diese Technik für besonders wirksam bei Personen, die bisher noch keine luziden Träume gehabt hatten. Er empfiehlt, sich am Tag mindestens fünf- bis zehnmal zu fragen, ob man wacht oder träumt, wobei man sich angewöhnen sollte, der Frage jedesmal kritisch nachzugehen und seine Umgebung sowie seine Gefühlssituation auf mögliche Anhaltspunkte und Aufschlüsse hin zu überprüfen. Zunächst sollte man versuchen, sich intensiv vorzustellen, daß man sich in diesem Augenblick im Traum befindet und daß alles, was man wahrnimmt, einschließlich des eigenen Körpers, bloß geträumt ist. Gibt es irgend etwas in der Umgebung, das nicht zu einem wachen Erleben paßt? Dann sollte man seine Erinnerung an unmittelbar vorhergehende Ereignisse testen. Was hat man vorher getan? Wenn man geht – woher ist man gekommen? Und was ist davor geschehen? Kann man sich daran erinnern, wie man am Morgen aufgestanden ist? Kann man sich daran erinnern, was man gestern getan hat? Wenn diese Überprüfung der unmittelbaren Vergangenheit in einem Traum vorgenommen wird, kommt sie oftmals zu einem raschen Ende, da die Erinnerungsfähigkeit in einem Traum nicht weit in die Vergangenheit zurückreicht. Das Einüben der Gedächtniskontrolle im Wachzustand vergrößert, ebenso wie andere Kontrollen der Umgebung und der Gefühlswelt, die Wahrscheinlichkeit, daß der Träumer die gleichen Kontrollen auch in einem Traum durchführen kann und wird.

Die Frage nach dem Träumen sollte so oft wie nur möglich gestellt und die Kontrollen so oft wie nur möglich durchgeführt werden, wobei es ganz besonders hilfreich ist, diese

Praxis bei Ereignissen anzuwenden, die für Träume charakteristisch sind, also bei etwas Überraschendem oder Unwahrscheinlichem oder in einer extremen Gefühlssituation. Dadurch wird eine Verbindung hergestellt zwischen den über das Alltägliche hinausgehenden Ereignissen und der Fragestellung selbst.

Die vierte Vorgehensweise, die in Wirklichkeit eher eine Variante der dritten ist, besteht darin, spezielle »Tests« durchzuführen, wie man sie etwa auch im prä-luziden Stadium zur Bestimmung des eigenen Zustandes anwendet, nur eben jetzt im Wachen. So mag der oder die Betreffende beschließen, irgendeine besondere Handlung auszuführen, um den Traumzustand zu testen, und die Ausführung dieser Kontrollhandlung kann Teil seines bzw. ihres wachen Tagesablaufs werden, zusammen mit der Routinefrage: »Träume ich jetzt?« Man könnte beispielsweise versuchen, durch eine Wand zu gehen oder einen Gegenstand aufzuheben, von dem man weiß, daß er in Wirklichkeit zu schwer ist, um festzustellen, ob die Ergebnisse der Versuche so sind, wie sie normalerweise zu erwarten wären. Auch ein Buch zur Hand zu nehmen, um herauszufinden, ob es so leicht zu lesen ist wie gewöhnlich, kann als Test dienen, im Blick auf die Schwierigkeiten, die das Lesen in luziden Träumen immer wieder bereitet.

Wenn man solche »Tests« im Wachen regelmäßig durchführt, dann wird – so der Grundgedanke dieser Methode – die Wahrscheinlichkeit zunehmen, daß man etwas Ähnliches auch im Traum ausführt und möglicherweise infolgedessen sogar luzid wird, da ja der Test im Traumzustand sicherlich nicht zu einem normalen Ergebnis führen wird.

Eine interessante Frage ist nun, inwieweit der »Lernprozeß« zur Herbeiführung luzider Träume dem psychologischen Konzept der Konditionierung, der Lehre von den bedingten Reflexen oder Reaktionen nahekommt. Bei den klassischen

Konditionierungsexperimenten Pawlows mit seinen Hunden ließ er dem ursprünglichen, »unbedingten Reiz«, nämlich dem Geruch des Futters, der natürlicherweise die »unbedingte Reaktion« des Speichelflusses hervorruft, den »bedingten Reiz«, einen Glockenklang, vorausgehen – so oft, bis schließlich der Glockenklang genügte, den Speichelfluß auch ohne den Geruch des Futters hervorzurufen. Der Speichelfluß wurde so zu einer »bedingten Reaktion«. Ein wesentliches Element war dabei die auf das Erklingen der Glocke folgende Belohnung mit Futter, zumindest bei einem gewissen Teil der Versuchsreihe. Das Futter wirkte also als »Verstärker« der Verbindung zwischen Glocke und Speichelfluß.

Der zwangsjackenartige Charakter dieses eher mechanischen Lernmodells ist von neueren Untersuchungen der bedingten Reflexe dadurch ein wenig aufgelockert worden, daß nun auch interne organische Gegebenheiten oder sogar »kognitive Ereignisse« als mögliche bedingte Reize gesehen werden. Vermutlich würden Traumereignisse ebenfalls in solch eine Kategorie einzuordnen sein. In Fällen, wo jemand gleich von Anfang an spontan luzid wird, sagen wir als Folge eines Alptraums oder als Reaktion auf eine Ungereimtheit in der Traumsituation, könnten wir die Frage »Sollte dies ein Traum sein?« als eine unbedingte Reaktion auf die Vorgänge im Traum verstehen. Das Erreichen der Einsicht erfüllt sicherlich die Funktion eines »Verstärkers«, ist es doch allem Anschein nach etwas im wesentlichen Erfreuliches, auch dann, wenn es nicht unbedingt die Befreiung von einem unmittelbar vorhergegangenen Alptraum mit sich bringt.

Die verschiedenen, in diesem Kapitel dargestellten »Trainings«-Methoden könnte man vielleicht als Versuche betrachten, die Einsicht als eine an sich unkonditionierte Reaktion durch neue, im Traumzustand entstehende Reize zu konditionieren. Folgt also jemand zum Beispiel Tholeys

Rat und versucht jedesmal, wenn ihm im Wachen irgend etwas Belastendes oder Überraschendes widerfährt, zu überlegen: »Könnte dies ein Traum sein?«, dann stellt sich diese Frage bei ihm doch eigentlich als eine konditionierte, bedingte Reaktion auf streßgeladene oder überraschende Traumsituationen ein. Der »bedingte Reiz« muß noch nicht einmal so etwas Besonderes sein wie die Traumgeschehnisse, die für gewöhnlich das Aufkommen einer spontanen Luzidität im Traum bewirken. Der oder die Betreffende könnte auch einfach irgendeinen Reiz aufgreifen, den er bzw. sie ganz häufig aus nicht-luziden Träumen erinnert oder der auf experimentellem Wege auch im Wachen herbeigeführt werden könnte – sich z. B. eine grüne Gießkanne auf die Fensterbank stellen und jedesmal, wenn man daran vorbeigeht, sich fragen, ob man träumt. Dies könnte nach Freuds Prinzip der Tagesreste die Wahrscheinlichkeit erhöhen, daß der oder die Betreffende tatsächlich von grünen Gießkannen träumt und – so wäre zu hoffen – mit der entsprechenden Frage darauf »reagiert«.

Die Methoden zur Förderung luzider Träume, die wir in diesem Kapitel dargestellt haben, sind als pragmatische Anregungen für diejenigen gedacht, die bei sich selbst Luzidität herbeiführen möchten, nicht hingegen als gültige Forschungsergebnisse. Dazu müßten die bisher entwickelten Verfahren noch in kontrollierbaren Untersuchungen mit einer ausreichenden Anzahl von Versuchspersonen auf ihre Gültigkeit hin überprüft werden. Die Forscher, die sie entdeckt haben, waren in der Regel selbst geübte luzide Träumer, und es liegt ja bekanntlich nahe, der Versuchung einer allzu optimistischen Verallgemeinerung der eigenen Erfahrungen zu erliegen, wie wir bereits im Blick auf die Skepsis feststellen mußten, mit der manche die Möglichkeit luziden Träumens betrachten. Die Personen, die diese Verfahren angewandt haben, waren insgesamt nicht zahlreich und folgten vermutlich nur ihren eigenen Auswahlkriterien, auf jeden Fall können sie nicht als repräsentativ für die Bevölkerung gelten. Es ist auch möglich, daß die Erfolgsberichte, die diese Personen den »Erfindern« des jeweiligen Verfahrens lieferten, wenigstens zum Teil von persönlichen Kontakten mit ihnen beeinflußt sind. So wird ja bei psychotherapeutischen Verfahren deutlich, daß sie dann am besten wirken, wenn sie dem Patienten von einem Therapeuten vermittelt werden, der wirklich daran glaubt und den anderen an seinem Vertrauen und seiner Überzeugung teilhaben läßt. Und es ist durchaus möglich, daß eine ähnliche Wechselwirkung bei den Verfahren zur Erzeugung luzider Träume stattfindet. Was nicht heißen soll, daß die Verfahren nichts taugen, wohl aber, daß es nachprüfbarer Untersuchungen auf Gruppenebene bedarf, ehe wir hier verläßliche Aussagen machen können.

Außerdem haben wir den Eindruck, daß die Frage der individuellen Unterschiede bisher bei den Untersuchungen der Verfahren zur Förderung luzider Träume recht stiefmütterlich behandelt worden ist. Es könnte sich durchaus herausstellen, daß solche individuellen Unterschiede einen nicht unwesentlichen Einfluß auf die jeweilige Fähigkeit haben, in Träumen zur Luzidität zu gelangen. Ein bemerkenswertes Beispiel für jemanden, dem diese Aufgabe offenbar außerordentliche Schwierigkeiten bereitete, ist der Dichter und humanistische Gelehrte des neunzehnten Jahrhunderts F. W. H. Myers, einer der Gründer der »Society for Psychical Research« (Gesellschaft für Psychische Forschung). Eines seiner Erlebnisse ist schon in *Lucid Dreams* mehrfach zitiert und diskutiert worden. Myers schreibt, er habe die Luzidität in 3000 Nächten nur dreimal erreicht. LaBerge bemerkt dazu, Myers könne »als lebendige Erinnerung daran dienen, daß hier keine ›Plackerei‹, sondern eine zielstrebige Bemühung vonnöten ist«. Das mag sicherlich zutreffend sein, doch spielen in einem Falle wie dem von Myers bestimmt auch persönliche Veranlagungen eine Rolle. Unserer

Ansicht nach benötigt jeder ernsthafte Lernprozeß, um zu seinem Ziel zu kommen, den aufnahmebereiten Boden eines dafür geeigneten Nervensystems. In Kapitel fünfzehn werden wir darlegen, daß ein solches Nervensystem durch eine relative Labilität der Aktivation gekennzeichnet ist und daher überdurchschnittlich leicht dazu neigt, im Schlaf in einen Zustand einer ungewöhnlich hohen Aktivation einzutreten. Davon ausgehend ließe sich vorhersagen, daß diejenigen, die auf der Skala zur Messung der Aktivationslabilität, wie etwa der »Hypomanie«-Meßskala von Eckblad und Chapman, ganz oben rangieren, mehr Erfolg mit der Anwendung von Verfahren zur Herbeiführung der Luzidität haben werden als solche, deren Aktivationsbereitschaft relativ stabil ist, und die demnach auf der Meßskala eher unauffällig bleiben.

Vorhersagen dieser Art lassen sich durchaus nachprüfen, indem ein standardisiertes Testprogramm zu den Einleitungsverfahren der Luzidität in einer Personengruppe durchgeführt wird, deren Meßwerte bereits vorliegen, um festzustellen, ob diese Meßwerte mit objektivierbaren Erfolgsgraden beim Erreichen der Luzidität in Beziehung stehen, etwa hinsichtlich des Zeitraumes vor dem Auftreten des ersten luziden Traumes, der Häufigkeit luziden Träumens danach und so fort.

Wir werden gelegentlich gefragt, ob mit dem luziden Träumen irgendwelche Risiken verbunden sind. Bei den Gefahren, die man dabei im Sinn hat, handelt es sich offensichtlich um zwei unterschiedliche Kategorien. Die erste bezieht sich auf das, was man Nachwirkungen nennen könnte, kurzfristige sowohl als auch langfristige. Die kurzfristige negative Nachwirkung, von der am häufigsten gesprochen wird, wäre so etwas wie ein Schlafentzug, weil nämlich der luzide Träumer gelegentlich wirklich nicht das normale Maß an ruhigem, »unbewußtem« Schlaf genießt. Und die langfristige Nachwirkung würde sich in einem Verlust des

Interesses an den Dingen des Alltags zeigen, als Folge der völligen Inanspruchnahme durch das Traumgeschehen. Wir werden diese beiden möglichen Risiken in Kapitel vierzehn noch eingehend behandeln, doch unseres Wissens liegen keinerlei Belege für einen konkreten Fall vor, in dem eine dieser Gefahren tatsächlich eingetreten wäre.

Außerdem sind wir gefragt worden, ob das Risiko »schlechter Trips« besteht, ähnlich denen, die manchmal von Anhängern psychedelischer Drogen geschildert werden. Auch hier können wir nur sagen, daß uns kein derartiges Erlebnis bekannt ist. Auch ist schwer vorzustellen, wie eine solche Situation überhaupt zustande kommen sollte, da hier eine Manipulation des Gemütszustandes doch nur auf einer inneren Ebene stattfinden kann und nicht von außen kommt wie beim Konsum entspannender Drogen. Es gibt bisher keine Belege dafür, daß der luzide Traumzustand sich physiologisch gesehen besonders auffällig von dem des nichtluziden REM-Schlafes unterscheidet. Nirgends ist bisher beispielsweise von einer spontanen Hyperventilation (einem übermäßigen Atmen) bei luziden Träumern berichtet worden, wie sie etwa als Symptome von Panikanfällen zu beobachten sind.

Wir wären die ersten, anzuerkennen, daß deswegen, weil etwas bisher noch nie aufgetreten war, noch keineswegs sicher ist, daß es künftig nicht doch einmal auftreten kann. Deshalb empfehlen wir ja auch, die in diesem Kapitel dargestellte Beschreibung der von verschiedenen Seiten vorgelegten Verfahren zur Förderung luzider Träume nicht anders zu verstehen als eben eine Beschreibung, zum Nutzen eines jeden, der in eigener Verantwortung beschlossen hat, diese Vorschläge für sich verwenden zu wollen, auf keinen Fall jedoch als Aufforderung, diese unbedingt zu befolgen oder als Bürgschaft für ihre Wirkung oder gar als Zusage eines absolut sicheren Erfolgs.

Das unangenehmste Phänomen, dem wir im Zusammenhang mit luzidem Träumen begegnet sind, ist die in früheren Kapiteln bereits angesprochene Erfahrung einer Klaustrophobie, die entweder die Besorgnis betrifft, nicht aufwachen zu können, oder in einigen Fällen auch die tatsächliche Unfähigkeit, trotz bewußt angestellter Bemühungen zu erwachen. Diese zweite Variante des Phänomens ist keinesfalls nur luziden Träumen zu eigen, sondern tritt ebenso im Zusammenhang mit Schlaflähmungen auf.

Nachdem wir nun hier die Möglichkeit negativer Erfahrungen und Auswirkungen beim luziden Träumen angesprochen haben, möchten wir zu den vorteilhaften Wirkungen übergehen, die aus der Luzidität in Träumen erwachsen können. Davon soll jetzt in den beiden folgenden Kapiteln die Rede sein.

Kapitel 12

Luzide Träume und die Behandlung von Alpträumen

Bei unerfahrenen luziden Träumern tritt die Luzidität offenbar häufig dann auf, wenn der Träumer erkennt, daß er einen Alptraum oder sonst einen Traum voll unerfreulicher Elemente hat und diese Erkenntnis dazu benutzt, den Alptraum in einen weniger unerfreulichen Traum zu verwandeln oder aus ihm zu erwachen. Jemand, der seine Träume auf diese Weise zu kontrollieren lernt, dürfte allerdings nur kurze Phasen luziden Träumens erleben, womöglich kommt es ihm auch nie in den Sinn, daß das Erleben weiterentwickelt und ausgedehnt werden könnte.

Daß ein luzides Träumen auf der Flucht aus Alpträumen noch vor einer gezielten Arbeit an luziden Träumen im eigentlichen Sinne auftreten kann, veranschaulicht das folgende Zitat eines der ersten, die über luzide Träume geschrieben haben, Oliver Fox, dessen Arbeiten aus einer Zeit stammen, als die Möglichkeit, in Träumen Luzidität zu entwickeln, durchaus noch nicht allgemein anerkannt war. Fox macht in seiner Schilderung deutlich, wie die Luzidität sich bei ihm zunächst als Reaktion auf Alpträume einstellte, ehe er dann später ein erfahrener luzider Träumer wurde. Interessant ist auch, daß Fox in der Tat der Meinung ist, der durch Alpträume verursachte Streß könne durchaus als positiver Faktor angesehen werden, sozusagen als Brücke zu einer wachsenden Empfänglichkeit für das Erleben der Luzidität. Daran anschließende Untersuchungen haben sich in zweifacher Beziehung als hilfreich erwiesen: Zum einen hat sich ergeben, daß luzide Träume vorrangig mit den »paradoxen« Schlafphasen der schnellen Augenbewegungen (REM) in Verbindung stehen, die, zumindest was die kortikale Aktivität, also die Hirnrindentätigkeit angeht, als relativ aktivierte Form des Schlafes gelten können. Zum anderen gibt es Hinweise darauf, daß eine spontane Luzidität mit größerer Wahrscheinlichkeit nach Tagen einer relativ hohen Erregung im Wachen auftritt. Die Bedeutung dieser Befunde sowie die Funktion der Erregung im allgemeinen werden wir in Kapitel fünfzehn noch eingehender behandeln.

Ich habe beobachtet, daß bei einem Alptraum oder einem anderen quälenden Traum der alltäglichen, nicht »himmlischen« Sorte, manchmal die Unannehmlichkeit meiner Zwangslage den Gedanken entstehen läßt: ›Aber das kann doch nicht wahr sein! Das würde mir doch nie passieren! Ich muß wohl träumen!‹ Und dann: ›Ich hab' jetzt genug davon. Ich werde aufwachen.‹ Und tatsächlich entkam ich dieser Notsituation auch prompt, indem ich den Traum gleichsam beiseite schob und erwachte. Damals bin ich mir über die großen, in dieser Entdeckung verborgenen Möglichkeiten noch nicht klar geworden, nur meine Neugier war bis zu einem gewissen Grade erwacht. Ich wollte schon gerne wissen, wieso es denn nur hie und da gelingen sollte, *im Traum* zu wissen, daß es ein Traum ist, und wie dieses Wissen erworben werden könnte … Es ist ja interessant, daß wohl viele auf solch eine Weise einem Alptraum entkommen können, aber nur wenige erkennen, daß sie träumen, wenn es sich um einen erfreulichen oder einen gewöhnlichen Traum handelt. Es kann durchaus sein, daß es der heftige emotionale *Streß* ist, der im Bewußtsein die kritische Fähigkeit erweckt, aus den außergewöhnlichen Umständen des Traumes zu folgern, daß dies zu weit vom täglichen Leben entfernt ist, um wirklich sein zu können.

Hervey de Saint-Denys schildert, wie er es fertigbrachte, sich aus einem ständig wiederkehrenden Alptraum durch eine gezielte Entwicklung der Luzidität zu befreien. Damals wurde er immer wieder von Träumen befallen, in denen er durch eine endlose Reihe von Räumen vor schrecklichen Monstern fliehen mußte. Er mühte sich bei jeder Tür, zu der er kam, vergeblich, sie zu öffnen, während er hinter sich immer näher die schauerlichen Schreie der Monster hörte, die ihn einzuholen drohten. Aus einem solchen Alptraum erwachte er jedesmal keuchend und schwitzend. Diese Träume wurden immer häufiger. Schließlich genügte es schon, daß er sich im Traum in einem Zimmer zu befinden meinte, um ihn an die gefürchteten Monster denken zu lassen, und mit dem Gedanken an sie tauchten sie dann auch wirklich auf. Schließlich brachte ihm die immer wiederkehrende Traumsituation zum Bewußtsein, daß er träumte, woraufhin er sich, statt weiterhin zu versuchen, vor den Ungeheuern zu fliehen, mit dem Rücken gegen die Wand stellte, entschlossen, seinen Verfolgern entgegenzutreten.

Ich starrte meinen Hauptangreifer an. Er hatte eine gewisse Ähnlichkeit mit jenen haarsträubenden, fratzenhaften Dämonen unserer Kathedralen. Meine wissenschaftliche Neugier verdrängte bald all meine anderen Emotionen. Ich sah das phantastische Monster wenige Schritte vor mir, zischend und umherspringend. Nachdem ich meine Angst gemeistert hatte, kam mir sein Benehmen nur noch burlesk vor. Ich bemerkte die Klauen an einer seiner Hände, oder besser gesagt Pfoten. Insgesamt waren es sieben, jede davon scharf umrissen. Überhaupt war die ganze Erscheinung des Monsters klar und realistisch zu erkennen: Haar und Augenbrauen, an seiner Schulter etwas, das wie eine Wunde aussah, und viele andere Einzelheiten ... Das Ergebnis meiner Konzentration auf seine Gestalt war, daß all seine Helfershelfer wie durch magische Kräfte verschwanden. Nicht lange, und es begann auch der Anführer der Monster langsamer und unschärfer zu werden und ganz flauschig auszusehen. Schließlich verwandelte er sich in eine Art schwebende Hülle, die an die verbleichten Phantasiegewänder erinnerte, wie sie zur Karnevalszeit an den Aushängeschildern von Kostümverleihern zu sehen sind.

Hervey de Saint-Denys besaß keine spezielle Technik, die ihm hätte helfen können, mit seinen wiederkehrenden Alpträumen fertig zu werden. Ein heute mit dem gleichen Problem konfrontierter Träumer würde womöglich im Wachen irgendwelche Formeln – etwa: »Räume – Ungeheuer – ich träume« – so oft vor sich hinsprechen, bis diese verbale Assoziation in seinem Traum wirksam geworden wäre.
Patricia Garfield beschreibt eine recht ähnliche Reaktion auf wiederholte Alpträume, auch sie drehte sich um und trat ihren Verfolgern entgegen. Zwar geht aus dem Bericht nicht eindeutig hervor, ob der Traum denn nun luzid geworden ist, dennoch führte er allem Anschein nach zu einem günstigen Ergebnis.

Es war Teil einer längeren Traumgeschichte, daß meine jüngste Tochter und ich von einer Bande Kerle gejagt wurden, die uns vergewaltigen wollten. Das ist ein bei mir immer wiederkehrendes Traumereignis, entstanden aus einem wirklichen Erlebnis mit etwa dreizehn Jahren, als ich von einer Bande Jugendlicher durch den Wald gejagt wurde, die schrien: ›Schnappt sie Euch!‹ Damals konnte ich mich gerade noch in den Garten meiner Großmutter flüchten, die dort zum Glück auch in Sicht- und Hörweite war. Im Traum ging es so:
... Als wir um eine Ecke herumliefen, sahen wir, daß die Kerle den Durchgang blockiert hatten, und daß sechs von ihnen mit Waffen bereitstanden, um uns zu schnappen.

Ich rufe: ›Oh nein!‹, und wir drehen um und rennen weg. Wie ich aber so verzweifelt davonrenne, wird mir plötzlich klar, daß ich das nicht tun sollte. Ich halte an und sage mir, unter großer Anstrengung, aber doch sicher, daß ich es tun muß: ›Also los!‹, zwinge mich, umzukehren und ihnen die Stirn zu bieten. Dann kämpfen wir mit ihnen. Wir kneifen und zerren und schlagen. Plötzlich habe ich etwas in Händen, das ich ihnen in die Augen sprühe. In wenigen Minuten haben wir sie erfolgreich zurückgeschlagen.

Aus den beiden letzten Fallbeispielen scheint tatsächlich hervorzugehen, daß Träumer, die in ihren Alpträumen luzid werden, zu dem Entschluß kommen können, allen Angreifern gegenüber eine positive Haltung einzunehmen. Monstern sollte nicht angsterfüllt, sondern mitfühlend und annahmebereit begegnet werden, Verfolgern sollte man entgegentreten und zum Gegenangriff übergehen. Wie wir jedoch schon in Kapitel fünf erwähnten, ist es für luzide Träume kennzeichnend, daß unangenehme emotionale Elemente bei ihnen nicht vorzukommen pflegen, so daß der Übergang zu einem luziden Träumen zumeist an sich schon genügt, um einem vorhergegangenen nicht-luziden Traum sein alptraumhaftes Wesen zu nehmen.

Die Befreiung von Alpträumen ist die eindeutig gewinnbringendste Anwendung luziden Träumens und könnte im Blick auf die Behandlung von Patienten, die unter posttraumatischen Streßerscheinungen leiden, in Betracht gezogen werden, wenn sie, wie so oft nach einem Überfall, einer Entführung und einem ähnlich traumatisierenden Erlebnis, von wiederkehrenden bösen Träumen heimgesucht werden.

Luzides Träumen bei Kindern

Schon im Jahre 1921 hat Mary Arnold-Forster vorgeschlagen, die Techniken luziden Träumens gezielt einzusetzen, um die Leiden von Kindern zu kurieren, die oftmals von ihrer Empfänglichkeit für unangenehme Träume erheblich geplagt werden. Zuverlässigen Berichten zufolge treten luzide Träume bei Kindern schon im Alter von fünf Jahren auf – ein interessantes und möglicherweise fruchtbares Feld für weiterführende Forschungen.

Die folgende Schilderung eines luziden Traums hat unsere Versuchsperson B als Erwachsener aufgeschrieben. Seiner Erinnerung nach war er damals etwa fünf Jahre alt.

Zu der Zeit wohnten wir in einem Landhaus mit Strohdach und Steinfußböden. Ich träumte, im Wohnzimmer dieses Landhauses zu sein, und wußte, daß ich träume. Ich war erstaunt über den Realismus und die unverzerrte Erscheinung jeder Einzelheit. Sonst hatte ich ja meistens unerfreulich vage und groteske Träume, dieser war aber ganz anders. Ich sah, wie die Sonne auf den herumfliegenden Staubkörnchen glänzte. Da stand Pallas Athene vor mir in der Luft, und ich bewunderte die ästhetischen Qualitäten ihrer Gestalt, die ich klar gezeichnet, wohlproportioniert und eindrucksvoll gestaltet vor Augen hatte. Es war eine ästhetisch wirklich erfreuliche Erscheinung, in Weiß und Gold, genau so, wie ich mir eine ideale Darstellung solch einer Gestalt immer vorgestellt hatte. Sie schenkte mir eine Topfpflanze, die ich so entgegennahm, wie ich es für angemessen hielt. In meinen Fabel- und Legendenbüchern war es ja ganz normal, daß Göttinnen ihre Gunst durch nützliche Geschenke erwiesen. Danach hörte der Traum, glaube ich, ganz auf, luzid zu sein oder wurde jedenfalls weniger luzid und verwandelte sich in eine Art verwirrendes Versteckspiel in den

Waldungen hinter dem Landhaus, mit mir, meinen Eltern und einem roten Zwerg, der mir meine Topfpflanze klauen wollte.

Es dürfte interessant sein, darüber nachzudenken, welche Unterschiede zwischen den luziden Träumen von Kindern und Erwachsenen bestehen. Das eben angeführte Beispiel läßt vermuten, daß schon kleine Kinder zumindest in bestimmten Fällen ganz wie Erwachsene eine kritische Achtsamkeit gegenüber dem Traum und eine ebensolche Einschätzung gegenüber der Eigenart und den Details der erschienenen Bilder haben.
Der nächste Bericht stammt von einer anderen Versuchsperson unseres Instituts, einem englischsprechenden Dänen.

Den ersten luziden Traum, an den ich mich erinnere, erlebte ich schon mit sieben Jahren.
Zuerst hatte ich damals einen gewöhnlichen Traum, von dem ich nicht mehr viel weiß. Jedenfalls ging er damit zu Ende, daß ich mit einem Schulkameraden zusammen in meinem Spielzimmer war. Da merkte ich plötzlich, daß ich träume.
Ich sagte daher zu meinem Freund: ›He, warte mal grad – wir träumen ja!‹ Er schien das zu ignorieren, so ging ich zu meiner Mutter, die im Wohnzimmer saß. Aber als ich ihr das gleiche sagte wie meinem Spielkameraden, reagierte sie genauso wie er.
Natürlich fand ich ihre Reaktionen ganz schön nervend, aber ich wurde nicht ärgerlich. Vielmehr überwältigte mich auf einmal der Eindruck eines Erstaunens und das Gefühl, ein höheres Wissen zu besitzen. Dann ging ich an das mit Vorhängen verhängte Fenster und rief laut: ›Ihr glaubt mir also nicht! Na gut, dann seht zu, wo Ihr bleibt!‹ Dabei zog ich die Gardinen auf.

Draußen war eine von der ›wirklichen‹ Welt völlig verschiedene Szenerie zu sehen: ein kleines Dorf in den herrlichsten Farben, mit Flittergold bedeckt. Alle Gebäude schienen zu glühen. Ich sah eine Kirche und konnte sogar die Kirchenglocken läuten hören.

Es war ein wunderschöner Anblick, und die ganze Stimmung gab mir ein so gutes Gefühl, daß ich unverzüglich aus dem Fenster und in das Dorf hinein sprang.

In diesem Augenblick weckte mich meine Großmutter, weil es Zeit war, mich für den Schulweg fertig zu machen. Es muß so gegen acht Uhr früh gewesen sein.

Vom Gesichtspunkt der Beweiskraft her gesehen haben alle zitierten Fallbeispiele den Nachteil, daß sie erst lange Jahre nach dem geschilderten Erlebnis zu Papier gebracht wurden, wobei es unmöglich ist, abzuschätzen, ob und in welchem Maß die Erinnerung der Berichterstatter mit der Zeit Modifikationen oder gar Verzerrungen ausgesetzt waren. Aber es gibt keinen Grund, warum Kinder nicht selbst gleich nach einem luziden Traum darüber einen Bericht schreiben sollten. Für künftige Forschungen wäre es durchaus wichtig, in geeigneten Fällen Kindern hierzu tatsächlich Mut zu machen.

Wie die Dinge liegen, läßt sich heute noch nichts Genaues über die wirksamsten Verfahrensweisen aussagen, mit denen kindlichen Alpträumen durch eine Förderung der Luzidität abgeholfen werden könnte, da bisher lediglich sporadische Einzelversuche angestellt worden sind, manche allerdings mit gutem Erfolg, wie das folgende Beispiel Stephen LaBerges zeigt:

Einmal, bei einer Telefon-Plauderei mit meiner Nichte, erwähnte ich mein liebstes Traum-Steckenpferd und fragte sie: ›Wie sind denn so deine Träume in der letzten Zeit?‹ Daraufhin platzte Madeleina, damals sieben Jahre alt, mit der Schilderung eines furchtbaren Alptraumes heraus. Sie hatte geträumt, sie sei wie so oft in das dortige Staubecken zum Schwimmen gegangen. Diesmal aber sei sie von einem Kleine-Mädchen-Fresser-Hai bedroht und erschreckt worden! Ich äußerte Mitgefühl mit ihrer Angst, und fügte ganz nüchtern hinzu: ›Aber du weißt natürlich, daß es *in Wirklichkeit* in Colorado keine Haie gibt.‹ Sie erwiderte: ›Natürlich nicht!‹ Darauf wieder ich: ›Also gut, wenn du weißt, daß es da, wo du schwimmst, in Wirklichkeit keine Haie gibt, und du trotzdem noch einmal einen siehst, dann kann das ja wohl nur bedeuten, daß du *träumst*. Und ein Traum-Hai kann dir natürlich nichts antun. Er kann dich nur dann erschrecken, wenn du nicht weißt, daß es ein Traum ist. Aber wenn du einmal *wirklich* weißt, daß du träumst, dann kannst du anstellen, was du möchtest – du könntest dich sogar mit dem Traum-Hai anfreunden! Warum machst du nicht einmal den Versuch?‹ Madeleina war offensichtlich neugierig geworden, und schon bald stellte sich heraus, daß sie angebissen hatte. Nach einer Woche nämlich rief sie mich an, um ganz stolz zu verkünden: ›Weißt du, was ich gemacht hab'? *Ich bin auf dem Hai geritten!*‹

Diese Art von Behandlung bietet zweifellos vielversprechende Entwicklungsmöglichkeiten, und weitere Forschungen könnten dazu verhelfen, Methoden zu erarbeiten, die bei Kindern die größte Wirksamkeit zeigen.
Stephen LaBerge hat auf ein interessantes historisches Beispiel aufmerksam gemacht, nämlich auf einen Brief des Philosophen Thomas Reid aus dem Jahre 1779, aus dem hervorgeht, wie schon damals die Luzidität zur Aufhebung von Alpträumen angewandt wurde. Als junger Mann war Reid offenbar von Alpträumen geplagt worden, die nicht nur seinen Schlaf störten, sondern auch am nächsten Tag noch

einen »unliebsamen Eindruck« hinterließen. Schließlich fiel ihm ein,

es wäre sicher der Mühe wert, auszuprobieren, ob es nicht möglich sein sollte, sich ins Gedächtnis zu rufen, daß das alles ein Traum war, und daß ich mich in keiner wirklichen Gefahr befand. Oft habe ich mir beim Einschlafen mit aller Kraft eingeprägt, daß ich mich nie im Leben in einer wirklichen Gefahr befunden habe, und daß jeder Schreck, den ich bekam, ein Traum war. Nach vielen fruchtlosen Bemühungen, mir das beim Auftreten der Gefahr ins Gedächtnis zu rufen, habe ich es schließlich zustande gebracht und habe mir danach oft, wenn ich über einen Abgrund in den Schlund hinunter zu gleiten drohte, ins Gedächtnis gerufen, daß dies alles ein Traum ist, und bin tapfer hinuntergesprungen. Und ich erwachte ruhig und unerschrocken, was ich für einen größeren Gewinn hielt ... Danach waren meine Träume dann nie mehr unbehaglich.

In zwei Punkten weist diese Schilderung eine verblüffende Ähnlichkeit mit heutigen Berichten auf. Der erste betrifft die Tatsache, daß Reids Luzidität in der Regel zum Erwachen führte. Und wir haben ja zu Beginn dieses Kapitels festgestellt, daß diejenigen, die eine Luzidität nur als Folge von Alpträumen erfahren, oftmals von nur kurzen Perioden luziden Träumens berichten. Und der zweite Punkt bezieht sich darauf, daß Reid allem Anschein nach aus eigenen Stücken zu einer der im vorigen Kapitel dargestellten Methoden zur Herbeiführung luzider Träume gelangt ist, nämlich der, beim Einschlafen die Absicht im Kopf zu behalten, im Laufe der Nacht die Einsicht zu erlangen.

Luzides Träumen und Psychopathologie

Es ist durchaus möglich, daß für Schizophrene die Pflege einer Luzidität im Traum in einigen Fällen von Nutzen sein kann. Eine Reihe von Untersuchungen lassen darauf schließen, daß die Träume Schizophrener ganz besonders dazu neigen, aggressive oder bedrohliche Elemente aufzuweisen. In einer Besprechung dieser Untersuchungen schreibt Robbins:

> Die Träume Schizophrener sind voll angstmachender Situationen. Wir alle machen in unseren Träumen gelegentlich solche Erfahrungen, bei Schizophrenen scheinen sie jedoch wahrhaft auszuufern. Es ist, als seien die Kontrollmechanismen, die uns davor bewahren, von Ängsten überwältigt zu werden, dort aus dem Ruder gelaufen. Es kommt einem so vor wie Schleusentore, die nicht funktionieren.

Für jemand, der an Schizophrenie leidet, also erlebt, wie mehrere Aspekte seines oder ihres Geistes- und Gemütslebens außer Kontrolle geraten sind, ist es durchaus möglich, daß die Erfahrung, die Kontrolle über wenigstens einen von ihnen, nämlich über die quälenden Träume, zurückzugewinnen, eine allgemein therapeutische Wirkung haben könnte, noch über die Linderung hinaus, die damit für das spezielle Symptom erzielt werden mag. Wir werden in Kapitel dreizehn noch auf zwei Nicht-Schizophrene zu sprechen kommen, die nach ihren eigenen Angaben herausgefunden haben, daß das Erleben einer Kontrolle in luziden Träumen eine wohltuende Transferwirkung in ihr waches Dasein hinein entfaltet hat.

Ebenso ist vorstellbar, daß die Pflege luzider Träume einen vorbeugenden Wert haben könnte. Hartmann, Russ u. a. haben eine Gruppe von achtunddreißig Personen untersucht, die sich auf eine Bostoner Zeitungsanzeige hin gemeldet hatten, in der alle diejenigen angesprochen worden waren, die mindestens einmal pro Woche an Alpträumen leiden, und haben dabei ein auffällig erhöhtes Auftreten psychopathologischer Befunde festgestellt, sowohl bei den Betreffenden selbst als auch bei deren Verwandten. (Ähnliche Suchanzeigen nach Versuchspersonen für Drogen- und Schlaflosigkeits-Studien führten nicht zum gleichen Ergebnis.) Die Autoren gingen sogar so weit, zu vermuten, daß ein bei Kindern über das Alter von ca. zehn bis zwölf Jahren hinausgehendes häufiges Auftreten von Alpträumen – also mehrere Jahre über das Alter hinaus, in dem normalerweise derartige Erlebnisse bereits wieder nachlassen – einen Vorhersagewert im Sinne einer Risikoanzeige für Schizophrenie haben könnte. Wenn jedoch solche Kinder gelehrt werden könnten, in ihren Träumen Luzidität zu entwickeln, wäre es denkbar, daß damit auch für ihr weiteres Leben das Risiko einer solchen Krankheit vermindert werden könnte.

Brylowski meint, »die Symptome von Alpträumen überschneiden die Grenzziehungen der Diagnostik«, und zitiert dazu Befunde eines erhöhten Auftretens von Alpträumen auch in nicht zur Schizophrenie gehörenden diagnostischen Kategorien wie etwa der Alkoholabhängigkeit und dem Drogenmißbrauch. Er berichtet von beachtlichen Erfolgen bei der Behandlung häufiger Alpträume (von einem bis zu vier pro Woche) durch die Förderung der Luzidität bei einer fünfunddreißigjährigen Patientin mit der Diagnose eines Grenzfalles von Persönlichkeitsstörung[1] und schwerwiegender Depression. Sie war in der Kindheit von ihrem Vater sexuell mißbraucht worden. Nun wurde sie angewiesen, ein Traum/Alptraum-Tagebuch zu führen, und bekam dazu als Lektüre LaBerges Buch *Hellwach im Traum* und zusätzliche Erläuterungen ihres Therapeuten über die Bedeutung der Luzidität in Träumen. Nach Ablauf von sechs Monaten, in denen sie vierundzwanzig Gespräche mit ihrem Therapeuten hatte, berichtete sie, drei luzide Träume erlebt zu haben, den ersten zwischen dem dritten und vierten therapeutischen Gespräch. Zwei dieser Träume entstanden anscheinend aus alptraumartigen Situationen. Die Behandlung konnte offensichtlich die Situation hinsichtlich des speziellen Symptoms der Alpträume in einem beträchtlichen Ausmaß »entschärfen«. Brylowski schreibt dazu: »Die wachsende Fähigkeit im Umgang mit luziden Träumen ermöglichte es, während eines Alptraumes die negativen Stimmungen zu meistern und in einer positiveren Stimmungslage aufzuwachen ... Ihre emotionalen Reaktionen gingen von Entsetzen zu erwartungsvoller Neugier über.« Ferner ist er der Ansicht, der Erfolg bei der Behandlung der Alpträume habe sich auch auf andere Lebensbereiche seiner Patientin übertragen: »Wenn sie jetzt (im Wachen) wieder einmal mit einem Sturzbach verwirrter Emotionen zu tun hatte, konnte ihre Erinnerung an jüngst erlebte emotionsgeladene Traumsituationen, in denen sie ihre Reaktionen erfolgreich hatte meistern können, ihre Überzeugung verstärken, daß sie nun auch die Fähigkeit besitzt, mit Vorfällen im Wachen genauso umzugehen.«

Nun handelt es sich hier um eine Einzeluntersuchung mit nur einer Versuchsperson, so daß daraus sicherlich keine weitgehenden Schlüsse gezogen werden können, doch scheint sie immerhin die oben genannte Ansicht zu unterstützen, daß von der Entwicklung einer Luzidität im Traum als Strategie zum Umgang mit Alpträumen günstige Auswirkungen auch auf andere Lebensbereiche ausgehen können. Jeder exakten Untersuchung des Nutzens luzider Träume auf anderen Gebieten als den spezifischen Symptomen von Alpträumen würden sich allerdings dann erhebliche methodologische Schwierigkeiten in den Weg stellen, wenn die Auswirkungen einer Entwicklung von Luzidität von denen anderer gleichzeitig angestellter therapeutischer Bemühungen abgegrenzt werden sollten. So wird auch von Brylowski im Blick auf seine Einzelpatientin durchaus zugestanden, daß »es schwierig ist, unmittelbare Ursachen und Wirkungen jeweils auf Veränderungen im Traumleben oder im wirklichen Leben zurückzuführen«. Nun sind dies jedoch Schwierigkeiten, wie sie sich bei der Beurteilung jeder Art psychologischer Therapie ergeben. Die Auswirkungen einer überzeugenden Entfaltung von Betroffenheit und Aufmerksamkeit seitens eines Therapeuten sind schlecht quantifizierbar, zumal sie bei der Anwendung jedes Spezialverfahrens so oder so zur Geltung kommen dürften. Um hier eine effektive Kontrolle zu erreichen, müßte der Therapeut relativ unvoreingenommen verschiedene Verfahren auf zwei oder mehr voneinander unabhängige Versuchsgruppen anwenden, was sowohl ethische Fragen als auch Probleme bei der praktischen Durchführung aufwerfen könnte, falls nämlich der Therapeut doch schon eine vorgefaßte Meinung über deren jeweilige Wirksamkeit haben sollte. Solche allgemeinen theoretischen Probleme müssen nun allerdings keinen Hinderungsgrund für die praktische Anwendung luziden Träumens bei der Behandlung von Alpträumen im Sinne eines spezifischen Symptoms darstellen.

Kapitel 13

Andere therapeutische Anwendungsmöglichkeiten luziden Träumens

Luzide Träume in der Psychotherapie

Von mehreren Seiten, unter anderem auch von einigen Psychotherapeuten, ist die Überzeugung geäußert worden, luzide Träume könnten bei der Lösung psychologischer Probleme von Nutzen sein. Die Forschung über die Möglichkeiten einer psychotherapeutischen Anwendung luziden Träumens befindet sich jedoch noch sehr im Anfangsstadium. So ist es nicht verwunderlich, daß in dem Bemühen, luzides Träumen für solche Zwecke nutzbar zu machen, eine Vielfalt unterschiedlicher Wege eingeschlagen worden sind. (Mehrere Aufsätze dazu finden sich bei Gakkenbach und LaBerge.)

Wir wissen von einer Person, die ihre psychologischen Probleme wenigstens zu einem Teil durch die in luziden Träumen erfahrene Fähigkeit zur Kontrolle hat lösen können, und dieses Gefühl, die Kontrolle des eigenen Lebens in Händen zu haben, auch auf den Wachzustand übertragen konnte. In ähnlicher Weise äußert sich der Psychotherapeut Kenneth Kelzer, Autor eines Buches über seine eigenen luziden Traumerfahrungen mit dem Titel *Die Sonne und der Schatten.* Der folgende Auszug aus einem seiner Artikel veranschaulicht seine Sichtweise, für die eine geistig-seelische Entwicklung von großer Bedeutung ist. Einen seiner frühen luziden Träume, der sich zu einem Alptraum hätte auswachsen können, beschreibt Kelzer so:

In dem Augenblick, als ich luzid wurde, erlebte ich eine völlige innere Wandlung. All meine Ängste verschwanden auf der Stelle, ich fühlte mich in meinem innersten Wesen voller Mut. Es war die vollkommene Klarsichtigkeit in diesem Traum, die zu einer sofortigen Wandlung führte. Und dies war einer der bedeutsamen Grundsätze, die ich aus diesem besonderen luziden Traum lernte: Vollständig zu sehen bedeutet, Mut zu haben. Vollständig zu sehen bedeutet, keine Angst zu haben. Wir Menschen aber – das ist im Blick auf unsere Welt ja wohl nur allzu offenkundig – sehen in unserem normalen Bewußtseinszustand nur selten irgend etwas wirklich vollständig. Nur zu oft ist uns so, wie der Apostel Paulus schrieb: ›Wir sehen jetzt durch einen Spiegel ein dunkles Bild, dann aber sehen wir von Angesicht zu Angesicht.‹

Heute bin ich überzeugt, daß eine der Zweckbestimmungen luziden Träumens darin besteht, den Menschen die Erfahrung einer wirklichen geistigen und psychologischen Beherrschung zu vermitteln, mag sie auch zunächst noch so flüchtig oder vorläufig sein. Dieser Vorgeschmack einer Beherrschung und diese Augenblicke einer Wandlung spornen uns an, die Reise nach innen fortzusetzen.

Kelzer gehört zweifellos zu denen, die eine extrem hohe Meinung von den in luziden Träumen zu entdeckenden bewußtseinserweiternden Kräften haben. Allerdings ist nicht allen luziden Träumern, noch nicht einmal den erfahrenen, das zuteil geworden, was der Psychologe Abraham Maslow »Gipfelerlebnisse« nannte, und die Kelzer für sich in Anspruch nimmt, wobei er offensichtlich etwas beschreibt, das von dem, was man sich für gewöhnlich unter einem luziden Traum vorstellt, doch sehr verschieden ist:

In diesem Traum erlebte ich eine Luzidität, die so ganz anders war und über all das hinausging, was mir bisher begegnet war. Zu diesem Zeitpunkt würde ich vorziehen, für den luziden Traum den Begriff des Bewußtseinsspektrums zu verwenden und möchte behaupten, daß im Zustand der Luzidität jedermann der Zugang zu einem Spektrum, einem Reich psychischer Energien offensteht, das so weit, so breit und so einzigartig ist, daß es sich jeder Klassifizierung entzieht.

Eine Möglichkeit, die sich einer Reihe luzider Träumer zu bieten scheint, und die womöglich therapeutische Tragweite besitzt, besteht darin, daß sie in ihren luziden Träumen ungestraft Handlungen begehen können, die im Wachen völlig inakzeptabel wären, und auf diese Weise vielleicht gewisse Frustrationen zu lindern vermögen. Als Beispiel hierfür mag die folgende Traumschilderung Ann Faradays dienen, einer in Freudscher Analyse ausgebildeten Traumforscherin und Hypnose-Therapeutin. Wie bereits in Kapitel neun zur Frage der Kontrolle luzider Träume erwähnt, dürfte dieses Beispiel tatsächlich ein wenig aus dem Rahmen fallen, insofern als die Träumerin hier allem Anschein nach relativ frei von jeglicher Hemmung ist, jemandem in ihrem Traum »physisch« Schaden zuzufügen.

Mir träumte, ich säße mit einer recht ungemütlichen Gruppe von Psychologen zu Tisch, als plötzlich eine Frau mir gegenüber anfing, mich zu beschuldigen, ich hätte die Welt der akademischen Elite verlassen und mein Niveau auf das der Boulevardpresse heruntergeschraubt. Ich protestierte, das sei eine Übertreibung, und der Laie habe nach meiner Überzeugung ein Anrecht darauf, mindestens ein paar unserer Ideen kennenzulernen, zumal er ja schließlich unsere Forschungen mit finanziere. Woraufhin sie mich über den Tisch hinweg regelrecht anfauchte, ich brächte den ganzen Berufsstand in Verruf, wir müßten doch wenigstens noch einen Rest an Autorität bewahren, und so weiter. Meine Wut stieg derart auf den Siedepunkt, daß ich den unwiderstehlichen Wunsch verspürte, sie zu verprügeln, und kaum hatte ich diesen Wunsch in mir wahrgenommen, als ich mit völliger Klarheit feststellte, daß ich träume, und daß ich jetzt genau das tun könne, was ich möchte, weil Traumkörper ja nicht verletzt werden können.

So beugte ich mich über den Tisch, packte sie bei den Haaren, boxte ihr ins Gesicht und schlug ihr die Vorderzähne aus. Das machte mir Lust darauf, noch mehr Gewalt anzuwenden, und mit einer Begeisterung, wie ich sie nie zuvor erlebt hatte, zerrte ich sie auf den Boden und fing an, sie zu verprügeln. Selbstverständlich wehrte sie sich, und ich spüre immer noch die Kratzer ihrer Fingernägel überall auf meinen Wangen und die Tritte ihrer anscheinend genagelten Stiefel in meinem Rücken. Schließlich merkte ich, daß ihre Kräfte nachließen und der Kampf zu Ende ging. Dann veränderte sich die Szene, und ich fand mich in einem anderen Raum wieder, wo ich auf diese Frau zuging, die jetzt auch verwandelt war und eine Krankenschwesterntracht trug. Als wir so aufeinander zukamen, rief ich mir ins Gedächtnis, daß ich die Ereignisse meines luziden Traumes nicht irgendwie mit Zauberkraft beeinflussen darf, daß ich sie vielmehr spontan geschehen lassen und dann schauen sollte, was dabei herauskommt. Ich sah, daß sie mich jetzt anlächelte, und daß ihre Vorderzähne wieder an Ort und Stelle waren. Dann streckte sie mir freundlich die Hände entgegen, und wir nahmen uns in die Arme.

Ich erwachte mit dem Gefühl eines tiefen Wohlbehagens, so als ob der humanistische Schwächling in mir endlich einmal seinen Protest gegen den mächtigen akademischen Chef durchgesetzt hätte ... Ich fühlte das nicht nur in meinem Verstand, sondern mit meinem ganzen Körper.

Wir wollen nicht behaupten, es könne bereits als hinreichend erwiesen gelten, daß Vorgehensweisen dieser Art günstige Wirkungen erbringen, oder daß luzides Träumen gar überhaupt ein nützliches Werkzeug für Psychotherapeuten darstellt, es sei denn, wie im vorigen Kapitel besprochen, auf dem begrenzten Gebiet der Behandlung von Alpträumen. Es dürfte ja eigentlich auch niemanden überraschen, daß die Situation bezüglich der therapeutischen Wirkungen luzider Träume allgemein derart unsicher ist, wenn man bedenkt, daß hinsichtlich der Wirkungen der Psychotherapie im Wachzustand insgesamt durchaus noch keine universelle Übereinstimmung besteht. Und dies der Tatsache zum Trotz, daß psychotherapeutische Verfahren seit nahezu hundert Jahren bei einer beträchtlichen Anzahl von Personen angewandt werden. Verglichen damit befinden sich die Versuche, luzide Träume zu therapeutischen Zwecken zu verwenden, eindeutig immer noch in einem sehr frühen Erkundungsstadium.

Was auch immer nun von der ethischen Verantwortbarkeit und der Wirksamkeit der Beseitigung unserer Hemmungen bei der Verletzung sozialer Tabus in luziden Träumen zu halten sein mag, wenn also beispielsweise jemand eine Traumgestalt verprügelt, die ihn ärgert, ist doch deutlich, daß ein Zustand, der sowohl realistisch als auch erwiesenermaßen frei von wirklichen Konsequenzen ist, Erfahrungen ermöglicht, die im wirklichen Leben schwer oder nur unter Ängsten zu erzielen wären. Wie bereits in Kapitel neun dargelegt, haben einige beispielsweise versucht, ihre Defizite auf sexuellem Gebiet in luziden Träumen aufzufüllen, allerdings mit recht unterschiedlichem Erfolg. Bei Laborexperimenten ergab sich, daß die Herzfrequenz bei Orgasmen im luziden

Traum sich nur mäßig steigerte, obschon die anderen üblicherweise mit einem Orgasmus verbundenen physiologischen Veränderungen durchaus denen ähnlich waren, die auch im Wachen zu erwarten gewesen wären.

Luzide Träume eröffnen tatsächlich all denen neue Möglichkeiten, die sich in isolierten oder sexuell frustrierenden Lebenslagen befinden, auch wenn wir bisher noch nicht recht wissen, mit welchen Schwierigkeiten unterschiedlich veranlagte Charaktere bei solchen Anwendungen zu rechnen haben. Sollte sich herausstellen, daß die Steigerung der Herzfrequenz beim Traum-Sex generell nur sehr geringfügig ist, dann könnte dies eine gute Erfahrungsweise für Herzkranke und darüber hinaus für all die sein, die aus irgendwelchen Gründen den normalen Sex nicht ohne Risiko genießen können. Auch bietet sich Sex in luziden Träumen für Behinderte an, die sonst nicht in der Lage wären, Sex zu erleben.

Diejenigen, die mit ihrem Geschlecht nicht zufrieden sind, könnten Erfahrungen in einem Körper des anderen Geschlechtes machen (s. das auf S. 118 zitierte Fallbeispiel von Whiteman). Auch könnte jemand, der zu nervös ist, um in der Öffentlichkeit zu sprechen, es möglicherweise hilfreich finden, solche Problemlagen in einem luziden Traum zu trainieren. Professor Tholey berichtet von günstigen Ergebnissen bei Sportlern, die in luziden »Trainingsträumen« komplizierte Bewegungsabläufe übten.

Körperlich Behinderte wiederum können sich in luziden Träumen als völlig gesund erleben. So berichtete, wie wir in Kapitel vier bereits erwähnten, der partiell erblindete französische Psychologe Yves Delage von prä-luziden Träumen, in denen seine Sehkraft wiederhergestellt war. Dies sind Möglichkeiten, die zum Nutzen Behinderter weiterentwickelt werden sollten, könnten doch für sie die Erfahrungen befreiter Funktionen und Aktivitäten in luziden Träumen eine willkommene Bereicherung ihres Lebens bedeuten.

Aber auch wenn luzide Träume verschiedene therapeutische Anwendungsmöglichkeiten dieser Art bieten mögen, ist es doch fraglich, ob sie, wie einige behaupten, einen besonders erfolgreichen Weg zum Unbewußten darstellen. Wie konnte es zu solch einer Vorstellung überhaupt kommen?

Gewöhnliche Träume gelten für gewöhnlich als Reflexe der Probleme, die jemand im Wachen hat. Analytiker sowohl nach Jung wie auch nach Freud besitzen ein ausgedehntes Repertoire symbolischer Interpretationen, die es ihnen erlauben, die Botschaft der Träume zu übersetzen und Einsicht in das zu erzielen, was sie über die Lebensanschauung des Träumers aussagen. Dabei wird allgemein vorausgesetzt, daß die im Traum dargestellten Lebensprobleme des Träumers psychologische Elemente enthalten, die sich seiner bewußten Wahrnehmung entziehen.

Mit anderen Worten: Die therapeutische Verwendung gewöhnlicher Träume ist bedingt durch die Vorstellung, der Träumer könne mittels einer Analyse dessen, was seine Träume darstellen, zu einer tieferen Einsicht in die Arbeitsweise seiner eigenen psychischen Strukturen gebracht werden, da die Träume ihm ja eine genauere Auffassung davon vermitteln, was er wirklich über seine Situation denkt, wenn auch nicht unbedingt davon, was tatsächlich Sache ist. Diejenigen nun, die eine Anwendung luzider Träume zur Lösung psychologischer Probleme befürworten, neigen deswegen zu der Annahme, der luzide Traum gewähre einen ebenso unmittelbaren, wenn nicht gar einen noch unmittelbareren Zugang zum Unbewußten. Ihrer Ansicht nach bieten die Vorgänge eines luziden Traumes dem Träumenden Möglichkeiten, seine unbewußten Überzeugungen und Wünsche kennenzulernen, ja sie zu beeinflussen. Durch eine gezielte Wechselwirkung mit bestimmten Elementen des luziden Traumes könne der bzw. die Träumende tatsächlich auf diejenigen unbewußten Teile seiner bzw. ihrer psychischen Struktur einwirken, die jene Elemente angeblich repräsentieren. Gesetzt etwa den Fall, jemand träfe in einem luziden Traum einen Menschenfresser, also eine Symbolfigur für seine eher inakzeptablen Triebe, und stünde ihm freundschaftlich gegenüber, dann bedeute dies, daß die bewußte Persönlichkeit diese bis dahin inakzeptablen Triebe nicht nur symbolhaft, sondern tatsächlich akzeptiert habe.

Bisher scheint allerdings die Überzeugung von der Wirksamkeit derartiger Verfahrensweisen in luziden Träumen auf kaum mehr als den subjektiven Eindrücken einer verhältnismäßig kleinen Anzahl von Personen zu beruhen. Professor Tholey hat sich beispielsweise darauf spezialisiert, seine Versuchspersonen zu ermutigen, ihre Probleme in luziden Träumen auf symbolische Art und Weise anzugehen. Nun ist es ja durchaus möglich, daß ein luzider Traum sich unter angemessener Leitung als geeignet erweist, symbolische Darstellungen der psychischen Probleme und Befangenheiten eines Menschen zu produzieren, die Forschung jedoch steht weiterhin vor der Frage, wie sehr die psychische Situation dieses Menschen wirklich dadurch verbessert wird, daß er auf diese Weise mit seinen Problemen umgeht.

Vielleicht hat man hie und da tatsächlich zu der Annahme geneigt, wenn das Bewußte in einem luziden Traum nun einmal so viel deutlicher präsent sei als in einem nicht-luziden Traum, so müsse dies doch auch vom Unbewußten gelten – eine Annahme, die, sollte sie zutreffen, luzide Träume zu einem Treffpunkt *par excellence* des Bewußten und des Unterbewußten werden ließen. Während aber nun luzide Träume sich zweifellos von nicht-luziden in dem Grad unterscheiden, in dem die Persönlichkeit, mit einer angemessenen Kontrollfähigkeit über ihre normalen intellektuellen Fähigkeiten, bewußt in der Situation anwesend ist, bleibt es doch fraglich, ob das Unterbewußte im luziden Traumzustand wirklich stärker präsent oder zugänglich ist als im Zustand gewöhnlichen Träumens. Wie wir in Kapitel fünf

zur Frage der Emotionen in luziden Träumen bereits dargelegt haben, scheint es doch so zu sein, daß in einem luziden
Traum das Bewußte auf mancherlei Weise vor der Einwirkung jeglichen unerfreulichen Ereignisses abgeschirmt ist,
das aus dem Unterbewußten aufsteigen möchte. Die Situation ist sozusagen »bewußtseinsfreundlich«. So besteht die
eindeutige Möglichkeit, daß in einem luziden Traum das
Unterbewußte tatsächlich gerade schwerer und nicht leichter zugänglich ist als in einem normalen Traum.

Damit soll nun sicherlich nicht gesagt sein, die Arbeit an
psychologischen Problemen in luziden Träumen könnte
keinen Erfolg haben, nur befindet sich die Forschung auf
diesem Gebiet noch ganz im Anfangsstadium, daher bleibt
Zurückhaltung angeraten.

Luzide Träume und physische Heilung

Über die Schilderungen hinausgehend, wonach luzide
Träume zugunsten »psychischer Heilungen« nutzbar gemacht werden konnten, indem die in luziden Träumen erfahrene Freiheit des Erlebens zur Integration der Persönlichkeit oder zur Regelung belastender Ereignisse eingesetzt
wurde, ist auch die Meinung geäußert worden, luzide
Träume enthielten Möglichkeiten für physische Heilungen,
was allerdings bisher kaum über den Rahmen von Spekulationen hinausgekommen ist.

Der Grund dafür, daß luzide Träume überhaupt als mögliche Mittel zur Selbstheilung betrachtet wurden, liegt in der
Tatsache, daß rein psychische Faktoren das Immunsystem
des Körpers beeinflussen können. So soll beispielsweise,
nach der Darstellung Gackenbachs und Bosvelds, bei der
Behandlung von Krebskranken durch den Einsatz der eigenen wachen Vorstellungskraft einiger Erfolg erzielt worden

sein. Dabei wird ein Patient bzw. eine Patientin z. B. angewiesen, sich vorzustellen, wie seine oder ihre weißen Blutkörperchen jetzt dabei sind, den Krebs zu besiegen. Die Beweislage auf diesem Gebiet ist bis heute umstritten. Es mangelt an ausreichend überprüfbaren wissenschaftlichen Untersuchungen, wobei einer der zu überprüfenden Faktoren sicher nicht zuletzt die Tatsache ist, daß Krebs in eine spontane Rückentwicklung eintreten kann.

Sollte allerdings die Wirksamkeit eines solchen Einsatzes der eigenen Vorstellungskraft im Wachen definitiv nachgewiesen werden, dann wäre es durchaus möglich, daß ähnliche Verfahren in luziden Träumen angewandt und als wirksam erkannt werden könnten. Luzides Träumen ist ja ein Zustand, in dem die Vorstellungen oftmals deutlicher und realistischer sind, als es in einem anderen Zustand normalerweise erreicht werden kann. Und es ist durchaus möglich, daß diese Art von Vorstellungen dazu benutzt werden könnten die eigenen physischen Abwehrkräfte gegen eine Krankheit zu »ermutigen«, auch wenn bisher noch unklar ist, welche Mechanismen hierbei wirksam sein sollten.

Entsprechendes könnte von Verletzungen gelten: Jemand, der sich wünscht, eine Wunde möge aufhören zu bluten, könnte versuchen zu träumen, daß sein Traumkörper an der gleichen Stelle aus einer Wunde blutet, daß die Blutung dann nachläßt und die Wunde verheilt.

Die Vorstellung, es könnten zur Unterstützung von Heilungsprozessen Methoden entdeckt werden, in Kombination mit luzidem Träumen ein bewußtes Wollen zum Einsatz zu bringen, könnte noch von einer anderen Seite Verstärkung erhalten: Vereinzelte, dramatische Berichte von den Wirkungen einer Hypnose, ebenso wie Schilderungen der von Jogis erreichten Kontrolle ihrer Körperfunktionen, lassen darauf schließen, daß wenigstens bestimmte Individuen die Fähigkeit erlangen können, eine unmittelbare Wirkung auf gewisse, normalerweise autonome physische Prozesse auszuüben. So scheint es tatsächlich der Fall zu sein, daß Personen in tiefer hypnotischer Trance manchmal ein ganz ungewöhnliches Ausmaß an Kontrolle über einige ihrer Körperfunktionen ausüben können, wie etwa allergische Reaktionen zu unterbinden, Blutungen zu stoppen, Unempfindlichkeiten gegen Schmerz zu erzeugen, die Blutzufuhr zu einer bestimmten Hautregion anzuregen und ähnliches mehr. Auch gibt es Anzeichen dafür, daß Jogis, die in gewissem Sinne Personen in Hypnose vergleichbar sind, die Fähigkeit besitzen, ihre Herzfrequenz zu kontrollieren und ihren Stoffwechsel zu regulieren. Wenn nun luzide Träumer in der Lage wären, solche geistig-seelischen Praktiken nachzuvollziehen, dann könnte sich herausstellen, daß der luzide Traumzustand ebenso den Zugang zu einer Kontrolle der Körperfunktionen ermöglicht, wie es Hypnose oder Meditation tun.

Lediglich fünf bis zehn Prozent der Bevölkerung gelten als fähig, mit den heute verfügbaren Verfahren die tiefste Stufe der Hypnose zu erreichen, und nur wenige dürften willens sein, das mühselige Training auf sich zu nehmen, durch das einige Jogis das geschilderte Ausmaß an Kontrolle erreichen. Das luzide Träumen hingegen steht allem Anschein nach weitaus mehr Menschen offen, und es darf damit gerechnet werden, daß es die gleichen Möglichkeiten einer Kontrollierbarkeit im physischen Bereich bietet wie die tiefe hypnotische Trance. Zum gegenwärtigen Zeitpunkt können wir allerdings nur Vermutungen darüber anstellen, ob es beispielsweise zu einer wirklichen Senkung des Blutdrucks führt, wenn man sich während eines luziden Traumes Verfahren zur Senkung des Blutdrucks vorstellt.

Dies ist ein Gebiet, auf dem gründliche Forschungsarbeit nötig ist, weit mehr als auf anderen benachbarten Gebieten, zu denen bereits nachweisbare Ergebnisse vorliegen. Bisher gibt es ja eigentlich keinen erkennbaren Anlaß, weshalb luzide Träume hier als ganz besonders erfolgversprechend

herausgestellt werden sollten. Auch wenn die Vorstellungswelt eines luziden Traumes realitätsgetreuer sein mag als
alles, was im Wachzustand erreichbar ist, besteht doch bisher wenig Grund zu der Annahme, daß damit ein unmittelbarer Einfluß auf den physischen Heilungsprozeß wahrscheinlich wird. Aber selbst wenn das so wäre, gibt es
keinen Anlaß zu vermuten, eine solche Einwirkung sei irgendwie ausgeprägter, als man sie mittels einer direkten
Autosuggestion im Wachen hätte erzielen können. Jemand
könnte ja zum Beispiel, nachdem er sich so weit wie möglich entspannt hat, sich selbst unaufhörlich vorsagen: »Die
Blutung wird gestoppt, die Wunde verheilt.«

So liegt hier ohne Zweifel ein breites Betätigungsfeld für
gezielte Experimente, um herauszufinden, ob die Anwendung derartiger Verfahren irgendeinen wahrnehmbaren Ef-
fekt bringt, und ob Personengruppen, die im Wachzustand
mit suggestiven Techniken oder mit ihrer Einbildungskraft
arbeiten, dabei leichter oder weniger leicht Ergebnisse erzielen als solche, die ähnliche Techniken in luziden Träumen
anwenden.

Schlußfolgerung

Zusammenfassend können wir nur feststellen, daß bisher
noch viel zu wenig überzeugendes Beweismaterial dafür
vorliegt, daß gerade luzide Träume besonders geeignet für
die Entwicklung von Verfahren zur Heilung einer Krankheit
wären, oder daß sie überhaupt irgendwelche heilsamen physischen oder psychischen Wirkungen entfalten können.
Diese Vermutung entstammt weitgehend der Erfahrung, daß
luzide Träume in ganz besonderer Weise einen Zugang zum
Unbewußten ebenso wie zu Körperfunktionen eröffnen, die
normalerweise nicht unter bewußter Kontrolle stehen. Nun

trifft es ja einerseits sicherlich zu, daß man in einem luziden Traum einen leichteren Zugang zu seinen normalen intellektuellen Fähigkeiten hat und zudem in der Lage ist, sich daran zu erinnern, welche Absichten man eigentlich verfolgen wollte, andererseits aber scheint kaum etwas darauf hinzudeuten, daß der luzide Träumer sich in einer besonders günstigen Ausgangsposition dafür befände, seine unbewußten Einstellungen oder Wünsche zu beeinflussen. Der luzide Traumzustand ist offensichtlich insgesamt darauf angelegt, dem Bewußtsein Erfahrungen neutraler bis erfreulicher Art zu vermitteln und gegen Komplikationen durch verdrängte Erinnerungen oder Konflikte relativ abgeschirmt zu sein. Der Gedanke, daß die Vorstellungskraft da sinnvoll eingesetzt werden könnte, wo ein Wille zur Heilung vorhanden ist, ist sicherlich weiter zu verfolgen, allerdings dürfte es Zustände geben, wie etwa die üblicherweise durch hypnotische oder autosuggestive Verfahren herbeigeführten, die für eine Einwirkung auf das Unbewußte besser geeignet sind als der eines luziden Traums.

Kapitel 14

Zwei mögliche Auswirkungen
luziden Träumens

In diesem Kapitel wollen wir zwei mögliche Auswirkungen luziden Träumens behandeln, die gelegentlich als Risikofaktoren für die Traumpraxis zur Diskussion gestellt werden, eine davon kurzfristiger, die andere eher langfristiger Art. Der kurzfristige Risikofaktor ist die möglicherweise nachteilige Auswirkung luziden Träumens auf die normale erholsame Funktion des Schlafes. Das zweite, eher langfristig zu verstehende Bedenken bezieht sich auf die möglicherweise negative Auswirkung eines regelmäßigen luziden Träumens auf die Einstellung des oder der Betreffenden zum täglichen Leben. Uns liegen keine Belege dafür vor, daß bisher auch nur einer dieser angeblichen Risikofaktoren wirklich eingetreten wäre; doch wird eine Diskussion darüber eine ganze Reihe interessanter grundsätzlicher Themen zur Sprache bringen. So bietet vor allem die Frage nach den langfristigen Auswirkungen luziden Träumens die Gelegenheit zum Nachdenken darüber, ob und inwiefern dies Phänomen bestimmte philosophische Traditionen, westliche oder auch östliche, beeinflußt haben könnte.

Mögliche nachteilige Auswirkungen

Gelegentlich wird die Frage aufgeworfen – allerdings zumeist von denen, die noch nie einen luziden Traum erlebt haben –, ob das luzide Träumen nicht schädlich sein könnte, hindere es doch – so wird gesagt – den oder die Betreffende daran, eine normale Nachtruhe zu genießen. Nun trifft es ja zu, daß Phasen einer Luzidität mit Phasen einer relativ hohen »Erregung« beim Schlafen zusammenfallen. Dies zeigt sich sowohl an den in Traumberichten aufgezeigten phänomenologischen Merkmalen luzider Träume als auch an den elektrophysiologischen Befunden. So könnte man befürchten, jemand, der nachts ausgedehnte oder häufige luzide Träume erlebt hat, müßte beim Aufwachen das Gefühl haben, er hätte nicht ordentlich geschlafen.

Eine weitere manchmal geäußerte Besorgnis zielt darauf, der luzide Träumer oder die luzide Träumerin könnte beim Aufwachen womöglich nicht willens sein, sich wieder seinen bzw. ihren Alltagsangelegenheiten zuzuwenden, sondern würde vielmehr wünschen, zu den fesselnden Traumerlebnissen zurückkehren zu können, ähnlich denjenigen, die – jedenfalls nach eher anekdotischen Berichten – geradezu »süchtig« nach Meditation werden, bis ihre Fähigkeit zum Umgang mit den täglichen Lebensanforderungen dadurch beeinträchtigt wird.

Luzide Träumer, die daraufhin befragt wurden, bestätigen diese Vermutungen allerdings ganz und gar nicht. Ihre übereinstimmende Meinung deutet darauf hin, daß luzides Träumen keineswegs die erholsame Funktion des Schlafes beeinträchtigt und daß jemand durchaus aus einem nächtlichen Schlaf, der ein luzides Träumen einschloß, völlig erfrischt und wohlausgeruht erwachen kann. Ebensowenig finden sich Belege für die Richtigkeit der Vermutung, luzides Träumen könne die wache Lebensführung beeinträchtigen. Im Gegenteil, mehrere luzide Träumer berichten davon, wie die in ihren Träumen gewonnene Erfahrung von Freiheit und Kontrollfähigkeit es ihnen ermöglichte, den Problemen ihres wachen Daseins wesentlich positiver zu begegnen; andere wiederum schildern, wie die von luziden

Träumen vermittelten beglückenden Erlebnisse, zum Beispiel ein besonders spannender Flug über eine zauberhaft schöne Landschaft, sie für mehrere Tage emotional neu zu beleben vermochte. Wie ein luzider Träumer es formuliert: »Ich bin es schon gar nicht mehr anders gewohnt, als daß ich mit einem freudigen ›Nachleuchten‹ erwache, das mich den ganzen Tag hindurch begleitet.«

Die Funktion des Schlafes ist bis heute immer noch nicht von Grund auf gedeutet worden. Viele Theorien stehen miteinander im Widerstreit – keine hat sich endgültig durchsetzen können. Trotzdem sagt uns unsere tägliche Erfahrung, daß der Schlaf eine geistig und körperlich erholsame Funktion erfüllt. Von daher gesehen ist es doch wohl der Mühe wert, darüber nachzudenken, wie es denn kommt, daß jemand auch nach mehreren luziden Träumen nicht weniger erfrischt erwacht, als wenn er ganz normal geschlafen und geträumt hätte.

Wir unterscheiden zwei Arten von Schlafentzug: Die erste ist die allgemein verbreitete, daß nämlich das normale Schlafbedürfnis mehrere Nächte lang willentlich in bestimmtem Ausmaß beschnitten wird, was zu einer wachsenden Schläfrigkeit am Tage, einer verminderten Fähigkeit zur Durchführung anspruchsvoller Aufgaben und im Extremfall zu psychoseähnlichen Symptomen wie Halluzinationen und paranoidem Denken führt.

Die zweite Art von Schlafentzug besteht in einem Entzug entweder des REM- oder des *Delta-* (des sog. Langsamen-Wellen-) Schlafs. Bei letzterem handelt es sich um den tiefen, »traumlosen« Schlaf, der im ersten Teil der Nacht vorherrscht, während die REM-Phasen mit der Art von dramatischer, narrativer geistiger Aktivität in Verbindung stehen, die normalerweise »Träumen« genannt wird.

Die ersten Experimente mit einer gezielten Unterbrechung, also Entzug des REM-Schlafes, ließen darauf schließen, daß ein derartiger Entzug störende psychische Auswirkungen ähnlich denen eines allgemeinen Schlafentzuges haben kann. Dement berichtete anfänglich, ein REM-Schlafentzug habe zu Symptomen wie Angstzuständen und Reizbarkeit sowie Konzentrationsschwierigkeiten geführt. Spätere Untersuchungen erbrachten jedoch lediglich Befunde von Ermüdung, Verwirrtheit und einer verminderten Fähigkeit zu klarem Denken, die alle ebenso von einem Nicht-REM-Schlafentzug verursacht werden können. Empson bemerkt dazu:

> Rückblickend scheint es eher so gewesen zu sein, daß das Eigeninteresse der Versuchsleiter den Versuchspersonen so vermittelt wurde, daß sie sich einer enormen Suggestion ausgesetzt sahen, Symptome wie Paranoia und Halluzinationen aufzuweisen, wobei eine während des sechstägigen Experiments sich ständig steigernde Schlaflosigkeit ein übriges tat, um einen fruchtbaren Boden für das Aufkommen solcher Symptome zu schaffen.

Empson geht hier ganz offensichtlich davon aus, daß die Auswirkungen eines gezielten Entzuges einer speziellen Schlafphase nur schwer von denen eines allgemeinen Schlafentzuges abgegrenzt werden können, begreiflicherweise, denn wenn jemand in einer Nacht immer wieder aufgeweckt wird, weil etwa sein EEG gerade den Beginn einer REM-Phase anzeigt, dann werden diese Unterbrechungen ja schließlich die Gesamtdauer der Schlafenszeit beeinflussen. Aber noch zusätzlich zu den von uns bereits erwähnten Auswirkungen einer allgemeinen Schlaflosigkeit scheint ein gezielter Entzug von *Delta*- oder REM-Schlaf einen »Umkehreffekt« zu verursachen, indem nämlich gleich in den ersten Nächten, in denen der oder die Betroffene wieder durchschlafen kann, gerade die Schlafphasen, die ihm/ihr entzogen worden waren, in verstärktem Umfang auftreten.

Von daher liegen zwei Vermutungen, wie luzides Träumen die erholsame Wirkung des Schlafes beeinflussen könnte, nahe: Zunächst ist es ja durchaus vorstellbar, daß ein großes Ausmaß an luzidem Träumen zu Symptomen von Schlaflosigkeit durch einen Entzug von *Delta*-Schlaf führen könnte, wenn die Wirkung darin bestünde, daß ein größerer Teil der Nacht im REM-Schlaf verbracht wird. Wir können allerdings keine Befunde entdecken, die eine solche Vorstellung unterstützen. Da wir ja annähernd 20 Prozent unserer gesamten Schlafenszeit in der REM-Phase verbringen, hätte man während eines normalen achtstündigen Schlafes einen Spielraum von etwa anderthalb Stunden, um luzid zu träumen, vorausgesetzt, alle REM-Zeiten könnten mit luziden Träumen »aufgebraucht« werden, ohne daß also eine Zeit auch nicht-luziden REM-Schlafes benötigt würde. Nun sind anderthalb Stunden eine recht lange Zeit, und es ist zu bezweifeln, ob es irgend jemand bisher fertiggebracht hat, einen so beachtlichen Teil seiner Nacht im luziden Zustand zu verbringen. Bis dahin – vorzugsweise sollte das in einem Labor geschehen, wo die ganze Nacht hindurch eine elektrophysiologische Überwachung durchgeführt werden kann – muß die Frage offen bleiben, ob ein ausgedehntes luzides Träumen die REM-Zeiten im Verhältnis zu den Nicht-REM-Zeiten ausweitet und ob, sollte dem so sein, dies Auswirkungen auf die elektrophysiologischen Befunde der folgenden Nächte zeigt und wenn ja, welche.

Die zweite Möglichkeit besteht darin, daß die Luzidität den Charakter des REM-Schlafes derart verändert, daß lange Zeiten luziden Träumens zu ähnlichen Wirkungen führen könnten wie die eines Schlafmangels durch gezielten Entzug von REM-Schlaf. Auch hier liegen offensichtlich bisher keine Belege zugunsten dieser Vermutung vor. Wie bei der ersten Möglichkeit, scheint es auch hier eher unwahrscheinlich zu sein, daß jemand in einer Nacht je ausreichend lange luzid geträumt hat, um diese Möglichkeit wirklich ausgetestet haben zu können. Und selbst wenn jemand dies zuwege gebracht hätte, würden wir immer noch bezweifeln, daß irgendeine Wirkung sich tatsächlich einstellen könnte, unterscheiden sich doch die elektrophysiologischen Merkmale des luziden Traumschlafes qualitativ offenbar keineswegs von denen des nicht-luziden REM-Schlafes.

Luzide Träume und philosophische Einstellungen

Die zweite, eher längerfristige Auswirkung luziden Träumens, von der immer wieder einmal zumindest als Möglichkeit die Rede ist, soll darin bestehen, daß der regelmäßige luzide Träumer aufgrund seiner Inanspruchnahme durch die fesselnden innerlichen Ereignisse des Traumlebens das Interesse an den Angelegenheiten des täglichen Lebens verlieren könnte. Uns ist bisher kein solcher Fall bekannt geworden, was selbstverständlich nicht bedeutet, daß Derartiges noch nie vorgekommen wäre oder künftig nicht vorkommen könnte.

Ein Bereich, in dem es immerhin möglich ist, daß regelmäßiges oder auch nur gelegentliches luzides Träumen Auswirkungen auf den Träumer haben kann, betrifft das, was man als die philosophischen Anschauungen des Betreffenden bezeichnen könnte. Wenden wir uns daher der Frage zu, welche philosophischen Aspekte mit luziden Träumen verbunden sein könnten und welche emotionalen Reaktionen diese gegebenenfalls bei den Betroffenen hervorrufen.

Wie wir zu Beginn dieses Buches bereits festgestellt haben, wird in der westlichen Literatur nur gelegentlich auf die Tatsache Bezug genommen, daß jemand, der träumt, sich seines Traumzustandes wohl bewußt werden kann, wobei noch seltener ein Hinweis darauf zu entdecken ist, daß der deutliche Unterschied solcher Träume, in denen diese Bewußtheit vorhanden ist, von denen, wo dies nicht der Fall ist, in irgendeiner Weise erkannt worden wäre. Dagegen finden sich im Osten durchaus Hinweise darauf, daß luziden Träumen als einem eigenen, ausbaufähigen Erlebnistypus ein beachtliches Maß an Anerkennung entgegengebracht wird.

Die offensichtliche Unfähigkeit, zwischen einem luziden und einem nicht-luziden Traum angemessen zu unterscheiden, erklärt sich möglicherweise wenigstens zu einem Teil aus einem inneren Widerstand gegen jede Art von Anerkennung des philosophisch gesehen durchaus unsicheren Status der »äußeren Welt« unseres wachen Lebens. Und für das Bemühen, unseren Glauben an den unbezweifelbaren Status der physischen Welt und an unseren gesicherten Zugriff auf die »Wirklichkeit« aufrechterhalten zu können, ist es womöglich wünschenswert, Träume als etwas so entschieden Unrealistisches wie nur möglich zu betrachten. Denn sollte deutlich werden, daß sie es an Präzision und Klarheit der Wahrnehmung mit der Welt des Wachens aufnehmen können, und daß das Niveau der geistigen Funktionen in einem Traum sich offensichtlich gar nicht so sehr von dem des Wachzustandes unterscheidet, dann könnten wir ja versucht sein, uns unbequeme Fragen danach zu stellen, wie gut begründet denn eigentlich der Anspruch unseres wachen Daseins auf einen überlegenen Wirklichkeitscharakter tatsächlich ist.

Es ist durchaus möglich, daß unbewußte Bedenken solcher Art immer noch die wissenschaftliche Forschung auch in verschiedenen anderen Bereichen beeinflussen. So sind beispielsweise Halluzinationen ein in der Forschungsarbeit fraglos unterrepräsentiertes Thema, und bei den wenigen dazu angestellten Untersuchungen ist in der Regel die Grundtendenz zu beobachten, Halluzinationen in die Kategorie des »Unrealistischen« zu verweisen, indem man sie mit Geisteskrankheiten oder irgendeinem physischen Defekt in Verbindung bringt, anstatt darauf zu achten, was sie tatsächlich als eine bestimmte Erfahrensweise bedeuten und wie sie sich zu den normalen Wahrnehmungsarten verhalten.

Doch mag es nun zutreffen oder nicht, daß den luziden Träumen wegen ihrer Beziehung zu solchen Fragen nach dem Wesen der Wirklichkeit so lange in der westlichen Kultur die Anerkennung versagt geblieben ist, im Osten jedenfalls scheint es vor allem gerade diese Beziehung gewesen zu sein, die ihnen die Anerkennung verschafft hat. Wobei diese Anerkennung für gewöhnlich im Zusammenhang mit solchen religiösen Traditionen steht, in denen das illusorische Wesen der physischen Realität ausdrücklich diskutiert, wenn nicht gar als Glaubenslehre vertreten wird. So haben beispielsweise tibetische Buddhisten offenbar schon im achten Jahrhundert die Möglichkeit erkannt, das wache Bewußtsein in den Traumzustand hineinzunehmen. Die von luziden Träumen gebotene Gelegenheit, sich das subjektive Wesen des Traumzustandes zu vergegenwärtigen, betrachteten sie allem Anschein nach als hilfreiche Übung zur Gewinnung einer ähnlichen Einsicht in das Wesen des wachen Daseins:

Der *Jogi* wird gelehrt, daß Materie oder Form in ihren dimensionalen Aspekten der Größe oder Kleinheit und ihren numerischen Aspekten der Vielheit und Einheit gänzlich dem eigenen Willen unterliegen, wenn die geistigen Kräfte durch das *Joga* wirksam entwickelt worden sind. Anders gesagt, der *Jogi* lernt durch praktische Erfahrung, als Ergebnis psychischen Experimentierens, daß der Charakter jedes Traumes so verändert oder umgeformt werden kann, wie die Willenskraft es wünscht. Einen Schritt weiter lernt er, daß Form im Traumzustand und all die mannigfachen Trauminhalte nichts als Spielsachen des Geistes sind und deshalb ebenso unbeständig wie eine Fata Morgana. Ein weiterer Schritt führt ihn zu der Erkenntnis, daß das wahre Wesen der Form und aller im Wachzustand von den Sinnen wahrgenommenen Dinge genauso unwirklich ist wie deren Reflexe im Traumzustand, sind doch beide Zustände gleichermaßen dem *Samsara*, dem beständigen Kreislauf des Daseins unterworfen. Der letzte Schritt führt dann zu der großen Erkenntnis, daß nichts innerhalb des *Samsara* anders ist oder anders sein kann als unwirklich wie Träume.

Es gibt Anzeichen dafür, daß Methoden zum Eintritt in ein luzides Träumen etwa zur gleichen Zeit auch in anderen Teilen Indiens entwickelt worden sind. Im zwölften Jahrhundert berichtete ein spanischer Sufi, welch außerordentlich wohltuende Wirkung die Fähigkeit zur Kontrolle der eigenen Gedanken im Traum habe, und daß diese Fähigkeit weltweit angestrebt werden sollte.

Die philosophische Diskussion der Möglichkeit, das Leben könne in gewissem Sinne ein Traum sein, hat selbstverständlich, ebenso wie die in religiösen Kontexten mehr oder weniger dogmatische Feststellung, daß es so sei, eine lange Geschichte, auch im Westen. Zwei Hauptströmungen lassen sich hierbei ausmachen: In der ersten, beispielsweise von Descartes diskutierten, geht es um die Hypothese, daß die Erfahrungen, die man in dem Zustand macht, den man für das wache Dasein hält, nicht von denen unterschieden sind, die einem im Schlaf begegnen.

Mavromatis verweist auf Belege, nach denen Descartes selber luzide Träume gehabt habe, die nicht ohne Einfluß auf die Genesis seiner Philosophie geblieben sein dürften. Diese Belege entstammen einer Biographie, nämlich Baillets *La Vie de Monsieur Descartes*. Baillet zufolge hat Descartes 1619 eine Folge von drei Träumen erlebt, jeweils von wachen Phasen unterbrochen, in denen ihm seine »größte Entdeckung« widerfuhr, nämlich die Vorstellung der Einheit der Wissenschaften. Baillets Schilderung zufolge wurde Descartes gegen Ende des dritten Traumes wenigstens für einen Augenblick luzid, denn während er noch schlief und »sich fragte, ob das, was er gesehen hatte, ein Traum oder eine Vision war, entschied er im Schlaf nicht nur, daß es ein Traum sei, sondern interpretierte es auch noch, bevor der Schlaf von ihm wich«. Bald darauf jedoch, »im Zweifel darüber, ob er träume oder meditiere, erwachte er ganz ruhig und setzte die Interpretation seines Traumes in der gleichen Richtung fort, nur eben jetzt mit offenen Augen«.

Es ist bedauerlich, daß uns nur diese Belege aus zweiter Hand vorliegen, hat doch Descartes selbst, soweit wir wissen, keine unmittelbare Schilderung seines Traumlebens hinterlassen. Lediglich in den *Meditationen* findet sich ein indirekter Beleg dafür, daß Descartes prä-luzide, wenn nicht gar völlig luzide Träume gehabt haben könnte.

Wie oft erst glaube ich gar nachts im Traume ganz Gewöhnliches zu erleben; ich glaube hier zu sein, den Rock anzuhaben und am Ofen zu sitzen – und dabei liege ich entkleidet im Bett! Jetzt aber schaue ich sicherlich mit ganz wachen Augen auf dieses Papier. Dieser Kopf, den ich bewege, ist nicht vom Schlaf umfangen. Mit Überlegung und Bewußtsein strecke ich diese Hand aus und empfinde dies auch. So deutlich würde ich nichts im Schlaf erleben.

Ja, aber erinnere ich mich denn nicht, daß ich auch von ähnlichen Gedanken (*cogitationibus*) in Träumen getäuscht worden bin? Während ich aufmerksamer hierüber nachdenke (*cogito*), wird mir ganz klar, daß nie durch sichere Merkmale der Schlaf vom Wachen unterschieden werden kann, und dies macht mich so stutzig, daß ich gerade dadurch fast in der Meinung zu träumen bestärkt werde.

Die zweite Richtung, in der sich die Vorstellung bewegt, das gesamte Leben könne in gewissem Sinne ein Traum sein, geht von der Annahme eines qualitativen Unterschiedes zwischen dem wachen Dasein und gewöhnlichen Träumen aus, führt aber dann weiter zu Betrachtungen darüber, daß ein ebenso qualitativer Unterschied doch auch zwischen dem wachen Bewußtsein und einer gewissen »höheren« Art von Bewußtsein bestehen könne. Das Verhältnis eines solchen höheren Bewußtseinsstandes zu dem normalen wachen Bewußtsein wäre dann dem des normalen wachen Bewußtseins zum nicht-luziden Träumen analog.

Diese Richtung findet sich in einer ganzen Anzahl mystischer Traditionen. Dabei ist es durchaus möglich, daß einige der Vertreter solcher Überzeugungen selbst luzide Träume erlebt haben und daß ihr Erleben zu der Entwicklung dieser Analogievorstellung beigetragen hat. Der folgende Text, der auf den Traditionen der christlichen Gnosis basiert, dient der Verdeutlichung dieser zweiten Richtung:

Die meisten Menschen leben also in Achtlosigkeit – oder in zeitgenössischer Begrifflichkeit: in Unbewußtheit. Ahnungslos angesichts ihres wahren Selbst, sind sie ohne ›Wurzel‹. Das *Evangelium der Wahrheit* beschreibt ein solches Dasein als Alptraum. Diejenigen, die darin leben, erfahren ›Entsetzen und Verworrenheit und Unsicherheit und Zweifel und Zerspaltung‹, sind sie doch in ›mannigfachen Illusionen‹ befangen. Diesem, von den Wissenschaftlern als ›Alptraum-Gleichnis‹ bezeichneten Passus zufolge lebten sie so, ›als wären sie in Schlaf versunken und befänden sich in wirren Träumen. Entweder (ist da) etwas, vor dem sie fliehen, oder sie haben sich auf der Jagd nach etwas anderem verausgabt, oder sie sind dabei, harte Schläge auszuteilen, oder sie erhalten solche Schläge, oder sie sind von einer Höhe herabgefallen, oder sie heben ab in die Luft hinauf, obwohl sie doch gar keine

Flügel haben. Ein anderes Mal wiederum (ist es so,) als ermorde sie jemand, obwohl es doch niemand gibt, der sie auch nur verfolgt, oder als brächten sie ihre Nächsten um, seien sie doch mit ihrem Blut befleckt. Wenn die, denen all dies widerfährt, dann erwachen, sehen sie nichts, sie, die inmitten dieser Wirrsale waren, denn sie sind nichts. Solcher Art ist der Weg derer, die die Unwissenheit wie einen Schlaf abgetan haben, indem sie (deren Werke) wie einen nächtlichen Traum hinter sich lassen ... Dies ist der Weg, den ein jeder beschritten hat, so als hätte er zur Zeit seiner Unwissenheit nur geschlafen. Und dies ist der Weg, auf dem er zur Erkenntnis gelangt ist, so als wenn er aufgewacht wäre.

Die Erfahrung luziden Träumens scheint eine Empfänglichkeit für Vorstellungen solcher Art zu schaffen, wenigstens bei bestimmten Personen, oder auch solche Vorstellungen bei denen zu bestärken, die ihnen bereits nahestehen. So scheint es beispielsweise für einen luziden Träumer ganz selbstverständlich zu sein, sich zu sagen: »Wenn ich in einem Traum zum Bewußtsein über meine Situation komme, dann hat sich meine Einstellung radikal verwandelt. Angenommen, das wache Dasein selbst wäre ein Traum, sollte es dann nicht möglich sein, irgendwie analog dazu auch zum Bewußtsein der Beziehung dieses Daseins zu einem noch andersartigen Zustand zu kommen und damit zu einer dann wirklich radikal veränderten Einstellung?«
Tatsächlich stellen einige luzide Träumer nicht nur derartige Spekulationen an, sie assoziieren darüber hinaus den von ihnen erlebten Zustand eines »luziden Lebens« mit der Erleuchtung oder dem Nirvana, wie sie der Buddhismus beschreibt, oder mit entsprechenden Vorstellungen einer mystischen Erleuchtung anderer religiöser oder esoterischer Provenienz. Ein Beispiel dafür ist Stephen LaBerge, selber ein erfahrener luzider Träumer, der in seinem Buch *Hell-*

wach im Traum solch eine Hypothese vorträgt. Ob diese Hypothese an sich irgendeine Gültigkeit beanspruchen kann, ist eine Frage, zu deren Beantwortung das luzide Träumen selbst, als empirisches Phänomen, selbstverständlich nichts beitragen kann. Dennoch ist es als psychologisches Faktum sicherlich bemerkenswert, daß die Erfahrung einer Luzidität in Träumen zu derartigen philosophischen Reflektionen Anlaß geben kann.

Hinzuzufügen wäre noch, daß es schwierig sein dürfte, Ursache und Wirkung auseinanderzuhalten, wenn es wie hier um die Beziehung zwischen einer philosophischen Einstellung und den luziden Traumerfahrungen geht. Es ist ja durchaus möglich, daß eine gewisse Distanziertheit gegenüber dem Leben im allgemeinen oder insbesondere gegenüber den Dingen der äußeren Welt (eine Distanziertheit, die gewiß nicht mittels eines Fragebogens statistisch erfaßbar noch ohne weiteres so formulierbar ist, daß sie auf solche Weise zu erfassen wäre) eine für die Entwicklung einer Luzidität im Traum günstige Prädisposition darstellt. Wie auch immer nun aber die Beziehungen zwischen philosophischen Einstellungen und dem Hang zu luziden Träumen beschaffen sein mögen, uns ist jedenfalls kein Beleg dafür bekannt, daß ein Interesse an luzidem Träumen je zu einer solchen Art von Quietismus oder Passivität geführt hätte, durch die die Funktionsfähigkeit eines Menschen im täglichen Leben eingeschränkt worden wäre.

Kapitel 15

Luzide Träume, Aktivation
und die rechte Hirnhemisphäre

Aktivation

In diesem Kapitel wollen wir versuchen, einige der Untersuchungsergebnisse über luzide Träume in einen theoretischen Bezugsrahmen neurophysiologischer Art einzuordnen. Zu diesem Zweck werden wir zwei hierzu wesentliche Begriffe verwenden: *Aktivation* und *Funktion der Hirnhemisphären.*

Aktivation[1] läßt sich auf verschiedene Weise definieren, je nach der angewandten Untersuchungsmethode, also beispielsweise einer physiologisch oder einer verhaltensmäßig orientierten. Weinman definiert Aktivation als etwas, das bezogen sei auf »ein Kontinuum verhaltensmäßiger und denen zugrundeliegender physiologischer Zustände, in einer Bandbreite von völligem Stupor bis zur Hypermanie«.[2] Mit dieser Definition ist implizit bereits die erste unserer theoretischen Prämissen ausgesagt, nämlich daß Aktivation eine kontinuierliche Variable ist und nicht etwas ein für allemal auf einen Punkt Fixierbares. Mit anderen Worten: Man ist nie einfach aktiviert oder nicht-aktiviert, wach oder schlafend, sondern immer auf irgendeinem Punkt des breiten Kontinuums zwischen Tiefschlaf und manischer Erregung.

Es dürfte hier auch hilfreich sein, einen ausdrücklichen Unterschied zu ziehen zwischen der Aktivation als einem *Zustand* des Organismus und einer *Aktivationsbereitschaft* als einer dauernden Eigenschaft mit allen möglichen individuellen Unterschieden. Für jeden von uns gilt, daß sein Aktivationsniveau sich die ganze Zeit über in ständiger Veränderung befindet, wobei nach Claridge individuelle Unterschiede in der Schnelligkeit oder Langsamkeit bestehen können, mit denen diese Fluktuationen bei dem einen oder anderen vonstatten gehen. Wie er ausführt, bestehen solche individuellen Unterschiede in der Stärke oder Wirksamkeit der homeostatischen Mechanismen[3], die die Aktivation im zentralen Nervensystem steuern und die Variationen innerhalb der Bandbreite von äußerster Stabilität bis zu äußerster Labilität der Aktivation verursachen. Spontane luzide Träumer werden wohl eher in der Nähe des labilen Endpunkts zu finden sein.

Als indirekter Beleg für diese Ansicht könnten die von Charles McCreery aus einer Studie erhobenen Ergebnisse dienen, bei der er 450 Personen untersuchte, die berichtet hatten, im Laufe ihres Lebens mindestens ein außerkörperliches Erlebnis gehabt zu haben. Sie wurden in einer Reihe von Punkten mit einer Kontrollgruppe von 214 Personen verglichen, denen noch nie ein solches Erlebnis begegnet war. Im Hinblick auf die engen Beziehungen zwischen luziden Träumen und außerkörperlichen Erlebnissen, die wir bereits dargestellt haben, ist es durchaus vertretbar, solche Befunde mit den Erfahrungen luzider Träumer in Zusammenhang zu bringen. Zwei Hauptelemente dieser Beziehungen sollen hier kurz in Erinnerung gerufen werden: Zum ersten geht es um den in Kapitel sieben besprochenen Punkt, daß es in einigen Fällen schwierig ist, sie eindeutig der einen oder anderen Kategorie zuzuordnen; und zum zweiten um die Tatsache, daß bei einer bestimmten Personengruppe ein statistisch erwiesener Zusammenhang zwischen dem Auftreten außerkörperlicher Erlebnisse und dem luzider Träume besteht. Mit anderen Worten: Personen, die von außerkörperlichen Erlebnissen berichten, berichten zumeist auch von luziden Träumen und umgekehrt. Diese

Tatsache wurde durch McCreerys Forschungsergebnisse weiter verdeutlicht: 66 Prozent seiner Versuchspersonen mit außerkörperlichen Erlebnissen gaben an, mindestens einmal im Traum Luzidität erlebt zu haben, wogegen bei der Kontrollgruppe lediglich 45 Prozent etwas Derartiges zu berichten wußten. Darüber hinaus ergab sich aus der Studie ferner, daß, je mehr außerkörperliche Erlebnisse eine der untersuchten Personen hatte, desto größer die Wahrscheinlichkeit war, daß er bzw. sie auch von luzidem Träumen berichten konnte. Angesichts dieser Verbindung zwischen den beiden Erlebnisarten ist es durchaus vertretbar, aus den Ergebnissen der McCreery-Studie Rückschlüsse auch auf die individuellen Unterschiede bei luziden Träumern zu ziehen.

Im Kontext unserer Überlegungen ist wohl der auf der »Hypomanie«-Skala von Eckblad und Chapman gemessene Unterschied zwischen den beiden Gruppen von besonderer Bedeutung. Diese Skala dient der Messung möglicher Züge einer *hypomanischen Persönlichkeit* bei normalen Personen. Eckblad und Chapman charakterisieren Personen mit solchen Zügen als »unterhaltsame, gesellige, zuversichtliche und tatkräftige Menschen, die diese Eigenschaften manchmal bis zu einem fehlangepaßten Extrem treiben und sich euphorisch, hypersozial, grandios und überaktiv gebärden, mit gelegentlich auftretenden hypomanischen Symptomen«. Es hat sich herausgestellt, daß Personen mit außerkörperlichen Erlebnissen auf dieser Meßskala beachtlich höhere Werte erreichen als die Kontrollpersonen.

Ebenso rangieren sie beachtlich höher als die Kontrollpersonen auf Skalen zur Messung des Auftretens weiterer Arten anomaler Wahrnehmungserlebnisse, wie etwa der Skala der Wahrnehmungsabweichungen Chapmans u. a., die sich hauptsächlich mit Störungen im Empfinden des eigenen Körperbildes beschäftigen, beispielsweise dem zeitweiligen Eindruck, die eigenen Hände oder Füße seien ungewöhnlich weit entfernt. Dies wiederum paßt zu den von Jayne Gackenbach erhobenen Befunden, wonach luzide Träumer mit größerer Wahrscheinlichkeit als die Kontrollpersonen von ungewöhnlichen Wahrnehmungserlebnissen wie etwa hypnagogen Vorstellungen zu berichten wissen. Auch ist es durchaus möglich, eine Verbindung zwischen diesem Hang zu Wahrnehmungsanomalien und der durch die Hypomanie-Ergebnisse aufgewiesenen Aktivationsbereitschaft zu sehen. Wir hatten bereits in Kapitel acht vorgetragen, daß die unter extremem Streß (hoher Aktivation) auftretenden außerkörperlichen Erlebnisse deswegen zustande kommen, weil ein solch extremer Streß bei den Betroffenen eine Schlafreaktion auslöst. Ferner gibt es Belege für eine Verbindung von erhöhter Aktivation mit anderen Formen von Halluzinationen (s. hierzu Slade und Bentall).

Nun wird es interessant sein, auch die Meßergebnisse zu betrachten, bei denen sich keine bemerkenswerten Unterschiede zwischen den Personen mit außerkörperlichen Erlebnissen und der Kontrollgruppe zeigten, oder wo sie sogar noch niedrigere Werte als die Kontrollpersonen erzielten. So ergaben sich keine bemerkenswerten Unterschiede bei den Messungen der Extrovertiertheit noch bei denen der gerade entgegengesetzten Menschenscheu. Auch auf Eysencks Meßskala zu neurotischen Tendenzen zeigten die Personen mit außerkörperlichen Erlebnissen keine merklich höheren Werte. Bedeutend niedriger sogar als die Kontrollpersonen rangierten sie auf einer Skala zur Ermittlung einer möglichen »physischen Anhedonie«, also einem dauerhaften Defizit in der Fähigkeit, ein normales körperliches Lustgefühl zu empfinden, so daß wenigstens in dieser Beziehung vermutet werden kann, die Personen mit außerkörperlichen Erlebnissen hätten mindestens ebensoviel Freude am Leben wie diejenigen ohne solche Erlebnisse. Zusammengenommen lassen diese Ergebnisse erkennen, daß sie durchaus nicht notwendigerweise irgendwie funktionsuntüchtiger oder schlechter ans Leben angepaßt sind als die Kontrollpersonen, ungeachtet ihrer Neigung zu einer erhöhten Aktivation und zu anomalen Wahrnehmungserlebnissen.

Um unsere Überzeugung, spontane luzide Träumer seien Menschen mit einem relativ labilen Aktivationsniveau, weiter zu untermauern, möchten wir auf den Zusammenhang verweisen, der zwischen luzidem Träumen und Migräne beobachtet worden ist. Irwin hat beispielsweise bemerkt, daß Personen, die von einer Luzidität in ihren Träumen berichten, mit merklich größerer Wahrscheinlichkeit zu Migräne neigen als diejenigen, die noch nie eine Luzidität erreicht hatten. Er meint sogar annehmen zu können, nicht eindeutig diagnostizierbare Äußerungen von Migräneanfällen könnten bei bestimmten Personen geradezu ein auslösender Faktor für Luziditätserlebnisse sein; ihnen sei mit anderen Worten »durch einen physiologischen Zustand« zum Bewußtsein gebracht worden, daß sie träumen, ein Zustand, »der nicht markant genug ist, um als Migränekopfschmerz wahrgenommen zu werden, der aber nichtsdestoweniger einen akuten Streß während des Schlafes darstellt«.

Es gibt allerdings keinerlei Beweismaterial für diese Deutung einer Verbindung zwischen luziden Träumen und Migräne, wie originell sie auch erscheinen mag, außer den Daten, zu deren Erklärung diese Deutung beschworen wird. Sehen wir es einfach so, daß eine dauerhafte Disposition für Zustände einer hohen Aktivation die Ursache dafür ist, daß sowohl Migräneanfälle als auch eine Luzidität im Traum ausgelöst werden können.

Professor Oliver Sacks hat die Bedeutung der Aktivation für die Beschreibung und Erklärung der Migräne unterstrichen. Er hält sie für einen im wesentlichen »zentralenzephalischen Anfall«, das heißt also einen im Mittelhirn entstandenen Anfall, der sich erst im Verlauf von Stunden oder gar Tagen erschöpft. Er schreibt:

Es ist im mittleren Bereich – zwischen den vegetativen Störungen und den kortikalen Störungen –, wo die *wesentlichen* Merkmale der Migräne zu finden sind: Veränderungen der Bewußtseinsebene, der Muskelspannung, der Wachsamkeit der Sinne etc. All diese können wir unter einen einzigen Begriff subsumieren: Sie bedeuten Störungen der *Aktivation*. Bei extrem schweren Krankheitsschüben kann der bei den frühen oder vorausgehenden Migränephasen auftretende Grad von Aktivation sich zu Erregungszuständen oder sogar zu Anfällen von Raserei ausweiten, während die darauf folgenden Phasen durch ein Absinken in Lethargie oder gar in Stupor gekennzeichnet sein können.

Sacks geht so weit, eine Analogie zwischen Migräne und gewissen Formen von Psychose zu ziehen, mit Bezug auf die in beiden Fällen zu beobachtenden Fluktuationen der Aktivation:

Der Verlauf einer voll entwickelten Migräne ... hat im wesentlichen zwei Phasen: eine Phase der Erregung oder Aktivation, gefolgt von einer ausgedehnten Phase der Gehemmtheit oder ›Entaktivation‹.
Von diesem Gesichtspunkt aus können wir dann erfassen, wie nahe der Migränezyklus auf der einen Seite dem der Epilepsie steht sowie auf der anderen Seite den ruhigeren Zyklen des Wachens und des Schlafes; die auffälligen affektiven Komponenten der Migräne fordern geradezu einen Vergleich im weiteren Sinne mit den Erregungs- und Hemmungsphasen gewisser Psychosen.

Unser Vorschlag geht dahin zu sagen, daß eine konstitutionelle Tendenz zu einer Labilität der Aktivation im zentralen Nervensystem das Individuum sowohl für Migräne im Sinne einer Aktivations-*Störung* prädisponiert als auch für luzide

Träume im Sinne eines Zustandes von Aktivations-*Anomalie* im Schlaf.

Unsere zweite theoretische Prämisse besagt, daß Aktivation nicht nur auf verschiedenen Ebenen erfaßbar ist, von einer verhaltensmäßigen bis zu einer physiologischen, sondern daß sie sich noch nicht einmal auf der physiologischen Ebene als einheitliches Konzept darstellt. So können zum Beispiel elektroenzephalographische Messungen zur Bestimmung der »kortikalen« Aktivation herangezogen werden, also derjenigen, die den Cortex, die »höchste« Hirnebene betrifft. Ebenso kann das Niveau der Hautleitfähigkeit, eine Anzeige des Aktivitätsgrades der Schweißdrüsen, zur Bestimmung der »autonomen« Aktivation herangezogen werden. (Das autonome Nervensystem besteht aus den Teilen des Nervensystems, die normalerweise nicht der willensmäßigen Kontrolle unterstehen, sondern »sich selbst Gesetz« sind, so wie die Regulierung des Herzschlages oder die Aktivität der Schweißdrüsen.)

Ferner sollten wir bedenken, daß diese verschiedenen Bestimmungsweisen der Aktivation, seien sie verhaltensmäßiger oder elektrophysiologischer Art, nicht unbedingt Befunde erbringen, die stets parallel zueinander steigen oder fallen, daß sie sich vielmehr durchaus mehr oder weniger getrennt voneinander bewegen können, so daß jemand beispielsweise zur gleichen Zeit verhaltensmäßig inaktiv und doch kortikal aktiviert sein kann.

Ein Beispiel einer solchen Möglichkeit der Dissoziation zwischen den verschiedenen Formen der Aktivation bietet der als Katatonie bezeichnete Zustand, wie er gelegentlich bei Schizophrenen auftritt. Eine katatonische Person kann verhaltensmäßig inaktiv und unansprechbar erscheinen. Er oder sie kann sogar einen Zustand aufweisen, der als »wächserne Bewegungsunfähigkeit« bekannt ist, in dem nämlich die Glieder von jemand anderem in jede beliebige Stellung gebracht werden können und darin solange verbleiben, bis sie erneut von außen bewegt werden. Trotz dieser verhaltensmäßigen Inaktivität ist eine Katatonie, wie Stevens und Darbyshire dargestellt haben, tatsächlich ein Zustand extremer Aktivation. Beide haben nämlich festgestellt, daß ihre katatonischen Patienten durch die Eingabe von Amobarbital, einem Beruhigungsmittel, in ihrem Verhalten aktiver wurden. Es war so, als habe ihr Nervensystem unter einer derartigen Über-Aktivation gestanden, daß sie sich verhaltensmäßig geradezu »festgefressen« hatten, und das Beruhigungsmittel erst einmal diese Hemmung beseitigt habe, bevor es sie dann schließlich in einen normalen Schlaf entlassen konnte. Die Forscher folgern daraus:

Wir ... schlagen vor, den Begriff des katatonischen ›Stupor‹ als Fehlbezeichnung anzusehen, und zwar wegen der Verwechslung eines psychischen Zustandes mit einer Verhaltensäußerung. Der psychische Zustand bei einer katatonischen Schizophrenie läßt sich als der einer großen Erregtheit beschreiben, gleich ob die entsprechende Verhaltensäußerung eine Über- oder eine Unteraktivität zeigt. Die Aktivitätshemmung verändert allem Anschein nach die innerlich siedende Erregung nicht.

Der REM-Schlaf kann ebenso, ähnlich wie die Katatonie, als ein solch dissoziierter Zustand verstanden werden. Das Elektroenzephalogramm (EEG) läßt nämlich darauf schließen, daß der oder die Betreffende kortikal aktiviert ist, jedenfalls im Vergleich mit Nicht-REM-Schlafphasen. So zeigen sich beispielsweise nur wenige langsame Wellen, ja das EEG sieht eher so aus wie das des Wachzustandes. Zugleich jedoch ist der oder die Betreffende verhaltensmäßig inaktiv, faktisch »paralysiert«, in dem Sinne, daß die Muskelspannung verglichen mit dem Nicht-REM-Schlaf erheblich vermindert ist, und die schnellen Augenbewegungen noch die einzigen Anzeichen von Bewegungsfähigkeit darstellen. Tatsächlich ist der REM-Schlaf aufgrund dieser Kombination einer verminderten Muskelspannung mit einer erhöhten kortikalen Aktivation gelegentlich – wie wir bereits im ersten Kapitel bemerkt haben – als »paradoxer« Schlaf bezeichnet worden.

Unserer Ansicht nach ist der luzide Traumzustand in der gleichen Weise paradox wie das nicht-luzide REM-Träumen, sogar noch mehr, findet sich doch hier nicht nur die charakteristische REM-Bewegungslosigkeit, sondern dazu eine noch größere kortikale Erregung wie in einem nicht-luziden REM-Traum. Eine ganze Reihe verschiedener Beweisstränge führen zu dieser Schlußfolgerung.

Zunächst ist hier die Tatsache zu sehen, daß luzide Träumer als Charakteristikum ihres Traumzustandes einen höheren Grad an intellektueller Funktionsfähigkeit aufweisen als im nicht-luziden Zustand. Zum zweiten ist elektrophysiologisch erwiesen, daß luzides Träumen einen Zustand relativ hoher kortikaler Aktivation im Schlaf darstellt. Zum dritten lassen wissenschaftliche Befragungen ebenso wie Einzelbelege darauf schließen, daß zwischen dem spontanen Auftreten luzider Träume und einer hohen Aktivation am vorhergegangenen Tag ein Zusammenhang bestehen dürfte. Und schließlich ist an die bereits in Kapitel zwölf behandelte Tatsache zu erinnern, daß Alpträume zu den auslösenden Faktoren für das Auftreten einer spontanen Luzidität im Schlaf gehören.

Was nun die Beweglichkeit angeht, so sollten wir uns die Lähmungserscheinungen ins Gedächtnis rufen, die gelegentlich in Zusammenhang mit luziden Träumen und verwandten Phänomenen auftreten (s. Kapitel acht). Insbesondere sei an zwei der dazu angeführten Fälle erinnert, bei denen luzides Träumen mit solchen Erscheinungen verbunden war. In dem einen, auf den S. 124 f. zitierten Fall tauchte das negativ emotionale Element der Klaustrophobie auf, das gelegentlich in Verbindung mit luziden Träumen zu beobachten ist. Bei dem zweiten handelt es sich um den auf der S. 151 zitierten Bericht unserer Versuchsperson E über ihre Technik, sich durch ein Zuhalten der Augen und eine gedankliche Ablenkung aus ihren Träumen aufzuwecken.

Gackenbach und Bosveld haben unabhängig voneinander festgestellt, luzides Träumen könne durchaus einen noch »paradoxeren« Zustand darstellen als das nicht-luzide REM-Träumen. Sie verweisen dazu auf eine Untersuchung Brylowskis, in der dieser berichtete, der H-Reflex habe sich in luziden Träumen noch stärker abgesenkt gezeigt als in nicht-luziden Träumen. Der H- oder Hoffmann-Reflex wird durch eine Reizung des hinteren Tibialnervs hervorgerufen, der sich auf der Rückseite des Knies befindet; die Reaktion besteht in einer Kontraktion des Soleusmuskels in der Wade, die den Fuß bewegt. Der Reflex – oder genauer gesagt sein Ausbleiben – gilt als Kriterium für den REM-Schlaf, ist er doch in unterschiedlichem Grade in allen Phasen des Nicht-REM-Schlafes und des Wachseins vorhanden, wogegen er im REM-Schlaf gedämpft erscheint. Brylowski hat herausgefunden, daß dieser H-Reflex während des luziden REM-Schlafes stärker gedämpft ist als während aller anderen Phasen des Schlafens oder Wachens, einschließlich des nicht-luziden REM-Schlafes.

Nun fanden Brylowskis Untersuchungen an nur einer einzelnen Versuchsperson statt, verlangen also eigentlich nach einer Fortführung. Immerhin lassen sie erkennen, daß wenigstens bei diesem Einzelfall im luziden Traumzustand die muskuläre und die kortikale Aktivation besonders stark auseinandergehen, hier aufgrund der außerordentlich extremen Absenkung der motorischen Funktionen.

Claridge hat darauf hingewiesen, daß nicht nur die individuellen Unterschiede in der Stärke der homeostatischen Mechanismen im Nervensystem eine bei jedem Menschen andere Aktivationsbereitschaft hervorrufen, sondern daß eben diese homeostatischen Mechanismen zugleich solche individuellen Unterschiede herbeiführen, in dem Maße nämlich, in dem die verschiedenen funktionellen Teilsysteme innerhalb des Nervensystems, wie etwa das kortikale und das autonome, ein Auseinandergehen der Aktivation aufzeigen. Menschen mit relativ ineffizienten homeostatischen Mechanismen werden mit größerer Wahrscheinlichkeit die an dem Beispiel der Katatonie verdeutlichte Art der Dissoziation zwischen den verschiedenen Teilsystemen erkennen lassen. Wir würden meinen, daß luzide Träumer zu den Menschen gehören, die relativ stark dazu neigen, diese funktionelle Dissoziation der verschiedenen Aktivationssysteme aufzuweisen. Eine solche Hypothese würde nämlich die relative Leichtigkeit erklären können, mit der solche Menschen in den gesteigerten REM-Zustand gelangen, der, wie zuvor dargelegt, mit der Luzidität verbunden ist.

Eine Entdeckung, die unserer Ansicht nach für diese Hypothese wichtig ist, betrifft die unter luziden Träumern bemerkenswerte Verbreitung von Meditationspraktiken. Nun scheint es sich bei der Meditation ja, wenigstens in einigen ihrer Formen, im Blick auf die Aktivation um einen weiteren »paradoxen« Zustand zu handeln. Bestimmte Personen treten dabei anscheinend in einen Zustand ein, in dem eine kortikale Aktivation mit einer extremen körperlichen Entspannung einhergeht. Harry Hunt hat sich ausführlich über die phänomenologischen Ähnlichkeiten zwischen der Meditation und dem luziden Träumen geäußert. Ebenso berichten Gackenbach und Bosveld, wie Meditierende mit größerer Wahrscheinlichkeit eine Luzidität im Traum erleben als Nicht-Meditierende und legen dazu auch anekdotisches Material vor, aus dem hervorgeht, wie luzide Träume mit größerer Wahrscheinlichkeit nach Tagen der Meditation auftreten. So befürworten sie tatsächlich die Praxis der Meditation als Mittel zum leichteren Eintreten in luzide Träume für alle, die sie noch nicht hatten erleben können.

Wir sind der Meinung, daß es individuelle Unterschiede in der Leichtigkeit gibt, mit der jemand in den paradoxen Zustand der für die Meditation charakteristischen niedrigen muskulären und hohen kortikalen Aktivation einzutreten vermag, und daß dies die Beharrlichkeit erklären kann, mit der einige an einer Meditationspraxis festhalten, die andere nicht aufbringen. Eine solche Leichtigkeit des Eintritts in einen derart »dissoziierten« Zustand könnte jemanden unserer Ansicht nach dazu prädisponieren, sowohl bei der Meditation erfolgreich zu sein als auch spontane luzide Träume zu erleben. Und das würde helfen, die Verbindung der zwei Phänomene miteinander zu erklären.

Hier sollte auch nicht vergessen werden, daß Charles McCreery festgestellt hat, daß Meditationspraktiken bei den 450 Personen mit außerkörperlichen Erlebnissen auffallend häufiger angewandt wurden als bei den Kontrollpersonen ohne solche Erlebnisse. Er konnte sogar einen gewissen Zusammenhang zwischen der Anzahl der Berichte von außerkörperlichen Erlebnissen und der Wahrscheinlichkeit einer praktizierten Meditation feststellen – je mehr außerkörperliche Erlebnisse jemand gehabt hat, desto wahrscheinlicher gehörte er zu den regelmäßig Meditierenden.

Die außerkörperliche Erfahrung erscheint in vielen Fällen als ein ebenfalls paradoxer Zustand wie luzide Träume und Meditation. Bezeichnenderweise schildern die Betroffenen ihren Geisteszustand bei spontanen außerkörperlichen Erlebnissen als angespannt, selbst wenn sie dazu neigen, sich körperlich eher entspannter als gewöhnlich zu empfinden. Ein ähnliches Ergebnis ergab sich aus einem von uns durchgeführten Experiment, bei dem die Versuchspersonen bemüht waren, im Labor außerkörperliche Erlebnisse herbeizuführen. Dabei stellte sich heraus, daß diejenigen, die zuvor bereits außerkörperliche Erlebnisse gehabt hatten, dazu neigten, sich im Verlauf des Experiments als immer mehr körperlich entspannt einzustufen, obschon eine EEG-

Messung anzeigte, wie sie immer stärker kortikal aktiviert wurden, zumindest im Vergleich zu Kontrollpersonen, die noch nie ein außerkörperliches Erlebnis gehabt hatten. Obwohl nicht alle in außerkörperlichen Erlebnissen Erfahrenen von einem erneuten Erlebnis dieser Art während des Experiments berichten konnten, läßt das Ergebnis doch darauf schließen, daß sie als Gruppe insgesamt dazu neigten, in einen Zustand einzutreten, in dem eine kortikale Aktivation »paradoxerweise« mit einer muskulären Entspannung einhergeht.

Funktion der Hirnhemisphären

Das zweite Element unseres hier vorgelegten theoretischen Bezugsrahmens für das luzide Träumen betrifft die Funktion der Hirnhemisphären. Die Tabelle 15.1 faßt die Art und Weise zusammen, wie die beiden Hälften des Gehirns nach allgemeiner Überzeugung sich in den Funktionen, für die sie jeweils relativ spezialisiert sind, voneinander unterscheiden.

Das Wort »relativ« muß hierbei besonders betont werden. Bei jeder Betrachtung der hirnhemisphärischen Spezialisierung muß man sich vor einer allzu vereinfachten Vorstellung der räumlichen Zuweisung bestimmter Funktionen hüten. Um es mit Andreassi zu sagen: »Eine abschließende Analyse darf nie übersehen, daß das gesamte Gehirn, so gewiß jede seiner Hemisphären ihre spezielle Funktion hat, in der Verarbeitung von Reizen und der Ausarbeitung einer optimalen Reaktion als eine Einheit arbeiten muß.« In ähnlichem Sinne äußern sich Springer und Deutsch, nach einer Durchsicht der Belege für hemisphärische Asymmetrien aus den weit auseinandergehenden elektroenzephalographischen Methoden, aus Untersuchungen des Blutkreislaufs, Stoff-

Tabelle 15.1: Die Unterschiede der Hirnhemisphären, dargestellt als kontrastierende Denk- und Arbeitsweisen

Linke Hemisphäre	Rechte Hemisphäre
Analyse	Synthese
Serienmäßige Verarbeitung	Parallele Verarbeitung
In Sequenzen	Nicht in Sequenzen
Themenbezogen	Nebeneinander stehen lassend
Logisch	Kreativ
Mit Einzelheiten beschäftigt	Ganzheitlicher Ansatz
Begriffsbildend	Vorstellungen bildend
An Vertrautem interessiert	An Neuartigem interessiert
An Ähnlichkeit interessiert	An Unterschieden interessiert

wechselanalysen und nuklear-magnetischen Resonanzwerten: »Jeder der Meßwerte ... deutet auf die Beteiligung vieler Hirnbereiche selbst an den einfachsten Aufgaben hin. Gewiß gibt es Asymmetrien zwischen den Aktivitäten der Hirnhemisphären, doch können diese sehr subtil sein, eine Tatsache, die uns von übersimplifizierenden Vorstellungen einer hemisphärischen Spezialisierung abbringen sollte.«

Trotzdem und mit allen Vorbehalten halten wir es doch für legitim und nützlich, über die Beziehungen des luziden Träumens zu den Funktionen der Hirnhemisphären weiter nachzudenken, sowohl im Blick darauf, welche Hemisphäre in diesem Zustand relativ vorrangig aktiv sein könnte, als auch in Beziehung zu dauernden individuellen Unterschieden in den relativ vorherrschenden Aktivitäten beider Hemisphären. Gehen wir davon aus, (a) daß luzides Träumen ein Zustand ist, in dem die Aktivität in der rechten Hirnhemisphäre (RH) dahin tendiert, über die in der linken Hemisphäre (LH) zu dominieren, und (b) daß es sich bei Personen mit einer Tendenz zu spontanem luzidem Träumen um Personen mit einer Tendenz zu einer relativ ausgeprägten Aktivierung der rechten Hemisphäre handelt. Diese Hypothese kann durchaus als Rückgriff auf Claridges Vorstellung einer relativen Dissoziation der Funktionen in den verschiedenen Aktivationssystemen gesehen werden. Die beiden Gehirnhälften sind anatomisch höchst eigen, auch wenn sie, wie oben ausgeführt, normalerweise gemeinsam miteinander agieren.

Was die Frage einer hemisphärischen Asymmetrie im luziden Traumzustand angeht, so deutet eine ganze Reihe von Überlegungen darauf hin, daß die rechte Hemisphäre beim luziden Träumen normalerweise das Übergewicht hat. Zunächst ist hier an das Wesen luziden Träumens im Sinne einer kognitiven »Aufgabe« zu denken. Wie wir in den Kapiteln vier und fünf dargelegt haben, scheint uns ein luzider Traum seinem Wesen nach weit eher als Aufgabe zu gelten, zu der ein Umgang mit visuell-räumlichen Vorstellungen gehört, und nicht als eine der Art, bei der es um die serienmäßige Verarbeitung verbaler oder ähnlicher Symbole geht, und diese erstgenannte Aufgabe erfordert eine Aktivität, die tendenziell mit einer stärkeren RH-Tätigkeit verknüpft ist. Zum zweiten ist hier an den bemerkenswerten Realismus zu erinnern, wie er in der visuellen Vorstellungswelt einiger luzider Träume zu beobachten ist. Drittens sollten auch die in einigen Fällen erlebten intellektuellen Defizite hier herangezogen werden, wie etwa die Schwierigkeiten beim Lesen. Und schließlich, allerdings wohl eher im spekulativen Sinne, sind da noch die manchmal auftretenden extrem positiven Emotionen zu bedenken, die sich gelegentlich bis zur »Ekstase« steigern können.

Auch zur Frage der bleibenden individuellen Verschiedenheiten gibt es Belege zugunsten der These, daß es sich bei spontanen luziden Träumern um Personen mit einer Tendenz zu einer relativ ausgeprägten Aktivierung der rechten Hirnhälfte handelt. Einige dieser Belege sind allerdings mehr indirekter Art. Der erste findet sich in den zuvor bereits kurz erwähnten Ergebnissen der von Charles McCreery durchgeführten EEG-Untersuchung, bei der vierzig Versuchspersonen im Labor versucht haben, außerkörperliche Erlebnisse herbeizuführen. Zwanzig von ihnen hatten schon zuvor in ihrer normalen Lebenswelt derartige Erlebnisse gehabt, die anderen zwanzig waren Kontrollpersonen ohne bisherige Erfahrungen solcher Art. Alle Versuchspersonen lagen auf Liegestühlen, die Augen mit halben Pingpongbällen verdeckt, und hörten sich eine zwanzigminütige Tonbandaufzeichnung körperlicher und geistiger Entspannungsübungen an. Nach dieser Entspannungsphase lauschten sie zehn Minuten lang sogenannten »Pink-Geräuschen«, etwa dem entfernten Rauschen der Brandung, während sie sich vorzustellen versuchten, sie schwebten zur Decke des Labors hinauf und blickten auf sich hinab, wie sie da unten lagen. Im Verlauf der ganzen Prozedur wurden mittels zweier links und rechts über der Stirn angebrachter Elektroden die EEGs aller Versuchspersonen überwacht.

Aus unserer Sicht sind die während des gesamten Experiments gemessenen Aktivationswerte in beiden Hirnhemisphären von größtem Interesse, nämlich die Mittelfrequenz des EEG-Amplituden-Spektrums[4]. Wie zu erwarten stellte sich heraus, daß die zwanzig mit vorhergehenden außerkörperlichen Erlebnissen während der Phase der Klänge und Geräusche eine im Verhältnis zur linken Hirnhemisphäre relativ ausgeprägte Aktivation der rechten Hirnhemisphäre aufwiesen, wohingegen beide Hemisphären der zwanzig Kontrollpersonen in keiner Phase irgendeine merkliche Veränderung der Aktivation erkennen ließen. Dies wurde als Anzeichen dafür interpretiert, (a) daß diejenigen mit außerkörperlichen Erfahrungen mit größerer Wahrscheinlichkeit als die Kontrollpersonen eine allgemeine Tendenz zu einer Dissoziation der Aktivationsgrade in den beiden Hemisphären des Gehirns zeigen, und noch spezifischer, (b) daß sie zugleich eine Tendenz zu einer im Vergleich zur linken relativ stärkeren Aktivation der rechten Hemisphäre aufweisen. Im Blick auf die engen Beziehungen zwischen außerkörperlichen Erlebnissen und luziden Träumen dürfte dieses Ergebnis für alle spontanen luziden Träumer insgesamt, einschließlich derer, die noch nie ein außerkörperliches Erlebnis gehabt haben, als gültig anerkannt werden.

Ein Gruppenergebnis, von dem Jayne Gackenbach berichtet, kann ebenfalls zur Unterstützung dieser hier vorgelegten Hypothese herangezogen werden. Sie hat herausgefunden, daß luzide Träumer alle Kontrollpersonen bei Tests zu »hochgradigen visuell-räumlichen Leistungen« übertrafen. Der Test bestand aus einer Prüfung der Vorstellungskraft, bei der die geistige Erfassung rotierender dreidimensionaler Objekte verlangt wurde. Bei einer einfacheren zweidimensionalen Rotationsaufgabe unterschieden sich die Leistungen der luziden Träumer noch nicht von denen der Kontrollpersonen, bei einer komplexeren zweidimensionalen Aufgabe schnitten sie dann allerdings wieder besser ab. Nun sind sowohl die komplexere zweidimensionale Aufgabe als auch erst recht der dreidimensionale Rotationstest Aktivitäten, an denen vorzugsweise die rechte Hirnhemisphäre beteiligt sein dürfte.

Auffällig war, daß diese hochgradigen Leistungen sich offenbar auf die weiblichen Versuchspersonen beschränkten. Das ist deswegen interessant, weil Männer in der Regel für stärker »lateralisiert« gelten als Frauen, was heißt, daß ihre beiden Hirnhemisphären zu einer stärkeren Spezialisierung neigen als die ihrer weiblichen Partner. Von Männern gilt gewöhnlich auch, daß sie sich bei Aufgaben hervortun, die dreidimensionale visuell-räumliche Fertigkeiten erfordern, also etwa beim Auseinandernehmen und Zusammenbauen eines Automotors, wohingegen Mädchen angeblich früher als Jungen sprachliche Fähigkeiten entwickeln.

Womöglich ist hier noch ein weiteres Ergebnis der Gackenbachschen Untersuchungen von Bedeutung. Sie ist nämlich überzeugt, daß weibliche luzide Träumer eine Tendenz zu einer »neuronalen Androgynie« aufweisen, indem sie einen höheren Grad an Lateralisierung erkennen lassen als Frauen, die keine luziden Träumerinnen sind. Mit anderen Worten: Der Grad der Lateralisierung, also der Betonung der je speziellen Funktionen der Hirnhälften, ähnelt stärker dem bei Männern. Es mag sein, daß diese Besonderheit und der Grad an visuell-räumlichen Fertigkeiten in gewisser Weise wechselseitig aufeinander einwirken und so den Geschlechtsunterschied bei der Rotationsaufgabe und beim luziden Träumen hervorbringen.

Die Beziehungen zwischen diesen verschiedenen Variablen wie Geschlecht, visuell-räumlicher Fertigkeit und dem individuellen Grad einer Lateralisierung sind aller Wahrscheinlichkeit nach äußerst komplexer Natur. Insgesamt jedoch scheinen sie alle auf die Vorstellung hinzudeuten, daß eine relativ aktive rechte Hirnhemisphäre ein Charakteristikum luzider Träumer sein dürfte.

Auch das zuvor erwähnte häufigere Anwenden von Meditationspraktiken bei luziden Träumern dürfte für die RH-Hypothese von Bedeutung sein. Meditationspraktiken zielen ja anscheinend häufig auf die Unterdrückung eines logisch folgernden, analytischen Denkens, das zumeist als vorrangige Funktion der linken Hemisphäre verstanden wird, und suchen statt dessen die passive Kontemplation eines Bildes, sei es eines äußeren wie bei der meditativen Betrachtung einer Kerzenflamme oder eines inneren in Form eines visuell vorgestellten Bildes. Und auch wenn die Meditation in der Betrachtung eines verbalen »Mantra« besteht, wie in der »Transzendentalen Meditation« oder der eines intellektuellen Rätsels wie des »Koan« im Zen, ist das Ziel doch anscheinend stets das Aufhalten der normalen assoziativen Prozesse.

Fenwick tritt ebenfalls für eine besondere Beteiligung der rechten Hirnhemisphäre bei meditativen Zuständen ein, und zwar deswegen, weil das »limbische System« des RH (Teile des rechten Schläfenlappens und gewisse ihm in den »älteren« Teilen des Gehirns zugrundeliegende Strukturen) besonders an »ekstatischen« Erlebnissen beteiligt ist.

Es ist auch möglich, das erhöhte Vorkommen von Migräne bei luziden Träumern als weiteren Hinweis darauf zu sehen, daß sie einen gesteigerten Grad an funktioneller Dissoziation zwischen den Hirnhemisphären aufweisen, ist doch ein einseitiger Schmerz typisch für dieses Leiden. Wie Rose und Davies es formulieren: »Eine Störung in einer zerebralen Hemisphäre vermag einseitige Symptome und einen einseitigen Kopfschmerz hervorzurufen.« Sie weisen darauf hin, daß zusätzlich zu diesem einseitigen Schmerz bei einigen Migränepatienten ein Verlust der Sehkraft für eine Hälfte des Gesichtsfeldes eintreten kann sowie »Nagel- und Nadelstiche« auf nur einer Seite des Körpers.

Unsere Folgerung einer relativen Aktivierung der rechten Hirnhemisphäre bei luziden Träumen ist genau das Gegenteil dessen, was David Cohen vertritt. Er sieht luzides Träumen mit einer Verlagerung auf die Dominanz der linken Hemisphäre verbunden, existieren doch nach seinen Worten »Belege dafür, daß Selbstbewußtsein und kontrollierte Vorstellungskraft eher das Produkt der linken Hirnhemisphäre sind«. Zur Unterstützung verweist er auf Befunde, nach denen luzide Träume häufiger im letzten Teil der Schlafperiode auftreten als im ersten, und gibt zu bedenken, daß die rechte Hirnhemisphäre mehr die ersten Stunden des Schlafes bestimmt, die linke dagegen mehr die späteren. La-Berge bemerkt zugunsten des Cohenschen Modells: Die »abstrakt-symbolischen Funktionen der linken Hemisphäre sind zweifellos für ein luzides Träumen entscheidend«.

Wir haben den Eindruck, daß Cohens Hypothese einer Verlagerung der Dominanz von der rechten zur linken Hemisphäre im Lauf der Nacht beim heutigen Stand der Dinge zu spekulativ ist, um zur Erklärung der Tendenz dienen zu können, daß luzide Träume häufiger gegen Morgen auftreten. Unsere Kenntnis der neurophysiologischen Zusammenhänge beim luziden Träumen befindet sich noch in den Anfangsgründen, so daß demnächst durchaus ganz andere Erklärungsmuster für den Befund auftauchen könnten, daß eine Luzidität vorrangig in den späteren REM-Phasen eintritt, vorausgesetzt, dieser Befund erweist sich als wirklich gesichert. Die REM-Phasen ihrerseits werden im Laufe der Nacht immer häufiger und nehmen einen immer größeren Teil des Schlafes ein, woran sich zeigt, daß die Physiologie des Schlafes zwischen dem Beginn und dem Ende des Schlafzyklus nicht konstant bleibt. In dem Maße, wie die allgemeine Kenntnis der Neurophysiologie des Schlafes zunimmt, könnten neben dem mutmaßlichen Anwachsen der LH-Aktivation durchaus auch noch andere für das Auftreten von Luzidität bedeutsame Faktoren zum Vorschein kommen. Im übrigen sollte hier nicht unerwähnt bleiben, daß auch dann, wenn eine LH-Aktivation sich tatsächlich als für die *Auslösung* der Luzidität bedeutsam erweisen sollte, dies immer noch mit der Hypothese vereinbar wäre, daß die Luzidität, ist sie einmal vorhanden, in jedem Falle durch eine relative Aktivation der rechten Hirnhemisphäre charakterisiert ist.

Schlußfolgerung

Wir möchten zum Schluß noch einmal die Tatsache unterstreichen, daß ein luzider Traum sich von einem nicht-luziden unterscheidet, und unseren bereits zu Beginn gemachten Vorschlag erneuern, die definitorische Bedingung auch weiterhin darin zu sehen, daß der oder die Träumende *sich dessen bewußt ist, daß er oder sie träumt.* Auch ist mit dieser Bewußtheit immer ein beachtlicher Anteil der eigenen Persönlichkeit eines bzw. einer jeden verbunden; er oder sie mag selbstkritisch und selbstbewußt sein und mag ein gut Teil seiner bzw. ihrer normalen intellektuellen Fähigkeiten auch in diese Bewußtheit einbringen. Daher können wir darauf hoffen, durch Vergleiche der elektrophysiologischen Werte bei luziden und nicht-luziden Träumen Hinweise auf Variablen zu entdecken, die mit der An- oder Abwesenheit einer kritischen und rationalen geistigen Funktionsfähigkeit in Beziehung stehen, einer Funktionsfähigkeit, die in luziden, nicht aber in nicht-luziden Träumen tatsächlich vorhanden ist. Eine Weiterführung dieser Forschungen bietet die Aussicht, zu wertvollen Einsichten in die Neurophysiologie der normalen kognitiven Funktionen zu gelangen.[5]

Anmerkungen

1 Was sind luzide Träume?

1 Ein außerkörperliches (out-of-the-body) oder eksomatisches Erlebnis ist ein Typus halluzinatorischer Erfahrung, bei dem der bzw. die Betreffende sich in einer Lage zu befinden meint, die mit der seines physischen Körpers nicht übereinstimmt. Dieses Phänomen wird in Kapitel sieben eingehend behandelt werden.

2 Luzide und nicht-luzide Träume

1 Freud war der Ansicht, in Träumen würden die offensichtlichen Ereignisse, der sog. *manifeste* Trauminhalt, die ihm zugrundeliegenden Gedanken und Wünsche, den sog. *latenten* Inhalt, nur verhüllen, und dieser letztgenannte müsse daher aus dem erstgenannten rekonstruiert werden, um auf die wahre Bedeutung des Traumes zu stoßen. Freud nahm an, das Unterbewußtsein des Träumers verwende eine Reihe von Kunstgriffen, um den latenten Trauminhalt zu verhüllen, so etwa die *Verdichtung* einer Anzahl von Vorstellungen in einen einzigen Traumgegenstand, die *Verschiebung*, wodurch selbst die bedeutsamsten Aspekte eines Traumes unverhältnismäßig trivial erscheinen können, und die *Symbolisation*, d. h. die Verwendung von Traumobjekten zur Repräsentation bestimmter Personen, Vorstellungen, etc., nach Maßgabe eines mehr oder weniger standardisierten Assoziations-Codes.

4 Die Eigenart der Wahrnehmung in luziden Träumen

1 Ein ähnliches von derselben Versuchsperson stammendes Beispiel bezüglich der intellektuellen Funktionen in luziden Träumen wird in Kapitel fünf zu finden sein.
2 »Hypnagog« meint den Grenzzustand, in den man beim Einschlafen

gerät, im Gegensatz zu »hypnopomp«, womit der entsprechende Grenzzustand beim Erwachen gemeint ist. Der Vorstellungstypus im hypnagogen Zustand kann Halluzinationen ähneln, was das Ausmaß an Lebendigkeit und offensichtlicher Autonomie (Unabhängigkeit von dem Willen des/der Erlebenden) betrifft. Zwei neuere Abhandlungen zum hypnagogen Vorstellungstypus finden sich bei McKellar und Mavromatis.

5 Gedächtnis, Intellekt und Emotionen

1 Von »Erscheinungen« sprechen wir in den Fällen, wo eine halluzinatorische Gestalt oder ein halluzinatorisches Objekt offensichtlich die andernfalls normale Wahrnehmung der Umwelt überlagert. In Kapitel sechs folgt die Diskussion über die Beziehung dieses Phänomens zu der des luziden Träumens.

6 Luzide Träume und andere halluzinatorische Erfahrungen

1 Hier handelt es sich um eine Erinnerung im luziden Traum an die Behauptung Ouspenskys (1960), man könne in einem luziden Traum den eigenen Namen nicht nennen, ohne dadurch aufzuwachen. Aus diesen und anderen Berichten geht hervor, daß Ouspenskys aus seinen eigenen Erfahrungen gewonnene Ansicht nicht zutreffend ist.

2 Das Wort metachorisch ist von zwei griechischen Wurzeln abgeleitet: *meta* (μετα), womit der Gedanke der Veränderung vermittelt wird, wie etwa im Wort »Metamorphose«; und *chore* (χωρη), was »Ort, Platz, Stelle« bedeutet. Unser Begriff in seiner wörtlichen Bedeutung trifft wohl am ehesten zu für außerkörperliche Erfahrungen und einige Wachträume, bei denen allem Anschein nach eine Ortsveränderung des Blickpunktes stattfindet; einigermaßen zutreffend ist er für luzide Träume und falsches Erwachen, wo der Ort, von dem aus der Betreffende sieht, nur selten mit dem im Bett liegenden Körper übereinstimmt; und am wenigsten zutreffend ist er für Erscheinungserlebnisse, bei denen der Betreffende die Welt gewöhnlich weiterhin von seinem normalen Blickpunkt aus »sieht«. Es hat sich jedoch als schwierig erwiesen, eine Begrifflichkeit zu finden, die noch genauer der eher abstrakten Vorstellung entspräche, daß »das gesamte Feld der Wahrnehmung gegen eines halluzinatorischer Art ausgewechselt« wird. Wie dem auch sei, unser Begriff will lediglich eine brauchbare deskriptive Kürzel für die eben zitierte, reichlich schwerfällige Definition sein; er will nicht den Eindruck erwecken, besondere eigene Deutungselemente mit sich zu bringen, etwa dahingehend, daß

in irgendeiner dieser Erfahrungen eine wirkliche Verlagerung (im physischen Sinne) stattfände.

3 »Jemand, der vollkommen davon überzeugt ist, gerade jetzt einen Sinneseindruck wahrzunehmen, wenn keinerlei äußeres Objekt, das geeignet wäre, diesen Eindruck hervorzurufen, in Reichweite seiner Sinne ist, befindet sich im Zustand einer Halluzination.« – Esquirol: Sur les illusions des sens chez les aliénés' (1832). Zitiert bei Keup (1970, S. 114).

8 Lähmungen in halluzinatorischen Zuständen

1 Eine ausführlichere Behandlung des Befundes, daß die Bewegungen des oder der Erlebenden, wie er bzw. sie diese bei metachorischen Erlebnissen wahrnimmt, manches Mal halluziniert sein können, findet sich bei Green und McCreery, 1975, im 5. Kapitel.

12 Luzide Träume und die Behandlung von Alpträumen

1 Die psychiatrische Diagnose eines »Grenzfalls von Persönlichkeitsstörung«, als »borderline personality disorder« in den USA gebräuchlicher als in Großbritannien (inzwischen auch in Fachkreisen des deutschsprachigen Raumes als »Borderline-Störung« bekannt – Anm. d. Übers.), hat ihren Namen von der psychoanalytischen Vorstellung, daß es Personen gibt, die sich auf der Grenze zwischen Neurose und Psychose (Geisteskrankheit) bewegen, d. h. stärker gestört als Neurotiker sind, aber immer noch psychologischen Behandlungsformen zugänglich. Eine Besprechung dieses Konzepts aus der Sicht eines klinischen und experimentellen Psychologen findet sich bei Claridge (1985).

15 Luzide Träume, Aktivation und die rechte Hirnhemisphäre

1 In der psychologisch-psychiatrischen Fachsprache wird für Aktivation traditionell oft auch der Begriff »Erregung« verwendet. Es geht dabei um die Aufnahme und Verarbeitung von Reizen sowie die dadurch hervorgerufenen Reaktionen und Antriebe (Anm. d. Übers.).

2 »Stupor« ist der Fachausdruck für eine völlige körperliche und geistige Regungslosigkeit. »Hypermanie« ist eine besonders schwere Form von Manie, einem affektiven Extremzustand, gekennzeichnet durch Enthemmung bzw. Antriebssteigerung und Selbstüberschät-

zung. Als »Hypomanie« wird dagegen ein milder Grad von Manie bezeichnet. (Anm. d. Übers.)

3 Unter »homeostatischen Mechanismen« sind in diesem Zusammenhang die im Nervensystem vermuteten Mechanismen zu verstehen, die darauf hinwirken, die widerstreitenden Kräfte von Erregung und Hemmung jederzeit in einen Zustand optimalen Gleichgewichtes zu überführen.

4 Die von einer Elektrode an der Kopfhaut zu einem bestimmen Zeitpunkt aufgenommenen »Hirnwellen« sind faktisch ein Gemisch von Fluktuationen oder »Wellen« auf einer Reihe verschiedener Frequenzen. Mittels der mathematischen Technik der Fourierschen Analyse kann ein Computerprogramm diesen Wellenkomplex in seine Einzelfrequenzen aufteilen und die Länge (Amplitude) jeder Welle zu jedem Zeitpunkt bestimmen. Bei einem gezielten Experiment werden nur die in einem vorbestimmten Bereich oder »Spektrum« liegenden Frequenzen in Betracht gezogen. Bei dem hier besprochenen Experiment war dies der Bereich von 1 bis 30 Schwingungen pro Sekunde (1–30 Hertz). Wenn nun die Amplituden aller in diesem Bereich vorkommenden Wellen im Verhältnis zu ihren jeweiligen Frequenzen graphisch dargestellt werden, mit der X-Achse für die Frequenzen und der Y-Achse für die Amplituden, dann ergibt sich ein »Amplituden-Spektrum«. Die Mittelfrequenz (M50) dieses Spektrums ist diejenige, die diese Graphik in zwei Teile teilt. Falls die Amplituden der »Wellen« in den höheren Frequenzbändern, Alpha (8–13 Hz) und Beta (13–30 Hz) zunehmen, und die in den unteren Frequenzbändern, Delta (1–3 Hz) und Theta (4–7 Hz) abnehmen oder konstant bleiben, dann wird M50 höher liegen. Umgekehrt wird M50 absinken, falls die Amplitude der Wellen niedrigerer Frequenz wie etwa Delta zunimmt, während Alpha- und Beta-Frequenzen in ihrer Amplitude abnehmen oder konstant bleiben. M50 ist also als ein Verhältniswert zu sehen, als Anzeiger für die relative Stärke der oberen gegenüber den unteren Frequenzbereichen im EEG zu einem bestimmten Zeitpunkt.

Die unterschiedlichen Frequenzbänder des EEG haben die interessante und hilfreiche Eigenschaft, allem Anschein nach in positiver Wechselbeziehung mit der Aktivation zu stehen. Das heißt, daß die langsamen Delta-Wellen charakteristisch sind für die »tiefsten« Schlafphasen, Theta-Wellen für den hypnagogen Zustand, Alpha für ein entspanntes Wachsein und Beta für eine erhöhte Aktivation im Wachzustand. So ist also die Mittelfrequenz, die das Kräfteverhältnis dieser vier Bereiche im Gesamt-EEG wiedergibt, ein feinfühliger Anzeiger der Aktivation, verwendet er doch Informationen aus dem gesamten EEG, nicht nur aus dem Alpha-Bereich, wie es sonst bei EEG-Untersuchungen der zerebralen Aktivierung oder Aktivation zu geschehen pflegt.

5 Das Institut für Psychophysische Forschungen ist eine eingetragene

gemeinnützige Einrichtung (Reg.Nr. 23226) und ist beständig auf der Suche nach Förderungsmitteln, um sein Forschungsprogramm zu luziden Träumen und verwandten Phänomenen fortführen zu können. Jeder, der weitere Informationen haben möchte, ist eingeladen, sich mit Hinweis auf dies »Zum Verständnis der Wahrnehmung« überschriebene Programm mit der Leiterin des Institutes, Celia Green, in Banbury Road, Oxford OX2 6JU, GB, in Verbindung zu setzen.

Bibliographie

Allport, G. W. (1924) Eidetic imagery. *British Journal of Psychology*, 15, 99–120.

Andreassi, J. L. (1989) *Psychophysiology: Human Behavior and Physiological Response.* Hillsdale, New Jersey: Lawrence Erlbaum Associates.

Ardis, J., und McKellar, P. (1956) Hypnagogic imagery and mescaline. *Journal of Mental Science*, 102, 22–29.

Arnold-Foster, M. (1921) *Studies in Dreams.* London: Allen & Unwin.

Baillet (1901) *La Vie de Monsieur Descartes.* Paris.

Berger, R. J. (1963) Experimental modification of dream content by meaningful verbal stimuli. *British Journal of Psychiatry*, 109, 722–740.

Blackmore, S. J. (1983) *Beyond the Body: An Investigation of Out-of-the-Body Experiences.* London: Heinemann.

Bleuler, E. (1911) *Dementia Praecox or the Group of Schizophrenias.* Übers. v. J. Zinkin. New York: International Universities Press, 1950. Deutsche Ausgabe: *Dementia praecox oder Gruppe der Schizophrenien.* München: Minerva, 1978 (unveränd. autor. Repr. der Ausgabe Leipzig 1911).

Broad, C. D. (1962) *Lectures on Psychical Research.* London: Routledge & Kegan Paul.

Brown, A. E. (1936) Dreams in which the dreamer knows he is asleep. *Journal of Abnormal Psychology*, 31, 59–66.

Brylowski, A. (1986) H-reflex in lucid dreams. *Lucidity Letter*, 5, (1), 116–118.

Brylowski, A. (1990) Nightmares in crisis: clinical applications of lucid dreaming techniques. *Psychiatric Journal of the University of Ottawa*, 15, (2), 79–84.

Chapman, L. J., Chapman, J. P., und Raulin, M. L. (1976) Scales for physical and social anhedonia. *Journal of Abnormal Psychology*, 85, 374–382.

Chapman, L. J., Chapman, J. P., und Raulin, M. L. (1978) Body-image aberration in schizophrenia. *Journal of Abnormal Psychology*, 87, 399–407.

Chodoff, P. (1944) Sleep paralysis with report of two cases. *Journal of Nervous and Mental Disease*, 100, 278–281.

Claridge, G. S. (1967) *Personality and Arousal.* Oxford: Pergamon.

Claridge, G. S. (1985) *Origins of Mental Illness: Temperament, Deviance and Disorder.* Oxford: Basil Blackwell.

Claridge, G. S., und Clark, K. H. (1982) Covariation between two-flash threshold and skin conductance level in first-breakdown schizophrenics: relationships in drug-free patients and effects of treatment. *Psychiatry Research*, 6, 371–380.

Cohen, D. B. (1979) *Sleep and Dreaming: Origins, Nature and Functions.* Oxford: Pergamon.

Cutting, J. (1985) *The Psychology of Schizophrenia.* Edinburgh: Churchill Livingstone.

Das, N. N., und Gastaut, H. (1957) Variations de l'activité électrique du Cerveau, du cœur et des muscles squelettiques au cours de la méditation et de l'extase yogique. In: *Conditionnement et Réactivité en Electroencéphalographie*, Supplement No. 6 of *Electroencephalography and Clinical Neurophysiology*, 211–219.

Delage, Y. (1919) *Le Rêve.* Paris: Les Presses Universitaires de France.

Dement, W. C. (1960) The effect of dream deprivation. *Science*, 131, 1705–1707.

Dement, W. C., und Wolpert, E. A. (1958) The relation of eye movements, body motility, and external stimuli to dream content. *Journal of Experimental Psychology*, 55, 543–553.

Descartes, R. (1954) *Philosophical Writings.* Hg. v. A. Anscombe und P. T. Geach. London: Nelson. Deutsche Ausgabe: *Meditationen über die Erste Philosophie.* Übers. und hg. v. G. Schmidt. Stuttgart: Reclam Verlag, 1986.

Eckblad, M., und Chapman, L. J. (1986) Development and validation of a scale for hypomanic personality. *Journal of Abnormal Personality*, 95, 217–233.

Ellis, H. (1911) *The World of Dreams.* London: Constable.

Empson, J. (1989) *Sleep and Dreaming.* London: Faber & Faber.

Evans-Wentz, W. Y. (1935) *Tibetan Yoga and Secret Doctrines.* London: Oxford University Press.

Eysenck, H. J., und Eysenck, S. B. G. (1975) *Manual of the Eysenck Personality Questionnaire.* London: Hodder & Stoughton.

Faraday, A. (1972) *Dream Power.* London: Hodder & Stoughton. Deutsche Ausgabe: *Die positive Kraft der Träume.* München: Droemer Knaur Verlag, 1984 (Neuauflage 1992).

Feinberg, I. (1970) Hallucinations, dreaming and REM sleep. In: W. Keup (Hg.), *Origins and Mechanisms of Hallucinations.* New York: Plenum.

Fenwick, P. (1984) Some aspects of the physiology of mystical experience. In: J. Nicholson und B. Foss (Hg.), *Psychological Survey*, 4.

Fenwick, P. (1987) Meditation and the EEG. In: M. A. West (Hg.), *The Psychology of Meditation*. Oxford: Clarendon Press.

Fox, O. (1962) *Astral Projection*. New York: University Books. (Erstveröffentlichung London 1939.)

Freud, S. (1954) *The Interpretation of Dreams*. Übers. v. James Strachey. London: Allen and Unwin. Deutsche Ausgabe: *Die Traumdeutung* (1900/1925). Nach der Ausgabe v. 1972. Frankfurt/M.: Fischer Taschenbuch Verlag, 1991.

Gackenbach, J. (1988) Psychological content of lucid versus non-lucid dreams. In: J. I. Gackenbach und S. LaBerge (Hg.), *Conscious Mind, Sleeping Brain: Perspectives on Lucid Dreaming*. New York: Plenum.

Gackenbach, J., und Bosveld, J. (1989) *Control Your Dreams*. New York: Harper & Row. Deutsche Ausgabe: *Herrscher im Reich der Träume*. Braunschweig: Aurum Verlag, 1991.

Gackenbach, J., und LaBerge, S. (Hg.) (1988) *Conscious Mind, Sleeping Brain: Perspectives on Lucid Dreaming*. New York: Plenum.

Gackenbach, J., Curren, R., und Cutler, G. (1983) Presleep determinants and postsleep results of lucid dreams versus vivid dreams. *Lucidity Letter*, 2, (2), 4–5.

Galton, F. (1883) *Inquiries into Human Faculty and its Development*. London: Dent.

Garfield, P. (1974) *Creative Dreaming*. New York: Ballantine Books. Deutsche Ausgabe: *Kreativ träumen*. Interlaken: Ansata-Verlag, 1993.

Gillespie, G. (1988) Lucid dreams in Tibetan Buddhism. In: J. I. Gackenbach und S. LaBerge (Hg.), *Conscious Mind, Sleeping Brain: Perspectives on Lucid Dreaming*. New York: Plenum.

Gilmore, E. (1984) Remarks by a lucid dreamer. *Lucidity Letter*, 3, 6–7.

Green, C. E. (1968a) *Lucid Dreams*. London: Hamish Hamilton.

Green, C. E. (1968b) *Out-of-the-Body Experiences*. London: Hamish Hamilton.

Green, C. E. (1977) *The Decline and Fall of Science*. London: Hamish Hamilton.

Green, C. E. (1990) Waking dreams and other metachoric experiences. *Psychiatric Journal of the University of Ottawa*, 15, (2), 123–128.

Green, C. E., und McCreery, C. (1975) *Apparitions*. London: Hamish Hamilton.

Gurney, E., Myers, F. W. H., und Podmore, F. (1886) *Phantasms of the Living*. London: Trubner & Co.

Hall, C. S. (1953) *The Meaning of Dreams*. New York: Harper & Row.

Hall, C. S., und Van de Castle, R. L. (1966) *The Content Analysis of Dreams*. New York: Appleton-Century-Crofts.

Hartmann, E. (1975) Dreams and other hallucinations: an approach to the underlying mechanism. In: R. K. Siegel und L. J. West (Hg.), *Hallucinations*. New York: Wiley.

Hartmann, E., Russ, D., Van der Kolk, B., Falke, R., und Oldfield, M. (1981) A preliminary study of the personality of the nightmare sufferer: relationship to schizophrenia and creativity? *American Journal of Psychiatry*, 138, 794–797.

Hearne, K. M. T. (1978) *Lucid Dreams: An Electrophysiological and Psychological Study*. Unveröffentlichte Dissertation, University of Liverpool.

Hearne, K. M. T. (1981) A ›light-switch‹ phenomenon in lucid dreams. *Journal of Mental Imagery*, 5, 97–100.

Hearne, K. M. T. (1990) *The Dream Machine: Lucid Dreams and how to Control Them*. Wellingborough, Northamptonshire: The Aquarian Press.

Hervey de Saint-Denys, M. J. L. (1867) *Les Rêves et les Moyens de les Diriger*. Paris: Amyot. Nachdruck 1964: Cercle du Livre Précieux, Paris. Übers. v. McCreery. Englische Ausgabe: *Dreams and How to Guide Them*, übers. v. N. Fry. London: Duckworth, 1982.

Horne, J. (1988) *Why We Sleep*. Oxford: Oxford University Press.

Horowitz, M. J. (1975) Hallucinations: an information-processing approach. In: R. D. Siegel und L. J. West (Hg.), *Hallucinations: Behavior, Experience, and Theory*. New York: John Wiley & Sons.

Hunt, H. T., und Ogilvie, R. (1988) Lucid dreams in their natural series: phenomenological and psychophysiological findings in relation to meditative states. In: J. I. Gackenbach und S. L. LaBerge (Hg.), *Conscious Mind, Sleeping Brain: Perspectives on Lucid Dreaming*. New York: Plenum.

Irwin, H. J. (1983) Migraine, out-of-body experiences, and lucid dreams. *Lucidity Letter*, 2, 2–4.

Irwin, H. J. (1985) *Flight of Mind: A Psychological Study of the Out-of-Body Experience*. Metuchen, New Jersey: The Scarecrow Press.

Irwin, H. J. (1988) Out-of-the-body experiences and dream lucidity: empirical perspectives. In: J. Gackenbach und S. LaBerge (Hg.), *Conscious Mind, Sleeping Brain: Perspectives on Lucid Dreaming*. New York: Plenum Press.

Kelzer, K. (1987) *The Sun and the Shadow: My Experiment with Lucid Dreaming*. Virginia Beach, VA: ARE Press.

Keup, W. (1970) (Hg.) *Origins and Mechanisms of Hallucinations*. New York: Plenum.

LaBerge, S. (1980) *Lucid Dreaming: An Exploratory Study of Consciousness During Sleep.* Unveröffentlichte Dissertation, Stanford University, Stanford, CA.

LaBerge, S. (1985) *Lucid Dreaming.* New York: Ballantine Books. Deutsche Ausgabe: *Hellwach im Traum.* München: mvg-Verlag, 1991.

LaBerge, S. (1988a) Lucid dreaming in western literature. In: J. I. Gakkenbach und S. LaBerge (Hg.), *Conscious Mind, Sleeping Brain: Perspectives on Lucid Dreaming.* New York: Plenum.

LaBerge, S. (1988b) The psychophysiology of lucid dreaming. In: J. I. Gackenbach und S. LaBerge (Hg.), *Conscious Mind, Sleeping Brain: Perspectives on Lucid Dreaming.* New York: Plenum.

LaBerge, S., und Dement, W. (1982a) Voluntary control of respiration during REM sleep. *Sleep Research*, 11, 107.

LaBerge, S., und Dement, W. (1982b) Lateralization of alpha activity for dreamed singing and counting during REM sleep. *Psychophysiology*, 19, 331–332.

LaBerge, S., Greenleaf, W., und Kediskerski, B. (1983) Physiological responses to dreamed sexual activity during lucid REM sleep. *Psychophysiology*, 20, 454–455.

LaBerge, S., Levitan, L., und Dement, W. (1986) Lucid dreaming: physiological correlates of consciousness during REM sleep. *Journal of Mind and Behaviour*, 7, 251–258.

LaBerge, S., Levitan, L., Gordon, M., und Dement, W. C. (1983) Physiological characteristics of three types of lucid dream. *Lucidity Letter*, 2, 1.

LaBerge, S., Nagel, L., Dement, W., und Zarcone, V. (1981) Lucid dreaming verified by volitional communication during REM sleep. *Perceptual and Motor Skills*, 52, 727–732.

Leaning, F. E. (1925) An introductory study of hypnagogic phenomena. *Proceedings of the Society for Psychical Research*, 35, 289–409.

Levin, M. (1933) The pathogenesis of narcolepsy: with a consideration of sleep-paralysis and localized sleep. *Journal of Neurology and Psychopathology*, 14, 1–14.

Levin, M. (1957) Premature waking and post-dormitial paralysis. *Journal of Nervous and Mental Disease*, 125, 140–141.

Lischka, A. (1979) *Erlebnisse jenseits der Schwelle. Paranormale Erfahrungen im Wachzustand und im luziden Traum bei Astralprojektionen und auf Seelenreisen.* Schwarzenburg: Ansata-Verlag.

McCreery, C. (1973) *Psychical Phenomena and the Physical World.* London: Hamish Hamilton.

McCreery, C. (1993) *Schizotypy and Out-of-the-Body Experiences.* Unveröffentlicht, University of Oxford.

McCreery, C. (1994) Dreams and psychosis: a new look at an old hypothesis.

McKellar, P. (1989) *Abnormal Psychology: Its Experience and Behaviour*. London: Routledge.

Malcolm, N. (1959) *Dreaming*. London: Routledge & Kegan Paul.

Marcot, B. G. (1987) A journal of attempts to induce and work with lucid dreams: Can you kill yourself while lucid? *Lucidity Letter*, 6 (1). Nachdruck in: *Lucidity* (1991), Hg. E. Gebremedhin, erschienen bei Lucidity Association: Berwyn, PA.

Maslow, A. H. (1962) *Toward a Psychology of Being*. New York: Van Nostrand. Deutsche Ausgabe: *Psychologie des Seins*. Frankfurt/M.: Fischer Taschenbuch Verlag 1985.

Masson, J. M. (1990) *Against Therapy*. London: Fontana. Deutsche Ausgabe: *Die Abschaffung der Psychotherapie*. München: Bertelsmann Verlag, 1991.

Mavromatis, A. (1987) *Hypnagogia: The Unique State of Consciousness Between Wakefulness and Sleep*. London: Routledge & Kegan Paul.

Miller, G. A. (1956) The magical number seven, plus-or-minus two. *Psychological Review*, 63, 81–97.

Moers-Meßmer, H. von (1938) Träume mit der gleichzeitigen Erkenntnis des Traumstandes [Dreams with concurrent knowledge of the dream state]. *Archive für Psychologie*, 102, 291–318.

Moss, K. (1989) Performing the light-switch task in lucid dreams: a case study. *Journal of Mental Imagery*, 13, 135–137.

Myers, F. W. H. (1887) Automatic writing – III. *Proceedings of the Society for Psychical Research*, 4, Teil 11, 209–261.

Ogilvie, R. D., Hunt, H. T., Kushniruck, A., und Newman, J. (1983) Lucid dreams and the arousal continuum. *Sleep Research*, 12, 182.

Ogilvie, R. D., Hunt, H. T., Tyson, P. D., Lucescu, M. L., und Jenkins, D. B. (1982) Lucid dreaming and alpha activity: a preliminary report. *Perceptual and Motor Skills*, 55, 795–808.

Oswald, I. (1959) Experimental studies of rhythm, anxiety and cerebral vigilance. *Journal of Mental Science*, 105, 269.

Oswald, I. (1962) *Sleeping and Waking: Physiology and Psychology*. Amsterdam: Elsevier.

Ouspensky, P. (1960) *A New Model of the Universe*. London: Routledge & Kegan Paul. Deutsche Ausgabe: *Ein neues Modell des Universums*. Basel: Sphinx Verlag, 2. Aufl. 1986.

Pagels, E. (1980) *The Gnostic Gospels*. London: Weidenfeld & Nicolson. Deutsche Ausgabe: *Versuchung durch Erkenntnis*. Frankfurt/M.: Suhrkamp Verlag, 1987.

Parkes, J. D. (1985) *Sleep and its Disorders*. London: W. B. Saunders.

Pawlov, I. P. (1960) *Conditioned Reflexes: An Investigation of the Physiological Activity of the Cerebral Cortex*. New York: Dover Publications. (Erstveröffentlichung Oxford University Press 1927.)

Deutsche Ausgabe: In: *Sämtliche Werke*. Osnabrück: Zeller Verlag, 1.–2. Aufl. 1953–1954.

Price, H. H. (1964) A mescaline experience. *Journal of the American Society for Psychical Research*, 58, 3–20.

Price, R., und Cohen, D. (1988) Lucid dream induction: an empirical evaluation. In: J. I. Gackenbach und S. LaBerge (Hg.), *Conscious Mind, Sleeping Brain: Perspectives on Lucid Dreaming*. New York: Plenum.

Rechtschaffen, A. (1978) The single-mindedness and isolation of dreams. *Sleep*, 1, 97–109.

Richardson, A. (1969) *Mental Imagery*. London: Routledge & Kegan Paul.

Risberg, J., Halsey, J. H., Wills, E. L., und Wilson, E. M. (1975) Hemispheric specialization in normal man studied by bilateral measurements of the regional cerebral blood flow: a study with the 133-Xe inhalation technique. *Brain*, 98, 511–524.

Robbins, K. I., und McAdam, D. W. (1974) Interhemispheric alpha asymmetry and imagery mode. *Brain and Language*, 1, 189–193.

Robbins, P. R. (1988) *The Psychology of Dreams*. Jefferson, North Carolina: McFarland & Co.

Rose, C., und Davies, P. (1987) *Answers to Migraine*. London: Macdonald.

Russell, B. (1948) *Human Knowledge: Its Scope and Limits*. London: Allen & Unwin.

Sacks, O. (1970) *Migraine*. London: Faber & Faber. Deutsche Ausgabe: *Migräne*. Reinbek: Rowohlt Verlag, 1994.

Saltmarsh, H. F. (1925) Letter to the Editor. *Journal of the Society for Psychical Research*, 22, 148.

Schacter, D. L. (1976) The hypnagogic state: a critical review of the literature. *Psychological Bulletin*, 83, 452–481.

Schatzman, M., Worsley, A., und Fenwick, P. (1988) Correspondence during lucid dreams between dreamed and actual events. In: J. I. Gakkenbach und S. LaBerge (Hg.), *Conscious Mind, Sleeping Brain: Perspectives on Lucid Dreaming*. New York: Plenum.

Schneck, J. M. (1957) Sleep paralysis: a new evaluation. *Diseases of the Nervous System*, 18, 144–146.

Seafield, F. (1865) *The Literature and Curiosity of Dreams*. London: Chapman and Hall.

Sidgwick, H., Johnson, A., Myers, F. W. H., Podmore, F., und Sidgwick, E. M. (1894) Report on the census of hallucinations. *Proceedings of the Society for Psychical Research*, 10, 25–422.

Slade, P. D., und Bentall, R. P. (1988) *Sensory Deception: A Scientific Analysis of Hallucination*. London: Croom Helm.

Snyder, T. J., und Gackenbach, J. I. (1988) Individual differences associated with lucid dreaming. In: J. I. Gackenbach und S. LaBerge (Hg.), *Conscious Mind, Sleeping Brain: Perspectives on Lucid Dreaming.* New York: Plenum.

Springer, S. P., und Deutsch, G. (1981) *Left Brain, Right Brain.* New York: W. H. Freeman & Company. Deutsche Ausgabe: *Linkes Gehirn/Rechtes Gehirn.* Heidelberg: Spektrum Akademischer Verlag, 3. Aufl. 1990.

Stevens, J. M., und Darbyshire, A. J. (1958) Shifts along the alert-repose continuum during remission of catatonic ›stupor‹ with amobarbitol. *Psychosomatic Medicine,* 20, 99−107.

Tart, C. T. (1988) From spontaneous event to lucidity: a review of attempts to consciously control nocturnal dreaming. In: J. I. Gackenbach und S. LaBerge (Hg.), *Conscious Mind, Sleeping Brain: Perspectives on Lucid Dreaming.* New York: Plenum Press.

Tholey, P. (1983) Techniques for inducing and manipulating lucid dreams. *Perceptual and Motor Skills,* 57, 79−90.

Tholey, P. (1988) A model for lucidity training as a means of self-healing and psychological growth. In: J. I. Gackenbach und S. LaBerge (Hg.), *Conscious Mind, Sleeping Brain: Perspectives in Lucid Dreaming.* New York: Plenum.

Tholey, P., und Utecht, K. (1987) *Schöpferisch Träumen. Wie Sie im Schlaf das Leben meistern.* Niedernhausen: Falken-Verlag.

van Eeden, F. (1913) A study of dreams. *Proceedings of the Society for Psychical Research,* 26, Teil 47, 431−461.

Wallace, R. K. (1970) Physiological effects of transcendental meditation. *Science,* 167, 1751−1754.

Walter, W. Grey (1960) *The Neurophysiological Aspects of Hallucinations and Illusory Experience.* The Fourteenth Frederic W. H. Myers Memorial Lecture. London: Society for Psychical Research.

Warnock, M. (1976) *Imagination.* London: Faber & Faber.

Weinman, J. (1981) *An Outline of Psychology as Applied to Medicine.* Bristol: John Wright.

West, D. J. (1948) A Mass-Observation questionnaire on hallucinations. *Journal of the Society for Psychical Research,* 34, 187−196.

Whiteman, J. H. M. (1961) *The Mystical Life.* London: Faber & Faber.

Register

Absicht 31, 52, 87, 176 f., 195;
s. a. Vorhaben
Aktivation 125, 131, 134, 153,
183, 226–241, 245, 249; s. a.
Erregung
Aktivationsbereitschaft 226,
229, 235
Allergische Reaktionen 210
Alpha-Wellen 250
Alpträume 129, 180, 186–199,
200, 204, 223
Amobarbital 233
Amplituden-Spektrum 241, 250
Anästhesie 106
Angst 58, 78, 94, 126 f., 190,
194, 201
Anhedonie 229
Astralleib 88, 114, 116
Atmung 24, 45, 113, 125, 129
Audition, auditiv 48, 50, 54,
63 f., 82, 84, 97 f., 128, 138,
168
Augen bedecken, schlie-
ßen 150 f., 170, 172 f.
Augenmuskeln 22, 24
Aura 99, 127
Äußere Reize 22, 92, 96–99,
131; s. a. Reize
Äußere Welt 68–73, 219, 225
Außerkörperliche Erlebnisse 50,
53, 61, 86 f., 89 f., 111,
113–123, 132–137, 141 f.,
146, 227–238, 241 f., 247
Außersinnliche Wahrneh-
mung 86 f., 167
Automatisches Schreiben 166

Autonomes Nervensystem 232
Autosuggestion 177, 211 f.

Begeisternd, beglückend, bele-
bend 15 f., 43, 78 f., 81, 84 f.,
203, 215; s. a. Hochstimmung
Begrenzung der intellektuellen
Funktionen 68 f.; s. weiter zu
intellektuelle Funktionen
Beleuchtung der halluzinato-
rischen Umgebung 61, 94 f.,
153 f., 171 f.
Beta-Wellen 250
Bilder s. Einbildung
Blinder Fleck 169
Blutdruck 210
Blutkreislauf 239
Blutung 53, 209–211
Blutzufuhr 210
Borderline disorder s. Grenzfall
Buddhismus 176, 220, 224, 243

Dauer luzider Träume 23 f., 122
Definition luziden Träu-
mens 13–16, 107, 245 f.
Delta-Aktivität, -Wellen 215, 250
Diskontinuitäten des Bewußt-
seins 91, 122, 143
Dissoziation 130, 232–237,
240 f., 244
Distanziertheit 154, 225
Doppelter Körper 116

EEG s. Elektroenzephalogramm
Einbildung 29, 49, 62, 69, 114;
s. a. Vorstellungen

Einsicht, -sfähigkeit 13, 64,
70–72, 79, 100–102, 104,
120–123, 154, 156, 167, 180,
195, 206, 220, 246
Eksomatische Erlebnisse s. außerkörperliche Erlebnisse
Ekstase 82, 85, 156, 240,
244
Elektroenzephalogramm 21,
130 f., 143, 216, 232 f., 237 f.,
241
Elektrophysiologie 56, 131,
136 f., 145, 214, 217, 232, 234,
246
Elektroschocks 136
Emotionen 13, 27, 42, 59, 74,
78–85, 122, 127, 154, 187 f.,
190, 198, 218, 234
Entspannung 21, 134, 146,
236 f., 241; s. a. muskuläre
Entspannung
Epilepsie 85, 97, 99, 231
Erinnerung, -sfähigkeit, -svermö-
gen 13, 17, 19, 23, 30, 52 f.,
56, 59, 63, 66–68, 74 f., 84,
118, 143 f., 178, 193, 212; s. a.
Gedächtnis
Erkenntnisfähigkeit 13; sonst s.
kognitive Funktionen
Erotische Elemente 154–156
Erregung, -szustände 19, 22,
146, 187, 214, 231; s. a. Akti-
vation
Erscheinungen 50, 70, 90–99,
121–123, 138–146, 248
Extrovertiertheit 229

Falsches Erwachen 88–90, 99,
103–113, 122–129, 139 f.,
141, 149, 151
Fliegen 16, 18, 82, 161 f., 215
Fouriersche Analyse 250
Freiheit, Empfinden von 118,
120, 208, 214
Freude 78, 118
Furcht s. Angst

Ganzheitlicher Ansatz 75, 168,
238
Gedächtnis 30, 34, 66–77, 167,
175–177, 195; s. a. Erinnerung
Gedächtnisstörung, -ver-
lust 30 f., 74 f.
Gefahren durch luzides Träumen
s. Risiken
Gehör s. Audition
Geisteskrankheit 97, 103, 219,
249
Geruchssinn 45, 48, 97 f., 180
Geschlecht 117 f., 205, 243
Geschmackssinn 45, 48
Grenzfall von Persönlichkeits-
störung 197, 249

Halluzination, Definition 62 f.,
249
Hände 51 f., 74
Hautleitfähigkeit 232
Heilung, physische 208–212
Helligkeit s. Beleuchtung
Hemisphären 49, 64, 75, 77, 85,
168, 226, 238–245
Hemmungen 58, 136, 154, 159,
202, 231, 233
Hemmungen in luziden Träu-
men 157–162, 204
Heranführen an, Herbeiführen
der Luzidität 44, 79,
174–185, 195, 241
H- (Hoffmann-)Reflex 235
Herzfrequenz 204 f.
Hirnhälften, Hirnhemisphären s.
Hemisphären
Hochstimmung 13, 15, 80, 84;
s. a. Begeisternd
Höhenflug, Erlebnis eines
Höhenfluges 84
Holistisch s. ganzheitlich
Homeostase 227, 235, 250
Hypermanie 226, 250
Hypnagog 60, 135, 145, 153,
168, 176, 229, 247 f.
Hypnopomp 125, 247 f.

Hypnose 157
Hypomanie 183, 228, 250

Immunsystem 208
Individuelle Unterschiede 20 f.,
    58, 146, 182, 226 f., 235—237,
    240
Induktion luzider Träume s.
    Heranführen an...
Innenschau 60
Instabilität der Wahrneh-
    mung 38
Intellektuelle Funktionen, Funk-
    tionsfähigkeit 17, 68—77, 79,
    121, 207, 212, 247; s. a. Be-
    grenzung der...

Joga, Jogi 209 f., 220 f.

Katatonie 232—236
Kinder 136, 191—197
Klaustrophobie 79 f., 124, 185,
    234
Kneifen, sich selber 34
Kognitive Funktionen 131, 246;
    s. a. Erkenntnisfähigkeit
Kommunikation aus dem Traum
    heraus 21—24, 66 f., 89, 131
Konditionieren 179 f.
Kontrolle luzider Träume 16 f.,
    21 f., 28 f., 49, 59, 62 f., 83,
    118, 124, 147—163, 186, 196,
    199, 202, 207—212, 214, 221,
    232
Körper-Bild 116—118, 228
Kortikale Aktivation, – Erre-
    gung 125, 131—136, 146, 187,
    231—238
Krebs 208 f.
Kritikfähigkeit 31, 36, 54, 107,
    176 f., 187, 192, 246
Kurzzeitgedächtnis 75

Lähmung 22, 80, 112 f.,
    124—146, 185, 233
Langzeitgedächtnis 75

Latenter Trauminhalt 28, 247
Lesen in luziden Träumen 34,
    38, 48 f., 164—169, 179, 240
Lichtanschalten in luziden Träu-
    men 34, 54, 154, 164,
    170—173
Limbisches System 244
Linke Hirnhemisphäre, – Hirn-
    hälfte (LH) 49, 64, 75, 77,
    168, 238—245

Magisch 161, 188 f.
Manie s. Hypermanie
Manifester Trauminhalt 28, 247
Meditation 175, 236 f., 243
Meskalin 70, 101, 168
Metachorische Erfahrun-
    gen 91—99, 102 f., 104, 110,
    119, 122 f., 127, 130, 138 f.,
    142, 248 f.
Migräne 230 f., 244
Mikro-Schlaf 143 f.
Mittelfrequenz im EEG 241,
    250
Monster 110 f., 113, 188 f., 190
Mord in einem luziden
    Traum 159—161
Motorische Kontrolle 21
Musik 45, 82 f., 84, 109 f., 136,
    143
Muskelspannung 113, 125,
    130 f.
Muskuläre Entspannung 21,
    125, 231, 235—238; s. a. Ver-
    minderung der Muskelspan-
    nung und Entspannung
Mystische Erfahrungen 83—85,
    88, 223 f.

Nadelstiche 244
Negative Halluzinationen 96—98
Neurale Androgynie 243
Neurose 229
Nicht-luzide Träume 25, 26—31,
    57 f., 65, 74, 79, 81, 83, 88,
    175 f., 245 f.

Nirvana 224
Nuklear-magnetische Resonanzen 239

Ontologischer Status halluzinatorischer Gestalten 71

Paralyse s. Lähmung
Paranoia 215
Phase-1-Schlaf 136 f., 145
Philosophische Einstellungen 213, 218–225
Philosophische Überzeugungen 38, 93
Pink-Geräusche 241
Posttraumatischer Streß 190;
  s. a. Streß
Prä-luzide Träume 32–42, 47,
  50, 68, 88 f., 106 f., 179, 205,
  222
Pseudohalluzinationen 63 f., 73
Psychopathologie 196–199
Psychose, psychotisch 71 f., 215,
  231, 249
Psychotherapie 182, 198 f.,
  200–208

Quietismus 225

Rationalität 31; s. a. Vernunft,
  Verstand
Realismus, realistisch, Realität,
  -streue 13, 32, 35, 44–62, 64,
  76, 95, 103, 106–109, 115,
  119 f., 122, 127, 164, 170,
  188, 191, 204, 209, 211, 219 f.,
  240
Rechte Hirnhemisphäre, – Hirnhälfte (RH) 49, 64, 77, 168,
  238–245
Reflektionsfähigkeit 29
Reize 62, 180; s. a. äußere Reize
Religiöse Symbole 82
Religiöse Traditionen 220
Religiöse Überzeugungen 38
REM 21 f., 136, 144 f., 152, 233

REM-Schlaf 21–23, 125, 130 f.,
  136 f., 144 f., 152, 184, 187,
  215–218, 233–235, 245
Risiken luziden Träumens 183 f.,
  213–218, 225
Rotationsaufgabe 242
Rückenmarksreflexe 130

Samsara 221
Schizophrenie 50, 71 f., 145,
  196 f., 232
Schlaf, Definition 131
Schlaf als provozierte 'Reaktion 134, 140 f., 217
Schlaf mit offenen Augen 135
Schlafentzug 183, 213–218
Schlaflähmung 80, 112 f.,
  124–131, 185
Schlafwandeln 135
Schläfenlappen 85, 97
Schmerz 45, 52 f., 159–161,
  244; s. a. Unempfindlichkeit
  gegen schnelle Augenbewegungen s. REM
Schriftliche Aufzeichnung luzider Träume 30, 175 f.
Schriftliches Material in luziden
  Träumen 48 f., 167 f.
Schwitzen 138, 232
Selbstmord 157–159
Selbstschädigung 159
Sequentielle, serienmäßige Verfahren 75, 168, 238
Sex 154–156, 205
Sich-Drehen 34 f., 151 f.
Sich-Selbst-Transzendieren 83
Singen 45, 166
Sinnesstörungen 98
Skepsis betr. luzider
  Träume 18–21, 181
Soleusmuskel 235
Spiritismus, Spiritualismus 86,
  88, 114, 116
Sportler 205
Streß 41, 115, 129, 134, 181,
  186 f., 190, 229 f.

Struktur der Wahrnehmung s. Wahrnehmungsstruktur
Stupor 226, 231, 233, 249
Sufismus 221
Symbole 82, 240
Symbolisation, symbolisch 28, 113, 206 f., 244, 247

Tagesreste 178, 181
Tagträumerei 149; s. a. Wachträume
Tastempfindung, -halluzinationen 128, 156
Teilhalluzinationen 95, 101
Telepathie 70
»Tests« für den Traumzustand 34, 39−42, 178 f.
Theta-Wellen 250
Todesnähe, Erlebnis der... 90
Training luzider Träume 44, 115, 180
Transzendenz 81, 93
Transzendentale Meditation 243

UFOs 90, 123
Unbewußt, Unbewußtes 48, 51, 69, 177, 206 f., 211 f., 219
Unempfindlichkeit gegen Schmerz 210
Ungebundenheit s. Freiheit
Unrealistisches in Träumen 219
Unrealistisches in luziden Träumen 44−56
Unrealistisches bei falschem Erwachen 106−109
Unterbewußt, Unterbewußtsein 147, 158, 167, 207 f., 247
Unterschiede, individuelle s. individuelle Unterschiede

Verbale Trauminhalte 48−50, 240, 243

Verdichtung 28, 247
Verminderung der Muskelspannung 113, 125
Vernunft, Verstand 16, 18, 21, 31; s. a. Rationalität und intellektuelle Funktionen
Verschiebung 28, 247
Visuell-räumliche Funktion 64, 77, 240−243
Vorhaben, Vorsatz 15, 111, 174; s. a. Absicht
Vorher festgelegte Aufgaben 22 f.
Vorstellungen, Vorstellungskraft, -welt 20, 27, 29, 36, 51, 57−65, 114, 145, 153, 169−173, 208−212, 229, 238, 240−242, 244

Wachsamkeit der Sinne 231
Wächserne Bewegungsunfähigkeit 232
Wachträume 60, 93, 122; s. a. Tagträumerei
Wachzustand, Vorstellungen im..., Wahrnehmungen im... 57−62, 209
Wahrnehmungsabweichungen, Skala der..., 228
Wahrnehmungsstruktur 45, 54 f., 58
Wärmeempfindungen 156
Wiederkehrende Träume 37
Wiederkehrende Alpträume 188
Wirklichkeit s. Realismus
Wunder, wunderbar 39, 149, 162
Wunscherfüllung 27, 78, 83

Zeitempfinden 135
Zen-Buddhismus 243
Zwangsvorstellungen 58

Ratgeber für Frauen

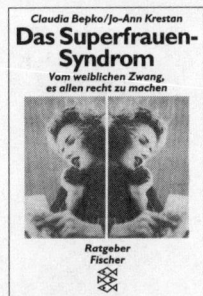

Cor Anneese /
Tino Pol
**Wege aus
der Phobie**
Band 11883

George R. Bach/
Peter Wyden
Streiten verbindet
Band 3321

Edward W. Beal/
Gloria Hochman
**Wenn Scheidungs-
kinder erwachsen
sind**
Band 12271

Claudia Bepko/
Jo-Ann Krestan
**Das Superfrauen-
Syndrom**
Band 12268

Anja Borstelmann/
Brigitte Huber
**Frauen gehen
vor Gericht**
Band 13465

Harriet Braiker
**Giftige
Beziehungen**
Wenn andere uns
krank machen
band 12947

Steven Carter/
Julia Sokol
**Nah und
doch so fern**
Bindungsangst
und ihre Folgen
Band 13830

Deborah Clarke
Betrifft: Beruf
Überlebens-
strategien für
Frauen
Band 13201

Rebecca Cutter
**Wenn Gegensätze
sich anziehen**
Chaoten und Pe-
danten in einer
glücklichen Bezie-
hung. Band 14082

Elizabeth Davis
**Muster der
Sinnlichkeit**
Die Zyklen weib-
licher Sexualität
Band 13200

Herbert Freuden-
berger/ Gail North
**Burn-out
bei Frauen**
Über das Gefühl des
Ausgebranntseins
Band 12272

Celia Green
Charles McCreery
**Träume bewußt
steuern**
Band 14078

Jürgen Hesse/
Hans Chr. Schrader
**Erfolgreiche Be-
werbungsstrate-
gien für Frauen**
Band 12371

Fischer Taschenbuch Verlag

Ratgeber für Frauen

Jürgen Hesse/
Hans Chr. Schrader
Krieg im Büro
Konflikte am
Arbeitsplatz und
wie man sie löst
Band 12372

Martin Hörning
**Osteoporose –
vorbeugen und
behandeln**
Band 3538

Louis Janda/
Ellen MacCormack
Der zweite Versuch
Chancen und Fallen
einer neuen Ehe
Band 12487

Wilhelm Johnen
**Die Angst des
Mannes vor der
starken Frau**
Einsichten
in Männerseelen
Band 12269

Theresia
Maria de Jong /
Gabriele Kemmler
**Kaiserschnitt –
Narben an Seele
und Bauch**
Band 13307

Bonnie Kreps
**Abschied vom
Märchenprinzen**
Eine Abrech-
nung mit der
romantischen Liebe
Band 12225

Maja Langsdorff
**Die heimliche
Sucht, unheimlich
zu essen**
Band 12792

Stephan Lermer/
Hans Chr. Meiser
**Lebensabschnitts-
partner**
Die neue Form
der Zweisamkeit
Band 11931

Stephan Lermer/
Hans Chr. Meiser
**Der verlassene
Mann**
Sind Frauen das
stärkere Geschlecht?
Band 12756
**Gemeinsam bin
ich besser**
Win-Win-Strategien
für Partnerschaft
und Beruf
Band 13462

Clemens von Luck
**Innere Kündigung
in Beziehungen**
Vom allmählichen
Rückzug in sich
selbst
Band 13831

Marina Marcovich/
Theresia Maria
de Jong
**Frühgeborene –
Zu klein
zum Leben?**
Band 13698

Fischer Taschenbuch Verlag

Ratgeber für Frauen

Nicky Marone
**Gute Väter –
Selbstbewußte
Töchter**
Die Bedeutung
des Vaters für
die Erziehung
Band 12224

Ruth Martin
Zeitraffer
Der geplünderte
Mensch
Band 12950

Susan Perry/
K. O'Hanlan
Menopause
Der natürliche Weg
Band 12949

Brad E. Sachs
Unser erstes Kind
Band 12555

Regine Schneider
Powerfrauen
Die neuen
Vierzigjährigen
Band 12946
Krisen als Chancen
Band 14084

Regine Schneider/
Clemens von Luck
**Schwiegermütter –
Schwiegertöchter**
Eine schwierige
Beziehung
Band 13198

Joan Shapiro
**Männer sind wie
fremde Länder**
Verständigungs-
hilfen für Frauen
Band 12273

B. Sichtermann
**Leben mit einem
Neugeborenen**
Band 3308

Diane Stein
**Naturheilkunde
für Frauen**
10 alternative
Methoden zur
Selbstbehandlung
Band 13463

Gregor M. Vogt/
Stephen T. Sirridge
Söhne ohne Väter
Vom Fehlen des
männlichen Vorbilds
Band 12757

Joachim Weyand/
Bettina Behning
**Arbeitsrecht
für Frauen**
Ein juristischer
Ratgeber zur
Selbsthilfe
Band 11965

Eva Wlodarek
**Den richtigen
Mann finden**
Band 14080

Fischer Taschenbuch Verlag

Ratgeber für Leib und Seele

Robert C. Atkins
Diät-Revolution
Gut essen –
sich wohl fühlen –
und abnehmen
Band 1720

Thérèse Bertherat/
Carol Bernstein
**Der entspannte
Körper**
Band 11070

Kenneth H. Cooper
Bewegungstraining
Praktische
Anleitung zur
Steigerung der
Leistungsfähigkeit
Band 1104

James F. Fixx
**Das komplette
Buch vom Laufen**
Band 3326

Scott Gerson
Ayurveda
Eine Einführung
in die indische
Gesundheitslehre
Band 12584

Jiao Guorui
Qigong Yangsheng
Chinesische
Übungen zur
Stärkung der
Lebenskraft
Band 12948

James MacRitchie
Qi Gong
Chinesische Ge-
sundheitsübungen
Eine Einführung
Band 12585

Peter Mole
Akupunktur
Eine Einführung in
die chinesische En-
ergiebalancierung
Band 12586

Tarthang Tulku
Kum Nye
Tibetische Übungen
zur Stärkung
der Gesundheit
Band 12758

Frank Wildman
Feldenkrais
Übungen für
jeden Tag
Band 12489

Kareen Zebroff
Yoga
Übungen für
jeden Tag
Band 1640

Fischer Taschenbuch Verlag

Lebenshilfe
im Fischer Ratgeber – Programm

Cor Anneese /
Tino Pol
**Wege aus
der Phobie**
Selbsthilfe
bei Ängsten
Band 11883

George R. Bach/
Herb Goldberg
**Keine Angst
vor Aggression**
Die Kunst der
Selbstbehauptung
Band 3314

George R. Bach/
Peter Wyden
Streiten verbindet
Spielregeln für
Liebe und Ehe
Band 3321

Brigitte Bohnhorst
**Laß mich los –
aber nicht allein**
Ein Ratgeber zur
Sterbebegleitung
Band 13531

Maja Langsdorff
**Die heimliche
Sucht, unheimlich
zu essen**
Band 12792

Monika Manke/
Werner Engels
Grenzen leben
Für einen anderen
Umgang mit MS
Band 13524

Else Müller
**Auf der Silberlicht-
straße des Mondes**
Autogenes Training
mit Märchen zum
Entspannen und
Träumen. Bd. 3363

Ralf Jerneizig/
Ulrich Schubert
**Der letzte
Abschied**
Ratgeber für
Trauernde
Band 11599

Jutta Schütz
**Ihr habt mein
Weinen nicht
gehört**
Wie man suizidge-
fährdeten Jugend-
lichen helfen kann
Band 11964

Beate Wiese
**Ärztliche
Kunstfehler**
Band 12395

Fischer Taschenbuch Verlag